国际学术期刊守门人
大学SCI期刊编委数量与科研产出及学科水平的相关性研究

The Gatekeepers of International Academic Journals

Study on the Relationships between the Number of SCI Editorial Board Members, Research Output, and Discipline Performance of University

王 兴 著

上海交通大学出版社
SHANGHAI JIAO TONG UNIVERSITY PRESS

内容提要

本书分别在化学、计算机、经济学三个学科中建立大样本数据库,在这三个学科中对大学所拥有的 SCI 期刊编委数量与大学科研产出的相关性进行了细致刻画与探究;在此基础上,更进一步通过时间序列分析、小样本案例验证以及访谈等多角度对大学 SCI 期刊编委数量与科研产出的因果关系进行了探究;最后对上述三个学科中世界 200 强大学的 SCI 期刊编委数量与代表这些大学学科水平的各个科学计量学指标的相关性进行了研究,以此理清大学 SCI 期刊编委数量与科研产出及学科水平的关系,为"双一流"建设及我国大学国际学术话语权的构建提供决策参考。

本书主要面向高等教育管理、科技管理工作者以及对期刊编委、世界一流大学、世界一流学科感兴趣的广大读者。同时,本书也可作为科学计量学、信息计量学、科技政策、科技管理与科技评价、高等教育学、图书情报学等相关领域的研究者与业务工作者的参考用书。

图书在版编目(CIP)数据

国际学术期刊守门人：大学 SCI 期刊编委数量与科研
产出及学科水平的相关性研究/ 王兴著. —上海：上
海交通大学出版社,2018
ISBN 978 - 7 - 313 - 20255 - 0

Ⅰ. ①国…　Ⅱ. ①王…　Ⅲ. ①高等学校－科学技术－
期刊－编辑工作－研究　Ⅳ. ①G232

中国版本图书馆 CIP 数据核字(2018)第 226439 号

国际学术期刊守门人：

大学 SCI 期刊编委数量与科研产出及学科水平的相关性研究

著　　者：王　兴
出版发行：上海交通大学出版社　　　　　　地　　址：上海市番禺路 951 号
邮政编码：200030　　　　　　　　　　　　电　　话：021 - 64071208
出 版 人：谈　毅
印　　制：上海春秋印刷厂　　　　　　　　经　　销：全国新华书店
开　　本：710 mm×1000 mm　1/16　　　　印　　张：15.25
字　　数：267 千字
版　　次：2018 年 12 月第 1 版　　　　　　印　　次：2018 年 12 月第 1 次印刷
书　　号：ISBN 978 - 7 - 313 - 20255 - 0/ G
定　　价：78.00 元

总 序
Preface

　　紧跟世界高等教育发展潮流,把握国家高等教育发展脉搏,立足世界一流大学建设的实际需求,教育部战略研究基地——上海交通大学世界一流大学研究中心先后出版了世界一流大学研究方面的全球第一本中文、英文著作。2007 年上海交通大学世界一流大学研究中心创建"一流大学研究文库",至今已经出版著作三十余部,品牌效应开始显现。

　　20 世纪 90 年代,我国开始实施了"211 工程""985 工程"等重点建设计划,2017 年开始了"双一流"建设计划。党的十九大报告强调"加快一流大学和一流学科建设,实现高等教育内涵式发展",标志着我国的世界一流大学建设进入了新阶段。为满足各界对一流大学研究成果的强大需求,特将"一流大学研究文库"中影响较大的十本书再版,推出精品套装,以飨读者。具体包括:

1. 世界一流大学:特征·排名·建设
2. 世界一流大学:亚洲和拉美国家的实践
3. 世界一流大学:战略·创新·改革
4. 世界一流大学:挑战与途径
5. 世界一流大学:国家战略与大学实践
6. 世界一流大学:校长必须是科学家吗
7. 世界一流大学:发展中国家和转型国家的大学案例研究
8. 世界一流大学:共同的目标
9. 世界一流大学:对全球高等教育的影响
10. 世界一流大学:从声誉到绩效

　　随着"双一流"建设的不断推进,世界一流大学研究将面临前所未有的机遇与挑战,"一流大学研究文库"将坚持理论研究与建设实践相结合、中国特色与国际经验相结合、定量研究与经典案例相结合,持续扩大品牌的影响力,为我国的世界一流大学研究和建设做出不可替代的贡献。

　　"一流大学研究文库"期待与国内外世界一流大学研究领域的优秀学者和实践专家携手合作，主要选题包括世界一流大学年度报告(蓝皮书)、世界一流大学的理论与评价、世界一流大学的改革与创新，以及世界一流大学相关的经典译著。

教育部战略研究基地"上海交通大学世界一流大学研究中心"主任

刘念才

2018 年 8 月于上海

前 言
Foreword

    自实施"985"工程以来,我国的世界一流大学建设取得了一定成效,我国研究型大学与世界一流大学的差距在逐步缩小。但在重大原创性成果、国际权威奖项、国际科研产出质量、国际科研产出评价的话语权等方面,我国的研究型大学还与世界一流大学存在一定差距,我国的"双一流"建设任务仍然十分艰巨。SCI(Science Citation Index)期刊编委被喻为国际学术期刊的"守门人",在国际科研产出评价体系中发挥着重要作用。SCI期刊编委一方面扮演着学术话语权控制者的关键角色,决定着期刊文章的发表与否;另一方面,他们通常也是本学科领域内的学术精英,他们自身较高的科研产出能力也为本校科研产出的提升直接贡献力量。因此这些编委人才可能直接或间接影响着一所大学的科研产出及学科水平。SCI期刊编委可能是世界一流大学及学科建设中一个重要的影响因素。在我国研究型大学的科研产出质量、学科水平、国际学术话语权还与世界一流大学存在差距的背景下,分析一所大学所拥有的SCI期刊编委数量与本校科研产出及学科水平的关系有着重要的理论及现实意义。

    本书分别在化学、计算机、经济学三个学科中建立大样本数据库,在这三个学科中对大学所拥有的SCI期刊编委数量与大学科研产出的相关性进行了细致刻画与探究;在此基础上,更进一步通过时间序列分析、小样本案例验证以及访谈等多角度对大学SCI期刊编委数量与科研产出的因果关系进行了探究;最后对上述三个学科中世界200强大学SCI期刊的编委数量与代表这些大学学科水平的各个科学计量学指标的相关性进行了研究,以此理清大学SCI期刊编委数量与科研产出及学科水平的关系,为"双一流"建设及我国大学国际学术话语权的构建提供决策参考。

    本书研究的总体思路是:首先基于大样本的截面数据,选取理学中化学学科的1 387所大学、工学中计算机学科的1 573所大学、社会科学中经济学学科的 984 所大学,分别运用普通最小二乘回归、按大学 SCI 期刊编委数量不同数据段分组统计、分位数回归等三种方法在截面上对这些大学的 SCI 期刊编委数量与论文数量、总被引频次、篇均被引、h 指数等科研产出指标进行相关性实证检验。接下来对三个学科相关性结果的异同点进行总结分析,对大学的 SCI 期刊编委数量与科研产出背后的因果关系进行探究,我们在计算机学科中通过小样本的截面数据对假设的因果机制进行验证;在化学学科中选取时间序列数据,对大学的 SCI 期刊编委数量与论文数量指标进行格兰杰因果关系检验;我们也结合微观案例与部分编委的访谈结果对大学 SCI 期刊编委数量与科研产出的因果关系进行了分析讨论。然后,分别在三个学科中,聚焦于 ARWU 学科排名 200 强的大学,就这些大学的 SCI 期刊编委数量与标志着这些大学学科水平的各个计量学指标进行了相关性实证检验。最后给出研究结论及进一步研究方向。

本书共分为 10 章。

第 1 章为绪论,主要论述了研究背景、研究意义、研究内容、创新点等。

第 2 章为国内外相关研究的综述,主要从 SCI 期刊编委个人科研产出水平、SCI 期刊编委与科研产出相关性、将 SCI 期刊编委数量用作大学学科排名三个方面进行梳理,并分析已有研究的不足之处,指出本研究的方向。

第 3 章为研究方法,主要论述了化学、计算机、经济学三个学科中 SCI 期刊编委数据、科研产出数据、学科水平数据以及化学学科中格兰杰因果检验所需数据和访谈资料收集的过程与处理方法。介绍了本研究所用到的两个主要统计技术:分位数回归方法和格兰杰因果检验方法。

第 4—6 章分别从理学、工学、社会科学中选取化学、计算机、经济学三个学科构建 SCI 期刊编委数据库,在此三个学科中对大学的 SCI 期刊编委数量与论文数量、总被引频次、篇均被引、h 指数等反映科研产出的科学计量学指标进行相关性实证检验,通过按编委数量不同数据段进行分组统计以及分位数回归方法详细刻画大学 SCI 期刊编委数量与科研产出两者之间的关系,以展现两者关系的全貌。

第 7 章为大学 SCI 期刊编委数量与科研产出相关性的讨论部分。本章对上述三学科中大学 SCI 期刊编委数量与科研产出相关性结果的异同点进行了总结,分析了形成异同点背后的原因,同时也对分位数回归结果背后的原因进行了分析。

第 8 章对大学 SCI 期刊编委数量与科研产出的因果关系进行了探究。本章首先对两者之间可能的因果作用机制进行理论分析,并在计算机学科中通过小样本的截面数据对假设的因果机制进行验证。然后在化学学科中选取时间序列数据,对大学的 SCI 期刊编委数量与论文数量指标进行格兰杰因果关系检验。我们也结合微观案例与部分 SCI 期刊编委的访谈结果对大学 SCI 期刊编委数量与科研产出的因果关系进行了分析讨论。

第 9 章在上述三个学科中聚焦于 ARWU 学科排名 200 强的大学,就这些大学的 SCI 期刊编委数量与标志着这些大学学科水平的各个计量学指标进行了相关性实证检验,并对结果进行了分析讨论。

第 10 章为结论部分。通过对全书提炼总结,得出主要结论,同时也对现有研究不足进行讨论并指出今后进一步研究的方向。

本书不仅基于大样本对大学 SCI 期刊编委数量与科研产出的相关性进行了细致刻画,更大的理论意义可能在于对两者的因果关系进行了一定程度的探索。同时,在我国大学国际学术话语权还处于弱势地位的今天,高校的战略规划者可能更关心的是本校在国际学术期刊上拥有多少数量的编委后,本校的科研产出水平如何,本书也为我国高校的战略规划者和管理人员提供决策参考,带领读者领略科研产出另外一头——国际学术期刊编委的世界。

由于本人学识、能力有限,书中的疏漏之处,敬请读者和学界同仁批评指正!

目 录
Contents

第1章 绪 论

1.1 研 究 背 景

1.1.1 我国科学研究的话语权在国际上处于弱势地位

自改革开放以来,我国经济取得了举世瞩目的发展,目前,中国大陆的经济总量已位居世界第二位,综合国力不断增强,国际地位不断提高,国际影响不断扩大,与之相伴的是我国的国际科技竞争力也在不断提升。国际科学论文是科学技术活动产出的重要形式之一,是一国科研实力的表现。随着近年来我国自主创新战略的深入实施,我国国际科学论文在数量与质量上出现双提升,根据科睿唯安的基本科学指标数据库(Essential Science Indicators,以下简称 ESI)显示,2008—2018 年期间我国在科学引文索引(Science Citation Index,以下简称 SCI)数据库中收录的论文数量达到 214.22 万篇,位居世界第二位,截至 2018 年 5 月,论文总被引频次共计 2 060.06 万次,位居世界第二位[①],可以说,我国已是世界科研产出的大国。

然而,与我国经济实力、综合国力及科研产出大国地位不相匹配的是我国科学研究的话语权在国际上还处于弱势地位。这主要表现在我国学者在国际学术期刊任职编委的数量以及我国主办国际学术期刊的数量等方面表现不尽理想,国际科研产出评价舞台上还缺少中国学者的声音。

从我国学者担任国际学术期刊编委数量的角度来看,根据潘教峰等人的统

① Clarivate Analytics. (2018). Essential Science Indicators. Retrieved May 16, 2018, from http: //esi. incites. thomsonreuters. com/IndicatorsAction. action? Init＝Yes&SrcApp＝IC2LS&SID＝H4-EEznyh1fATGQcon809Eo1KxxY6NwNSx2FEH－18x2droy4vk7qZT16ZPQtUZbfUAx3Dx3Dy8WkskCPNI3x2B3WTdQ0SJzQx3Dx3D－9vvmzcndpRgQCGPd1c2qPQx3Dx3D－wx2BJQh9GKVmtdJw3700KssQx3Dx3D

计,我国在 ESI 数据库 20 个自然科学领域中按总被引频次排名前 10%的 405 本 SCI 期刊中任职主编的数量为 0,而美国则多达 240 人,位列第一,占据着绝对优势,英国以 85 人次紧随其后,德国、法国、日本、意大利、加拿大等其他发达国家也在各自的优势学科领域内有主编任职;中国在各学科的编委数量排名均在 10 名左右,在具体数量方面也与上述美国等发达国家存在较大差距[①]。另外,根据笔者统计,在科睿唯安期刊引证报告数据库(Journal of Citation Reports,以下简称 JCR)"chemistry science"开头的有编委所在机构信息的 396 本 SCI 期刊中,来自 1 387 所大学的 10 121 名编委里有 525 人来自中国大陆,占所有大学编委的 5.2%,而排在 2013 年上海交通大学世界大学学术排行榜(Academic Ranking of World Universities,以下简称 ARWU)化学学科排名前 200 名的 59 所美国大学中就拥有 2 074 名编委,占所有大学编委的 20.5%。在"computer science"开头的有编委所在机构信息的 447 本 SCI 期刊中,来自 1 573 所大学的 14 442 名编委里有 481 人来自中国大陆,占所有大学编委的 3.3%,而排在 2013 年 ARWU 计算机学科排名前 200 名的 65 所美国大学拥有 3 287 名编委,占所有大学编委的 22.8%。在社会科学领域,我们在国际上的话语权与美国等西方国家有着更大的差距,在"economics"开头的有编委所在机构信息的 296 本社会科学引文索引(Social Science Citation Index,以下简称 SSCI)期刊中,来自 984 所大学的 8 852 名编委里仅有 89 人来自中国大陆,只占所有大学编委的 1%,而排在 2013 年 ARWU 经济学学科排名前 200 名的 108 所美国大学就拥有 3 575 名编委,占所有大学编委的比例高达 40.4%[②]。

从国际科研产出话语权传播平台——主办国际期刊的视角来看,中国同样处于不利地位。在 ESI 自然科学领域总被引频次前 10%的 405 本期刊中,美国主办的期刊数所占比例高达 48.8%,英国位列第二,占 17.3%,主办责任国总体上以西方发达国家为主,而 405 本期刊主办责任国中并无中国[③]。而根据笔者的统计,上述 396 本化学 SCI 期刊中,美国主办的期刊共有 114 本,占 28.8%,而中国仅有 6 本期刊,仅占 1.5%,上述 447 本计算机 SCI 期刊中,美国主办期刊 183 本,比例高达 40.9%,中国仅有 3 本主办期刊。296 本经济学 SSCI 期刊

---

①　潘教峰.国家科技竞争力研究报告[M].北京:科学出版社,2010.
②　需要说明的是,本书的最终成书及出版时间是在 2018 年。本书编委的横截面数据收集是在 2013 年。考虑到各大学每年编委数量的信息变动相对较为稳定,人员变动并不频繁(参见附录 4 及文献:Braun T, & Diospatonyi I. The counting of core journal gatekeepers as science indicators really counts. The scientific scope of action and strength of nations[J]. Scientometrics, 2005, 62(3): 297 - 319.),因此 2013 年的数据在今天仍有着一定的参考价值与借鉴意义。
③　潘教峰.国家科技竞争力研究报告[M].北京:科学出版社,2010.

中,美国主办期刊 107 本,占 36.1%,而来自中国大陆主办的期刊仅有中国社科院主办的 *China & World Economy* 以及由中央财经大学、北京大学、武汉大学联合主办的 *Annals of Economics and Finance* 两本期刊。

由此可见,无论是在国际学术期刊任职的编委数量还是主办国际学术期刊的数量上,上述数据都客观反映了中国科学研究在国际上的话语权还与美国等西方国家存在较大差距,与我国科研产出大国的地位并不十分相配,中国科学研究在国际上的话语权亟待提高,中国学者需要在国际科研评价舞台上发出我们自己的声音。

1.1.2　我国提升科研产出质量的呼声越来越高

近些年来,我国国际科学论文在数量与质量上都有了长足的进步。自 2006 年以来,我国 SCI 论文数量一直位居世界第二位。我国 2008—2018 年期间发表的 SCI 论文总被引频次也已位居世界第二位(截至 2018 年 5 月)。在看到这些数字欣喜的同时,也应该清醒地认识到数字背后我国与美国、英国等发达国家在科研产出质量方面存在的差距。

SCI 论文数量只是反映科研实力的一个方面,而更能反映一国科研实力与地位的是一国科研产出的质量。尽管科研产出质量是一个相对模糊的概念,科研产出质量不等同于科研产出的被引用频次,但是一般也可由总被引频次及篇均被引频次等科学计量学指标进行近似的测量,其逻辑基础是质量较高的论文会得到学界同行更多的引用[1]。我国 SCI 论文总被引频次位居世界第二,应该看到,总被引频次与科研产出数量两者本身相关,科研产出数量增多势必会带来被引频次总量增多的机会,我国科研产出总被引频次的提升固然与我国科研投入力度的增加、科研工作者的辛勤劳动、国家政策支持等因素密不可分,但是也与我国科研产出总量较多不无关系。与篇均被引频次相比,总被引频次频次更多地反映了科研产出影响力的规模,而篇均被引频次更能反映一国科研产出的质量。笔者通过在 ESI 数据库中检索发现,截至 2018 年 5 月,2008—2018 年我国论文的篇均被引频次为 9.62 次,在所有 152 个国家(地区)中仅位列第 103 位,在 20 万篇以上的 22 个国家(地区)中,我国也只排在第 16 位,落后于日本、

---

[1]　Margolis J. Citation indexing and evaluation of scientific papers[J]. Science, 1967, 155: 1213 - 1219.

韩国,与美国的 17.24 次的篇均被引频次还有一定距离①。从大学层面来看,我国一流大学的篇均被引频次也与世界先进水平存在显著差距②-⑥。我国论文篇均被引频次较低的原因之一是有大量的零被引论文,"我国有 35% 左右的论文从未被引用,而英国的零被引论文不到 25%。大量的零被引论文拉低了我国科研产出的整体质量,此外,篇均被引频次较低也与引用习惯有关,非英语国家的论文不太容易获得英美科研人员的引用"⑦。

　　近年来,淡化科研产出数量,重视原创性科研成果,提升我国科研产出质量的呼声越来越高,提升科研产出质量已成为我国学界的共识⑧-⑭。《国家中长期科学和技术发展规划纲要》指出"到 2020 年,我国科学技术发展的总体目标是:自主创新能力显著增强,科技促进经济社会发展和保障国家安全的能力显著增强,为全面建设小康社会提供强有力的支撑;基础科学和前沿技术研究综合实力显著增强,取得一批在世界具有重大影响的科学技术成果,进入创新型国家行列,为在本世纪中叶成为世界科技强国奠定基础"⑮。科研产出数量并不能代表自主创新能力、并不等于重大影响的科学技术成果。无论是"提升自主创新能

① Clarivate Analytics. (2018). Essential Science Indicators. Retrieved May 16, 2018, from http://esi. incites. thomsonreuters. com/IndicatorsAction. action? Init＝Yes&SrcApp＝IC2LS&SID＝H4-EEznyh1fATGQcon809Eo1KxxY6NwNSx2FEH-18x2droy4vk7qZT16ZPQtUZbfUAx3Dx3Dy8WkskCPNI3x2B3WTdQ0SJzQx3Dx3D-9vvmzcndpRgQCGPd1c2qPQx3Dx3D-wx2BJQh9GKVmtdJw3700KssQx3Dx3D

② 叶伟萍,唐一鹏,胡咏梅. 中国科研实力距美国有多远——基于 InCites 数据库的比较研究[J]. 中国高教研究,2012,(10):40-49.

③ 郑燕,杨颉. 我国高校入围 ESI 世界前 1% 学科的现状与趋势[J]. 中国高教研究,2013,(11):14-18.

④ 邱均平,王菲菲. 中国高校建设世界一流大学与学科进展[J]. 重庆大学学报(社会科学版),2014,20(1):97-103.

⑤ 楼雯. 中国与世界:一流大学科研竞争力的差距及实证分析[J]. 重庆大学学报(社会科学版),2014,20(1):104-109.

⑥ 易高峰. C9 高校学科水平的现状与对策研究——基于世界一流大学群体的比较[J]. 教育科学,2014,30(1):56-61.

⑦ 中国 SCI 论文数世界第二引用次数低于世界平均[J]. 中国科技信息,2012,(20):17.

⑧ 肖丹. 论文数量不代表创新能力[J]. 中国科技奖励,2011,(5):3.

⑨ 王丹红. 现在是提高中国论文质量的关键时刻了[J]. 创新科技,2012,(9):8-9.

⑩ 雷宇. 饶毅—让论文质量飞一会儿[J]. 创新科技,2012,(9):34-35.

⑪ 郑燕,杨颉. 我国高校入围 ESI 世界前 1% 学科的现状与趋势[J]. 中国高教研究,2013,(11):14-18.

⑫ 邱均平,王菲菲. 中国高校建设世界一流大学与学科进展[J]. 重庆大学学报(社会科学版),2014,20(1):97-103.

⑬ 楼雯. 中国与世界:一流大学科研竞争力的差距及实证分析[J]. 重庆大学学报(社会科学版),2014,20(1):104-109.

⑭ 易高峰. C9 高校学科水平的现状与对策研究——基于世界一流大学群体的比较[J]. 教育科学,2014,30(1):56-61.

⑮ 中华人民共和国国务院. 国家中长期科学和技术发展规划纲要(2006—2020 年)[EB/OL]. http://www. gov. cn/jrzg/2006-02-09/content_183787. htm, 2006-02-09.

力、建设创新型国家"的战略目标还是我国科研产出篇均被引不高,零引用论文所占比例较大的现实状况都对我国提升科研产出质量提出了迫切需求。如何提高自主创新能力、提升我国科研产出质量,这些值得我国从事科研管理研究的学者深思。

1.1.3　我国研究型大学与世界一流大学还存在一定差距

1998 年 5 月,时任国家主席的江泽民在庆祝北京大学建校 100 周年大会上提出"为了实现现代化,我国要有若干所具有世界先进水平的一流大学"[①]。此后不久,教育部颁布《面向 21 世纪教育振兴行动计划》,决定重点支持国内部分大学建设世界一流大学及一流学科[②]。1999 年 1 月 13 日,国务院批准了该项计划,"985 工程"正式启动[③]。自此拉开了我国建设世界一流大学的序幕。"985工程"共分三期建设,先后共有 39 所大学入选"985 工程"建设高校行列。2015年,国务院印发《统筹推进世界一流大学和一流学科建设总体方案》,该方案的提出对于我国建设世界一流大学与一流学科有着重要的意义[④]。2017 年 9 月 20日,教育部、财政部、国家发展和改革委员会联合发布了《关于公布世界一流大学和一流学科建设高校及建设学科名单的通知》,42 所高校成为世界一流大学建设高校,95 所高校入选世界一流学科建设高校[⑤]。至此,我国已进入"双一流"建设的时代。

经过"985 工程"一期、二期、三期的持续重点建设,我国的世界一流大学建设取得了令人欣喜的成绩,整体实力得到了很大提升,在诸如 SCI 论文数量、研究生与本科生比例等指标方面已经达到或接近世界一流大学的基本特征要求,我国研究型大学与世界一流大学的差距在逐步缩小。但是在重大原创性成果、国际顶尖学术人才、国际权威奖项以及前述科研产出质量、国际科研产出评价的

---

① 人民网.江泽民在庆祝北京大学建校一百周年大会上的讲话[EB/OL]. http://www.people.com.cn/GB/jiaoyu/8216/2702275.html, 2004 - 08 - 11.

② 中华人民共和国教育部.面向 21 世纪教育振兴行动计划[EB/OL]. http://www.moe.edu.cn/publicfiles/business/htmlfiles/moe/moe_177/200407/2487.html, 1998 - 12 - 24.

③ 中华人民共和国国务院.国务院批转教育部面向 21 世纪教育振兴行动计划的通知[EB/OL]. http://www.chinalawedu.com/news/1200/22598/22615/22793/2006/3/he021713202973600211822 - 0.htm, 1999 - 01 - 13.

④ 中华人民共和国国务院.统筹推进世界一流大学和一流学科建设总体方案[EB/OL]. http://www.gov.cn/zhengce/content/2015 - 11/05/content_10269.htm, 2015 - 11 - 05.

⑤ 中华人民共和国教育部,财政部,国家发展改革委.关于公布世界一流大学和一流学科建设高校及建设学科名单的通知[EB/OL]. http://www.moe.gov.cn/srcsite/A22/moe_843/201709/t20170921_314942.html, 2017 - 09 - 21.

话语权等方面还与世界一流大学存在较大差距,我国"双一流"建设的任务仍然十分艰巨。

　　SCI 期刊①编委被喻为期刊的"守门人",在国际科研产出评价体系中发挥着重要作用②,SCI 期刊编委一方面扮演着学术话语权控制者的关键角色,例如他们把握着本学科研究的热点,制定着期刊中学术评价的标准,决定着期刊文章的发表与否,引领着整个学界的研究方向等;另一方面,SCI 期刊编委通常也是本学科领域内的学术精英,当选编委正是基于他们自身较高的科研产出水平,他们自身较高的科研产出能力也为本校科研产出的提升直接贡献力量,因此这些编委人才可能直接或间接影响着一所大学科研产出的国际影响力及学科水平。SCI 期刊编委可能是世界一流大学及学科建设中一个重要的影响因素。一所大学所拥有的 SCI 期刊编委数量与本校科研产出数量与质量的关系如何? 与本校学科水平的关系如何? 这些问题也是本研究的重点。

1.2　研　究　意　义

　　本研究在化学、计算机、经济学三个学科中构建 SCI 期刊编委数据库,在这三个学科中分别选取 1 387 所大学、1 573 所大学和 984 所大学,分别在三学科中运用普通最小二乘回归、按大学期刊编委数量不同数据段分组统计、分位数回归方法对这些大学拥有的 SCI 期刊编委数量与论文数量、总被引频次、篇均被引频次、h 指数等科研产出指标进行了相关性分析。同时,本研究就大学的编委数量与科研产出的因果关系进行了探究:我们在计算机学科中通过小样本的截面数据对假设的因果机制进行验证;在化学学科中选取时间序列数据,对大学的编委数量与论文数量进行格兰杰因果关系检验;我们也结合微观案例与部分编委的访谈结果对大学编委数量与科研产出的因果关系进行了分析讨论。此外,我们还分别在三个学科中聚焦于 ARWU 学科排名 200 强的大学,就这些大学的 SCI 期刊编委数量与标志着这些大学学科水平的各个计量学指标进行了相关性实证检验。因此,本研究无论是理论创新还是指导实践,都有一定意义。

---

① 这里的 SCI 期刊也包括 SSCI 期刊,为简便起见,下文如无特别说明,SCI 期刊均包括 SSCI 期刊。

② Braun T, & Diospatonyi I. The counting of core journal gatekeepers as science indicators really counts. The scientific scope of action and strength of nations[J]. Scientometrics, 2005, 62(3), 297 - 319.

从理论层面来看,从普莱斯《小科学,大科学》的出版以及加菲尔德博士《科学引文索引》的刊行这些科学计量学发展历史上的奠基事件计算,科学计量学这门学科也不过走过了 50 年的时间,目前还没有形成完善的理论体系。而我国高等教育管理理论相对于其他管理理论来说,基础较为薄弱,目前理论体系也仍在探索构建之中。本研究通过运用科学计量学等定量研究方法,在化学、计算机、经济学三个学科中对大学的 SCI 期刊编委数量与科研产出及反映大学学科水平的各项计量学指标进行相关性实证研究,在一定程度上丰富了以往的科学计量学、高等教育管理理论体系。此外,目前关于大学编委数量与科研产出两者关系的研究多为相关关系的研究,本研究对两者背后的因果作用机理进行梳理,运用时间序列数据以及格兰杰因果检验方法并结合个案及访谈对两者的因果关系进行了一定程度的探究,有助于进一步丰富该领域的研究。

从实践指导的层面看,本研究本身就是一个实践性较强的问题。在我国高校 SCI 论文数量已有大幅提升,而科研产出质量还与国外的世界一流大学存在较大差距、科学研究的话语权在国际上还处于弱势地位的背景下,分析大学的 SCI 期刊编委数量与科研产出质量的相关性,具有一定的现实意义。高校的战略规划者可能关心的是本校在国际学术期刊上拥有多少数量的编委后,本校的科研产出水平如何。本研究通过普通最小二乘回归、分位数回归等方法对大学的编委数量与科研产出之间的变动关系进行了刻画,对于高校的战略规划和管理人员具有一定的参考价值。此外,分析学科排名世界 200 强大学的 SCI 期刊编委数量与代表这些大学学科水平各指标的相关性,也有助于为那些以建设世界一流大学、世界一流学科为目标的大学管理者们提供科学的决策支持,减少决策的不确定性,为相关大学的世界一流大学政策、科研政策的制定提供依据。

1.3 研 究 内 容

本研究主要分为 10 章,具体章节内容如下:

第 1 章为绪论,主要论述了研究背景、研究意义、研究内容、创新点等。

第 2 章为国内外相关研究的综述,主要从编委个人科研产出水平、编委与科研产出相关性、将编委数量用作大学学科排名三个方面进行梳理,并分析已有研究的不足之处,指出本研究的方向。

第 3 章为研究方法,主要论述了化学、计算机、经济学三个学科中编委数据、科研产出数据、学科水平数据以及化学学科中格兰杰因果检验所需数据和访谈资料收集的过程与处理方法。介绍了本研究所用到的两个主要统计技术：分位数回归方法和格兰杰因果检验方法。

第4—6章分别从理学、工学、社会科学中选取化学、计算机、经济学三个学科构建 SCI 期刊编委数据库，在此三个学科中对大学的 SCI 期刊编委数量与论文数量、总被引频次、篇均被引、h 指数等反映科研产出的科学计量学指标进行相关性实证检验，通过按编委数量不同数据段进行分组统计以及分位数回归方法详细刻画大学编委数量与科研产出两者之间的关系，以展现两者关系的全貌。

第7章为大学 SCI 期刊编委数量与科研产出相关性的讨论部分。本章对上述三学科中大学编委数量与科研产出相关性结果的异同点进行了总结，分析了形成异同点背后的原因，同时也对分位数回归结果背后的原因进行了分析。

第8章对大学 SCI 期刊编委数量与科研产出的因果关系进行了探究。本章首先对两者之间可能的因果作用机制进行理论分析，并在计算机学科中通过小样本的截面数据对假设的因果机制进行验证。然后在化学学科中选取时间序列数据，对大学的编委数量与论文数量指标进行格兰杰因果关系检验。我们也结合微观案例与部分编委的访谈结果对大学编委数量与科研产出的因果关系进行了分析讨论。

第9章在上述三个学科中聚焦于 ARWU 学科排名 200 强的大学，就这些大学的编委数量与标志着这些大学学科水平的各个计量学指标进行了相关性实证检验，并对结果进行了分析讨论。

第10章为结论部分。通过对全文提炼总结，得出主要结论，同时也对现有研究不足进行讨论并指出今后进一步研究的方向。

1.4　主要创新点

本研究的创新点主要体现在以下三个方面：

第一，在化学、计算机、经济学三个学科中对大学的 SCI 期刊编委数量与反映大学科研产出质量的篇均被引、h 指数等指标进行了相关性实证检验。以往的研究多是选取科研产出数量的指标或排名与编委数量进行相关分析，而篇均被引、h 指数等科学计量学指标则尚未涉及。

第二，基于大样本，通过分组统计以及分位数回归方法在化学、计算机、经济学三个学科中对大学的 SCI 期刊编委数量与科研产出两者的相关性进行了细致刻画,在此三个学科中展现了两者关系的全貌。以往的研究多是基于小样本,选取编委数量排名靠前的大学作为研究对象,对这些大学的编委数量与科研产出进行相关分析,如比较这些大学的编委数量与科研产出两类排名的重叠程度、计算两类排名的相关系数、运用普通最小二乘回归法计算这些大学的编委数量对科研产出的影响系数等。然而选取编委数量排名靠前的大学进行相关分析,人们不禁要问编委数量排名中间与靠后大学以及从总体上看所有大学的编委数量与科研产出的相关关系如何? 即使都是在编委数量排名靠前的大学中,对于位于编委数量不同数据段的大学,他们的编委数量与科研产出的相关性一样吗?人们并不清楚处于编委数量或科研产出不同档次(或者说不同数据段)的大学,他们的编委数量与科研产出的相关性是否相同。此外,就运用普通最小二乘回归方法计算大学编委数量对科研产出的影响系数而言,普通最小二乘回归度量的是自变量对因变量的"平均影响",却并未考虑因变量在条件分布不同位置时自变量对因变量的影响差异,仍然缺乏对大学编委数量与科研产出关系的细致深入分析,因而存在一定局限性。本研究基于大样本,选取化学学科中的 1 387 所大学,计算机学科中的 1 573 所大学,经济学学科中的 984 所大学,通过将大学编委数量按不同数据段进行分组统计,精确分析大学编委数量不同取值范围内其与大学科研产出关系的特点;通过分位数回归方法,详细刻画大学科研产出位于条件分布不同位置时,大学编委数量与科研产出相关性的变动差异。上述两种方法分别从侧重编委的角度与侧重科研产出的角度对大学的编委数量与科研产出两者的相关性进行了细致刻画,以展现两者关系的全貌,为我们深入理解两者的相关性提供了新的视角。

　　第三,通过格兰杰因果检验、邮件访谈以及小样本案例验证等多种方法对大学的 SCI 期刊编委数量与科研产出的因果关系进行了一定程度的探究。以往的研究多是将大学的编委数量与科研产出数量的指标或排名进行相关分析,例如计算两者的相关系数,定性地比较两类排名靠前学校的重复程度等,然而相关关系并不等同于因果关系。少量一些研究对大学编委数量与科研产出数量进行了回归,尽管回归对于描述编委数量与科研产出两个变量之间的关系有一定帮助,但是回归仍然不等同于因果关系。人们可能更加关心的是一所大学的编委数量与科研产出两者之间是否具有因果关系,两者之间有着何种作用机理。目前这些问题都还没能够很好地回答,也正说明这方面的研究还比较缺乏。之所以缺乏因果关系的研究也在于目前已有研究多是选取某一年横截面的数据作为样本进行研究,而缺乏大学编委数量和科研产出基于时间序列数据的样本。本研究在化学学科中,以 2014 年 ARWU 化学学科排名前 20 强作为因果检验的对象,获取这些大学在 9 本化学顶尖期刊中 1998—2017 年共计 20 年的编委数据及科研产出数据。我们对这 20 所大学的编委数量与论文数量指标进行了格兰杰因果关系检验。此外,我们就大学的编委数量与科研产出的因果关系问题对 9 本化学顶尖期刊中的部分编委进行了邮件访谈,在化学、计算机学科中就大学的编委数量与科研产出背后可能的因果机制进行了小样本的案例验证。

第 2 章　学术期刊编委与科研产出及
　　　　学科水平关系的研究综述

通过对已有文献的梳理,已有的相关研究主要可以归纳为以下三个方面:编委的个人科研产出水平、编委与科研产出的相关性、将编委数量作为大学学科排名指标。下文就从这三方面对文献进行回顾与评述。

2.1　关于编委个人科研产出
　　　水平的研究综述

关于编委自身科研产出水平的高低,主流观点认为,编委具有较高的科研产出水平,编委资格的获取正是基于编委自身已经取得了较高的学术成就。早在1973 年,Cole 等人[①]就曾指出,编委成员的任命如果不是基于自身拥有较高的学术成就,那么在整个学术圈中,他们作为编委所享有的学术声誉将很难被圈内同行所认同。Hames[②]认为尽管大多数编委不能保持一直在最顶尖的期刊上发表文章,但是一本期刊如果想吸引高质量的论文投稿,那么它的编委至少需要在顶尖的期刊上发表过一定数量的论文,只有基于此,编委对于来稿才能做出正确和严格的判断,从而被同行所信任。Rynes[③] 指出拥有较强的发文和被引记录是成为编委候选人的最明显特征。Bedeian 等人[④]认为,编委的人选必须是在该领域

---

① Cole J R, & Cole S. Social stratification in science. Chicago: University of Chicago Press, 1973.
② Hames I. Editorial boards: Realizing their potential[J]. Learned Publishing, 2001, 14(4), 247 - 256.
③ Rynes S L. Getting on board with AMJ: Balancing quality and innovation in the review process[J]. Academy of Management Journal, 2006, 49(6), 1097 - 1102.
④ Bedeian A G, Van Fleet D D, & Hyman H H. Scientific achievement and editorial board membership [J]. Organizational Research Methods, 2009, 12(2), 211 - 238.

内公认的最杰出的专家,他们只有取得了杰出的学术成就才有资格被选为编委,只有遵循这一编委遴选的原则,才能构成科学精神的基石。具体到每一个学科来看,具有如下特点:

在心理学领域,Lindsey[1] 曾对部分心理学期刊编委进行了实证研究,他主要从以下三个方面来测量编委的学术水平:编委发表学术论文、出版专著的数量;以上这些作品的被引用次数;编委的最高学历。研究结果表明,这些编委全部拥有博士学位,有着大量的科研产出且这些科研产出的被引次数较高,他们对于心理学学科的发展有着重要的影响。Pardeck[2] 从美国心理学学会发行的期刊中随机选取了 5 本期刊作为统计样本,通过统计每本编委在 SSCI 数据库中的篇均被引频次来测量编委的科研产出水平。结果显示,除 *Journal of Education Psychology* 期刊外,其余每本期刊均有 50% 左右的编委的篇均被引达到 16 次及以上,且在 *Journal of Personality and Social Psychology* 中,编委的篇均被引达到 16 次以上的比例更是高达 77%,从而证明了心理学期刊编委拥有较高的科研产出水平。

在化学领域,Zsindely 等人[3]选取 SCI 收录的 49 本国际化学期刊作为期刊样本,将期刊的影响因子及该刊所有编委的人均被引频次作为两个变量,对他们进行相关分析,结果表明,两者的相关系数为 0.627,具有较强的相关性,从而揭示出编委的科研产出水平对于编委资格获取的重要影响:越是顶尖期刊,对编委的科研产出水平要求越高。Braun 和 Bujdoso[4] 用同样的方法在分析化学领域做了实证检验,得到了与此类似的结论。

在医学领域,Bakker 和 Rigter[5] 从 48 个医学分支学科中选取了 SCI 收录的 1 168 本期刊作为样本源期刊,发现编委拥有编委职位的数量与编委发文数量、编委被其他国家同行学者提及的次数以及编委发文的被引次数具有较强的相关关系,从而认为编委的科研产出数量与质量是当选编委最重要的原因。

①　Lindsey D. The operation of professional journals in social work[J]. Journal of Sociology and Social Welfare, 1978, 5, 273 – 298.

②　Pardeck J T. Are social work journal editorial boards competent: Some disquieting data with implications for research on social work practice[J]. Research on Social Work Practice, 1992, 2(4), 487 – 496.

③　Zsindely S, Schubert A, & Braun T. Citation patterns of editorial gatekeepers in international chemistry journals[J]. Scientometrics, 1982, 4(1), 69 – 76.

④　Braun T, & Bujdoso E. Gatekeeping patterns in the publication of analytical chemistry research[J]. Talanta, 1983, 30(3), 161 – 167.

⑤　Bakker P, & Rigter H. Editors of medical journals: Who and from where[J]. Scientometrics, 1985, 7, 11 – 22.

在会计学领域,Beattie 和 Ryan[1] 通过对 7 本顶尖会计学期刊的研究发现:编委成员所发表的论文比其他非编委研究人员有着更多的被引频次。Williams 和 Rodgers[2] 指出,科研产出的优异表现是一名学者成为期刊编委的必要条件,他们选取 The Accounting Review 作为期刊样本对其编委成员的科研产出水平进行实证检验表明,能否在该刊担任编委取决于在任职编委职位之前能否在这一顶尖期刊上发表过论文。Brinn 和 Jones[3] 通过对编委的问卷调查表明,科研产出的表现和学术声誉是编委们认为能够当选为编委的两个最重要因素。

在房地产领域,Hardin 等人[4]评价了 3 本高影响力的房地产期刊编委的科研产出情况,并将此作为检验房地产领域学者科研产出水平的标杆。

与 Hardin 等人在房地产领域的研究相类似,Lacasse 等人[5]选取了 5 本社会工作领域内较高影响力的期刊,将 5 本期刊中的编委分为助理教授、副教授、教授三类,分别统计他们的 h 指数,作为衡量社会工作领域学者高水平科研产出的标准。

在财政学领域,Hardin 等人[6]通过调查 5 本顶尖财政学期刊 15 年的数据,发现编委们拥有大量的科研产出。研究还表明拥有多个编委职位的人要比拥有单一编委职位的人拥有更多高质量的科研产出。

在图书馆与情报学领域,Willett[7]选取了 16 本顶尖图情期刊,计量其编委的人口统计学特征及发文情况,结果表明编委发文的中位数值为 9.5,被引频次的中位数值为 39。编委有着较为丰富的发文数与被引频次:其发文数与被引频次与 16 本期刊中的非编委作者有着显著区别。张立伟和姜春林[8]以国内 23 本图书情报学 CSSCI 期刊为样本,统计这些期刊编委的发文数量、被引频次、论文

①　Beattie V A, & Ryan J R. Performance indices and related measures of journal perception in accounting[J]. British Accounting Review, 1989, 21(3), 267 – 278.

②　Williams P F, & Rodgers J L. The accounting review and the production of accounting knowledge[J]. Critical Perspectives on Accounting, 1995, 6(3), 263 – 287.

③　Brinn T, & Jones M J. Editorial boards in accounting: The power and the glory[J]. Accounting Forum, 2007, 31(1), 1 – 25.

④　Hardin W G, Beauchamp C F, Liano K, et al. Research and real estate editorial board membership [J]. Journal of Real Estate Practice and Education, 2006, 9(1), 1 – 18.

⑤　Lacasse J R, Hodge D R, & Bean K F. Evaluating the productivity of social work scholars using the h-index[J]. Research on Social Work Practice, 2011, 21(5), 599 – 607.

⑥　Hardin W G, Liano K, Chan K C, et al. Finance editorial board membership and research productivity[J]. Review of Quantitative Finance and Accounting, 2008, 31(3), 225 – 240.

⑦　Willett P. The characteristics of journal editorial boards in library and information science [J]. International Journal of Knowledge Content Development & Technology, 2013, 3(1), 5 – 17.

⑧　张立伟,姜春林. 编委学术表现与期刊质量的相关性探讨——基于图书情报学期刊的文献计量研究 [J]. 中国科技期刊研究,2014,25(9): 1121 – 1126.

下载次数、h 指数等指标,结果表明编委们拥有较高的平均发文量、被引频次、下载次数和 h 指数。

在管理学领域,Rost 和 Frey[1] 认为当选编委需要一定的科研产出数量,但是由于编委要承担审稿工作的原因,最高产的学者往往不担任编委或担任编委职位的数量较少。基于此,他们提出假设"学者拥有的编委职位数量与科研产出数量呈倒 U 型曲线",并选取管理学与组织科学领域 11 本顶尖期刊作为样本期刊,通过回归分析证实了该假设:总体来看,学者拥有越多的科研产出,当选编委的机率越大,但是最高产的作者往往不在编委之列。Valle 和 Schultz[2] 从国际高等商学院协会认证的美国商学院中选取 440 名教师作为样本,发现教师具有编委资格与教师在管理学顶尖刊物发文有着显著的正相关关系。他们认为学者借助编委资格而获得更多的科研产出这种可能性是较小的,因此两者之所以显著正相关更多的是基于编委本身具有高水平的科研产出能力。

在物理与康复医学领域,Franchignoni 等人[3]从第 17 界欧洲物理与康复协会大会的受邀报告人中随机选取了 24 名欧洲学者,统计他们在 Web of Science 和 Publish or Perish 两个数据库中的论文数量、总被引频次及 h 指数共 6 项科学计量学指标。在其中的 12 名期刊编委中,有 11 名编委在这 6 项指标中至少有一项位列前十。

在麻醉学领域,Pagel 和 Hudetz[4] 在 2009 年影响因子大于 1 的期刊中随机选取 10 本期刊作为样本,分析这些期刊的编委的 h 指数,结果表明:在多个期刊任职的编委要比在单一期刊任职的编委 h 指数更高;期刊影响因子越高,期刊编委的 h 指数也越高。

在药学领域,丁佐奇等[5]选取国内 10 本较有影响力的药学期刊为样本,分别统计 10 本期刊中发文及被引最多的 20 名作者,按编委成员占该刊发文与被引最多的 20 名作者的人数比例分为编委贡献较大、编委贡献中等、编委贡献较

[1]　Rost K, & Frey B. Quantitative and qualitative rankings of scholars[J]. Schmalenbach Business Review, 2011, 63(1), 63 - 91.

[2]　Valle M, & Schultz K. The etiology of top-tier publications in management: A status attainment perspective on academic career success[J]. Career Development International, 2011, 16(3), 220 - 237.

[3]　Franchignoni F, Munoz L S, Ozçakar L, et al. Bibliometric indicators: a snapshot of the scientific productivity of leading European PRM researchers [J]. European Journal of Physical and Rehabilitation Medicine, 2011, 47(3), 455 - 462.

[4]　Pagel P S, & Hudetz J A. Bibliometric analysis of anaesthesia journal editorial board members: correlation between journal impact factor and the median h-index of its board members[J]. British Journal of Anaesthesia, 2011, 107(3), 357 - 361.

[5]　丁佐奇,郑晓南,吴晓明. 从编委的高发文和高被引分析看药学期刊编委的贡献[C]. 中国高校学术出版(IV)——中国高校科技期刊研究会第 15 次年会论文集,2011:47 - 49.

小三类,结果表明大多数期刊中,编委有着中等以上的贡献。

　　在纳米领域,Braun 等人[1]类比期刊影响因子的概念,提出了"守门人指数"(gatekeeper index)的概念。其含义为一本期刊的编委在过去两年所发论文在当年的被引频次。Braun 等人认为,编委通常是本领域高水平的一流学者,他们的科研产出水平较高,因此他们的被引频次应该高于基于所有学者统计出的期刊影响因子。实证结果表明,除 Nanoletters 这本期刊外,其余 8 本纳米科学与技术领域的期刊的守门人指数均要高于期刊的影响因子,从而也证明编委有着较高的科研产出水平。

　　除上述研究外,Asnafi 等人[2]在放射学、Kay 等人[3]在运动医学、Walters[4]以及 Zhang 和 Jiang[5]等在图书情报学等领域做了类似的研究,结果也都表明编委具有较高的科研产出水平。

　　尽管编委具有较高的科研产出水平是学界的主流观点,但仍有相当一部分研究表明,编委的科研产出水平并不如人们所期待的那样。例如,有大量的研究集中于社会工作领域:

　　Lindsey 和 Kirk[6-7]的一系列研究结果显示社会工作领域内的编委缺乏杰出的学术成就,科研产出的数量和质量均较低。Epstein[8-9]就此指出,社会工作学科的编委缺乏坚实的学术基础。Pardeck[10]选取了 5 本社会工作学科中最具

① Braun T, Zsindely S, Diospatonyi I, et al. Gatekeeper index versus impact factor of science journals [J]. Scientometrics, 2007, 71(3), 541-543.
② Asnafi S, Gunderson T, McDonald R J, et al. Association of h-index of editorial board members and impact factor among radiology journals[J]. Academic Radiology, 2017, 24(2), 119-123.
③ Kay J, Memon M, de Sa D, et al. The h-index of editorial board members correlates positively with the impact factor of sports medicine journals[J]. Orthopaedic Journal of Sports Medicine, 2017, 5 (3), 232596711769402.
④ Walters W H. The research contributions of editorial board members in library and information science[J]. Journal of Scholarly Publishing, 2016, 47(2), 121-146.
⑤ Zhang L, & Jiang C. Social network analysis and academic performance of the editorial board members for journals of library and information science[J]. COLLNET Journal of Scientometrics and Information Management, 2015, 9(2), 131-143.
⑥ Lindsey D. Distinction, achievement, and editorial board membership[J]. American Psychologist, 1976, 31(11), 799-804.
⑦ Lindsey D. & Kirk S A. The role of social work journals in the development of a knowledge base for the profession[J]. Social Service Review, 1992, 66(2), 295-310.
⑧ Epstein W. Confirmational response bias among social work journals[J]. Science, Technology & Human Values, 1990, 15, 9-38.
⑨ Epstein W. The obligations of intellectuals[J]. Science, Technology & Human Values, 1990, 15, 244-247.
⑩ Pardeck J T. Are social work journal editorial boards competent: Some disquieting data with implications for research on social work practice[J]. Research on Social Work Practice, 1992, 2(4), 487-496.

影响力的期刊作为统计样本,发现期刊中有相当一部分比例的编委一年中的篇均被引在 3 次及 3 次以下。在 *Journal of Social Work Education* 中,这一比例占到了 58％,*Families in Society*、*Child Welfare* 的比例分别为 54％和 48％。与此形成鲜明对比的是 3 本期刊中编委篇均被引达 16 次及以上的比例仅为 14％,这一比例远低于同一档次心理学期刊的水平。Pardeck 和 Meinert[1] 的研究发现:在 *Social Work* 的 8 名期刊编委中有 4 名在 1990—1995 这 6 年间没有在 *Social Work Abstracts*、*Sociological Abstracts*、*Psychological Abstracts* 所收录的期刊中发表过论文;有 4 名在这一时间段在 SSCI 中的被引频次少于 3 次。尽管学者 Reamer[2] 对 Pardeck 和 Meiner 的研究提出质疑,认为如果统计这些编委所发表的专著和文集而不是只统计期刊论文、扩大统计的时间范围,结果可能会不同,但是 Reamer 并没有给出实证结果。Pardeck[3-4] 的其他一些研究中用类似的方法同样验证了社会工作领域编委的科研产出水平不高。

在心理学领域,Weinrach 等人[5]检验 *The Counseling Psychologist*、*The Journal of Counseling Psychology*、*The Journal of Counseling and Development* 3 本期刊编委的发文情况,结果发现 *The Counseling Psychologist* 编委的发文数要明显高于其他两本期刊,作者也由此认为 3 本期刊遴选编委的标准并不相同。

在经济学领域,Frey 和 Roster[6] 取科睿唯安 JCR 数据库与本国较为流行的 Handelsblatt Ranking 期刊排名的并集,选取了 115 本经济学期刊作为研究样本,按学者所拥有的编委职位数量进行排名。他们将此排名与科睿唯安 ESI 数据库中的学者总被引频次排名进行比较,结果发现两类排名的相关性较低:基于编委职位数量排名的大多数学者没有出现在科睿唯安 ESI 的排名中,而在科睿唯安 ESI 排名中较高的学者仅出现在编委职位数量排名的末端,两类排名各

① Pardeck J T, & Meinert R G. Scholarly achievements of the social work editorial board and consulting editors: A commentary[J]. Research on Social Work Practice, 1999, 9(1), 86 - 91.
② Reamer F G. Social work scholarship and gatekeeping: Reflection on the debate[J]. Research on Social Work Practice, 1999, 9(1), 92 - 95.
③ Pardeck J, Arndt B, Light D, et al. Distinction and achievement levels of editorial board members of psychology and social work journals[J]. Psychological Reports, 1991, 68(2), 523 - 527.
④ Pardeck J, Chung W, & Murphy J. An examination the scholarly productivity of social work editorial board members and guest reviewers[J]. Research on Social Work Practice, 1995, 5(2), 223 - 234.
⑤ Weinrach S G, Thomas K R, Pruett S R, et al. Scholarly productivity of editorial board members of three American counseling and counseling psychology journals[J]. International Journal for the Advancement of Counseling, 2006, 28(3), 303 - 315.
⑥ Frey B S, & Rost K. Do rankings reflect research quality? [J]. Journal of Applied Economics, 2010, 13(1), 1 - 38.

自的前十名中没有相同的学者。Frey 和 Roster 还将此排名与经济学领域中著名的 IDEAS 排名进行了比对,结果再次表明,无论是 IDEAS 发表论文最多的经济学家排名,还是被引频次最多的经济学家排名,它们与基于编委职位获得数量的排名相关性都不高。

在整个商学领域,Bedeian 等人[①]分别从管理学、会计学、营销学、财政学、经济学、心理学、社会学等商学的分支领域或相近领域中选取 1—2 本该领域中最具影响力的期刊作为期刊样本,从以下 4 个方面衡量编委的科研产出水平:编委发表论文的数量、论文的总被引频次、反映篇均被引频次的校正质量指数、反映编委科研产出累积影响力的 h 指数。Bedeian 等人重点关注了 2 本管理学领域期刊编委的情况,研究结果表明,*Academy of Management Journal* 中编委发表论文数量的中位数值仅为 6.33,这一分值仅排在所有 8 本期刊编委得分的第七位,该刊约有三分之一的编委的论文总被引频次在 50 次以下,有近 60% 的编委的论文总被引频次在 100 次以下。Bedeian 等人由此做出推断,编委资格的获取除学术成就这一因素外,还存在诸如人际关系等特殊因素的考虑。而另一本管理学期刊 *Academy of Management Review* 中编委的科研产出表现也很一般。Lowe 和 Van Fleet[②] 用类似的方法专注于会计学期刊,发现不同会计学顶尖期刊中编委的科研产出水平并不一致,其中 *The Accounting Review* 中有大量编委发文数及被引频次相对较低。Prasad 等人[③]通过计算 *Journal of International Business Studies*、*Strategic Management Journal* 2 本期刊编委的 h 指数发现,尽管 *Strategic Management Journal* 比 *Journal of International Business Studies* 编委科研产出水平更高,然而 2 本期刊中都存在相当一部分比例的编委没有在其所任职的期刊上发表过论文的现象。

林松青与张海峰[④]选取《岩土力学和工程学报》中的 116 名编委为分析样本,统计发现 1982—2010 年间有 9.48% 的编委从未在该刊发表过论文,2005—2010 年这最近的 6 年时间内,有 25.86% 的编委没有在该刊发表过论文。作者也由此认为编委的组成结构应该进一步优化。

通过以上文献回顾,我们发现编委具有较高的科研产出水平是学界的主流

① Bedeian A G, Van Fleet D D, & Hyman H H. Scientific achievement and editorial board membership [J]. Organizational Research Methods, 2009, 12(2), 211 – 238.
② Lowe D J, & Van Fleet D D. Scholarly achievement and accounting journal editorial board membership[J]. Journal of Accounting Education, 2009, 27(4), 197 – 209.
③ Prasad S B, Pisani M J, Prasad R M, et al. Do experts make up JIBS and SMJ editorial review boards? A research note[J]. Strategic Management Journal, 2012, 6(1), 27 – 37.
④ 林松青,张海峰. 发挥科技期刊编委的作用与对策[J]. 编辑学报,2013,34(12): 51 – 59.

观点,人们至少在主观定性上普遍认为编委具有较高的科研产出水平。但是在一些学科中仍有部分实证研究表明编委的科研产出水平并不如人们期待的那样,编委的科研产出水平表现得很一般。

2.2　关于编委与科研产出相关性的研究综述

　　根据 Bourdieu[1] 在其名著《人：学术者》中所阐述的理论框架,期刊编委会就是一个自我繁殖的学术精英系统,这些作为学术精英的编委凭借手中的权力可以决定来自哪些院校的人员进入到精英系统中成为控制别人的人、哪些院校可以成为控制阶层、哪些文章可以得到发表。Whitley[2] 也强调了学术精英这种角色在控制知识的生产和传播过程中所发挥的重要作用。一些学者将期刊编委这种角色比喻为学术界的"守门人"[3-4]。Zuckermann 和 Merton[5] 指出守门人在稿件的评价和选择的控制系统中,占据着有力的战略地位。Konrad[6]、Raelin[7] 认为编委作为守门人对于期刊发表哪些文章,以及对于预见理论的发展有着重要影响。总之,学界对于编委对文章的最终发表与否有着重要的影响这一论点都不否认,而来自不同学科领域的学者则运用不同方法,或正或反、或显或隐,从不同角度在各自学科领域对编委与科研产出的相关性进行了研究。

　　在社会学领域,Yoels[8] 的实证研究表明,*American Sociological Review* 中

①　Bourdieu P. Academicus[M]. Stanford,CA: Stanford University Press, 1990.

②　Whitley R. The intellectual and social organization of the science[M]. Oxford: Oxford University Press, 2000.

③　Crane D. The gatekeepers of science: Some factors affecting the selection of articles for scientific journals[J]. American Sociologist, 1967, 2(4), 195-201.

④　Zsindely S, Schubert A, & Braun T. Editorial gatekeeping patterns in international science journals. A new science indicator[J]. Scientometrics, 1982, 4(1), 57-68.

⑤　Zuckermann H, & Merton R K. Patterns of evaluation in science: Institutionalisation, structure and functions of the referee system[J]. Minerva, 1971, 9(1), 66-100.

⑥　Konrad A M. (2008). Knowledge creation and the journal editor's role. In Y. Baruch, A. M. Konrad, H. Aguinis, & Starbuck, W. H. (Eds.), Opening the black box of editorship (pp. 3-15). New York: Palgrave Macmillan.

⑦　Raelin J A. Refereeing the game of peer review[J]. Academy of Management Learning & Education, 2008, 7, 124-129.

⑧　Yoels W C. Destiny or dynasty: Doctoral origins and appointment patterns of editors of the American sociological review 1948-1968[J]. American Sociologist, 1971, 5, 134-139.

编委职位主要被来自芝加哥大学、哥伦比亚大学、哈佛大学等大学的博士毕业生所控制,且编委的博士毕业院校最多的 10 所大学与文章作者的博士毕业院校最多的 10 所大学非常相似。

在社会工作领域,Lindsey① 认为编委权力对期刊文章发表与否有着重要影响,而他重点关注了这种权力的来源。他将编委权力划分为"编委评审论文的数量""编委推荐论文的数量""编委推荐论文被录用的数量"三个维度并分别作为内生变量,将"编委是否担任行政职务""编委所在单位是否隶属大学""编委的科研产出数量""编委的科研产出质量""编委是否以定性研究风格为主"五个变量设为外生变量或中介变量,对上述变量进行路径分析,以试图找出影响编委权力的前因。研究结果表明"编委所在单位是否隶属大学""编委的科研产出数量""编委是否以定性研究风格为主"对编委权力有着正向影响,是编委权力的前因。

在经济学领域,Hodgson 和 Rothman② 的实证研究中发现部分经济学期刊中编委与作者被美国及少数院校垄断的情况,他认为这不利于经济学科的创新研究。Sussmuth③ 通过监测 10 年来欧洲院校的科研产出情况也同样发现存在着编委及作者被少数院校垄断的情况,并发现这些院校的编委数量对科研产出数量有着正向的积极影响。Baccini 和 Barabesi④ 发现编委的连锁现象,即一个编委占据着数个编委职位,从而将不同期刊联结在一起,以反映不同期刊间编委的重合程度及不同期刊政策的相似性。Gibbons 和 Fish⑤ 发现哈佛大学、罗切斯特大学、宾夕法尼亚大学 3 所学校在由自己本校教师担任主编的期刊中占有较高的编委比例。Hofmeister 和 Krapf⑥ 对伯克利电子出版社旗下的经济学期刊编委的审稿过程进行了调查。这些期刊将文章分为了 4 个档次,调查后他们发现,有着良好被引记录的作者以及隶属于排名较高院校的作者文章更易于被

① Lindsey D. The operation of professional journals in social work[J]. Journal of Sociology and Social Welfare, 1978, 5, 273-298.
② Hodgson G M, & Rothman H. The editors and authors in economics journals: A case of institutional oligopoly? [J] The Economics Journal, 1999, 109, 165-186.
③ Sussmuth B, Steininger M, & Ghio S. Towards a European economics of economics: Monitoring a decade of top research and providing some explanation[J]. Scientometrics, 2006, 66(3), 579-612.
④ Baccini A, & Barabesi L. Interlocking editorship: A network analysis of the links between economic journals[J]. Scientometrics, 2010, 82(2), 365-389.
⑤ Gibbons J D, & Fish M. Rankings of economics faculties and representation on editorial boards of top journals[J]. Journal of Economic Education, 1991, 22(4), 361-366.
⑥ Hofmeister R, & Krapf M. (2011). How do editors select papers, and how good are they at doing it? Retrieved September 8, 2014, from http://kops.uni-konstanz.de/bitstream/handle/123456789/29614/Hofmeister_0-271255.pdf? sequence=3&isAllowed=y.

遴选为高档次的文章。Frey 和 Rost[1] 选取了 115 本经济学期刊作为研究样本，按一国所拥有的编委数量进行排名。他们将此排名分别与科睿唯安 ESI 数据库中的总被引频次排名最高的 81 个国家以及论文数量最多的 81 个国家进行散点图分析，结果发现基于编委的排名与基于科研产出的排名相关性较高。

在会计学领域，Mittermaier、Lee 等人的一系列研究均表明，在学界，存在着一小部分被称为"学术精英"的群体，他们作为期刊编委控制着会计学界的发展[2-8]。Williams 和 Rodgers[9] 通过对期刊 *The Accounting Review* 的编委构成情况进行研究发现，这里存在着博士毕业于美国少数几所顶尖名校的精英，他们控制着期刊的内容和研究的热点领域，来自这些院校的毕业生也更容易成为该刊的作者，编委人数最多的 10 所院校中的 9 所也同样位列该期刊校友发文数量最多院校的前 10 名。Lee[10] 选取了 6 本会计学期刊作为样本期刊从"编委的博士毕业院校""编委的任职时间""编委在自己任职期刊上发表论文的数量"三个方面来衡量编委在科研知识生产过程中的控制能力。研究结果表明：顶尖期刊被一些来自美国的少数顶尖院校的精英编委成员所控制，他们不仅占据着主编、副主编等核心职位，且大部分成员在多个期刊担任编委职务；从控制时间上看，这些来自美国少数几所院校的精英编委在顶尖期刊上的任职时间最长；他们比非精英编委成员在自己所任职的顶尖期刊上发表了更多的文

① Frey B S, & Rost K. Do rankings reflect research quality? [J]. Journal of Applied Economics, 2010, 13(1), 1-38.

② Mittermaier L J. Representation in the editorial boards of academic accounting journals: An analysis of accounting faculties and doctoral programs[J]. Issues in Accounting Education, 1991, 6(2), 221-238.

③ Lee T A. Shaping the US academic accounting research profession: The American accounting association and the social construction of a professional elite[J]. Critical Perspectives on Accounting, 1995, 6, 241-261.

④ Williams P F, & Rodgers J L. The accounting review and the production of accounting knowledge [J]. Critical Perspectives on Accounting, 1995, 6(3), 263-287.

⑤ Rodgers J L, & Williams P F. Patterns of research productivity and knowledge creation at the accounting review: 1967-1973[J]. The Accounting Historian's Journal, 1996, 23(1), 55-58.

⑥ Lee T A. The editorial gatekeepers of the accounting academy[J]. Accounting Auditing & Accountability Journal, 1997, 10(1), 11-30.

⑦ Fogarty T, & Liao C. Blessed are the gatekeepers: A longitudinal study of the editorial boards of The Accounting Review[J]. Issues in Accounting Education, 2009, 24(3), 299-318.

⑧ Qu S Q, Ding S, & Lukasewich S M. Research the American way: The role of US elites in disseminating and legitimizing Canadian Academic Accounting Research[J]. European Accounting Review, 2009, 18(3), 515-569.

⑨ Williams P F, & Rodgers J L. The accounting review and the production of accounting knowledge [J]. Critical Perspectives on Accounting, 1995, 6(3), 263-287.

⑩ Lee T A. The editorial gatekeepers of the accounting academy[J]. Accounting Auditing & Accountability Journal, 1997, 10(1), 11-30.

章。Bates 等人①的研究发现在 *The Accounting Review* 中,超过 60% 的作者与编委的隶属院校一致,且在 *The Accounting Review* 和 *The Journal of Accounting Research* 这些美国期刊中,编委职位被来自一小部分院校的编委所占据。Qu② 的研究发现在加拿大会计学术学会(Canadian Academic Accounting Association)出版的 *Contemporary Accounting Research* 期刊中,博士毕业于美国院校的部分精英人才在作者、与该期刊相关的会议参会人员以及编委成员构成三个方面占据着很高的比例。Brinn 和 Jones③ 则更关注英国籍编委的情况,他们发现英国籍学者在会计学期刊编委中的代表性不够,特别是在美国高质量期刊中表现得更加明显,在他们所选取的 60 本会计学期刊中有 22 本期刊不含英国籍编委,其中包括美国三大顶尖会计学期刊 *The Journal of Accounting and Economics*、*The Journal of Accounting Research*、*The Accounting Review*。Brinn 和 Jones 由此认为,英国学者在世界主要会计学期刊中无论是就期刊战略还是研究内容领域都无法施加影响力。

在心理学领域,Horan 等人④发现 *Journal of Counseling Psychology* 更愿意雇佣毕业于明尼苏达大学、俄亥俄州立大学、马里兰大学、密苏里大学的校友或来自上述四校的教师作为该刊的编委成员。

在整个商学和管理学领域,Trieschmann 和 Dennis⑤ 提出假设:商学院教师在核心期刊中担任主编、副主编的数量是商学院科研产出数量的一个重要影响因素,他们假设的理由基于两点:第一,这些能够担任主编、副主编的教师本身就具有较强的科研能力;第二,他们作为期刊的控制人可以鼓励本校其他教师将最好的文章投到他们所任职的期刊。实证结果表明,商学院教师在核心期刊中担任主编、副主编的数量对商学院科研产出数量有显著的正向影响。Burgess 和 Shaw⑥ 通过对编委连锁现象采用社会网络分析技术发现管理学的各分支领域之间的联系并

①　Bates H L, Waldrup B E, Shea V J, & Heflin W L. Accounting editorial board membership and research output[J]. Journal of Business & Economics Research, 2011, 9(3), 39 - 46.

②　Qu S Q, Ding S, & Lukasewich S M. Research the American way: The role of US elites in disseminating and legitimizing Canadian Academic Accounting Research[J]. European Accounting Review, 2009, 18(3), 515 - 569.

③　Brinn T, & Jones M J. The composition of editorial boards in accounting: A UK perspective[J]. Accounting, Auditing & Accountability Journal, 2008, 21(1), 5 - 35.

④　Horan J J, Weber W L, Fizsimmons P, Maglio C J, & Hanish C. Further manifestations of the MOMM phenomenon: Relevant data on editorial board appointments and membership composition[J]. The Counseling Psychologist, 1993, 21,278 - 287.

⑤　Trieschmann J S, & Dennis A R. Serving multiple constituencies in business schools M. B. A. program versus research performance[J]. Academy of Management, 2000, 43(6), 1130 - 1136.

⑥　Burgess T F, & Shaw N E. Editorial board membership of management and business journals: A social network analysis study of the Financial Times 40[J]. British Journal of Management, 2010, 21 (3), 627 - 648.

不紧密,且在组织行为学、战略管理、中小企业管理等分支领域中编委分布较多,而在会计学、财政学、市场营销学等分支领域编委分布较少。他们认为这种编委分布的不均以及学科间松散的联系不利于整个管理学学科的发展。与前述Baccini 和 Barabesi 等人的研究非常相类似的是,张立伟等人[1]以国内部分管理学 CSSCI 期刊为样本,同样对编委的连锁现象进行了探究,他们发现在我国管理学领域中同样存在着编委的连锁现象。Ozbilgin、Feldman 等人认为编委的背景应足够的多样化,这样有利于发表的文章涵盖范围更广的研究范式和方法[2-3]。Svensson、Rosentreich 和 Wooliscroft 等一些学者认为由于编委背景的相似性导致他们拥有共同的研究范式和方法偏好,这样就限制了发文的内容和范围[4-6]。Baruch[7] 则更加侧重从编委地理分布的角度考察编委背景,证实了编委的来源国家与主编工作地具有一定相关性。Harzing 和 Metz[8] 在Baruch 研究的基础上扩大样本数量及时间年限,发现近 20 年来编委的地理分布的多样化程度有所增加,但是在大多数管理学期刊中多样化程度仍然很低,主编所在的国家及学科领域两个因素可以部分解释编委地理分布的多样化程度。而 Harzing 和 Metz[9] 另外的一篇研究则认为编委地理分布的多样化程度还与一国参加美国及欧洲顶尖管理学会议的人数以及使用英语的程度两个因素有关。

在图书馆与情报学领域,Sharma 和 Urs[10] 认为不同学科之间的界限可由编

---

① 张立伟,姜春林,刘盛博,等. 学术期刊核心编委群体识别和测度——以管理学 CSSCI 期刊为例[J]. 中国科技期刊研究,2014,25(10): 1224 - 1231.

② Ozbilgin M. 'International' human resource management: Academic parochialism in editorial boards of the 'top'22 journals on international human resource management[J]. Personnel Review, 2004, 33(2): 205 - 221.

③ Feldman D C. (2008). Building and maintaining a strong editorial board and cadre of ad hoc reviewers. In Y. Baruch, A. M. Konrad, H. Aguinins, & Starbuck, W. H. (Eds.), Opening the black box of editorship (pp. 68 - 74). New York: Palgrave Macmillan.

④ Svensson G. Ethnocentricity in top markcting journals[J]. Marketing Intelligence & Planning, 2005, 23, 422 - 434.

⑤ Rosentreich D, & Wooliscroft B. How international are the top academic journals? The case of marketing[J]. European Business Review, 2006, 18(6), 422 - 436.

⑥ Daft R L, & Lewin A Y. Rigor and relevance in organization studies: Idea migration and academic journal evolution[J]. Organization Science, 2008, 19(1), 177 - 183.

⑦ Baruch Y. Global or North American? International Journal of Cross Cultural Management, 2001, 1 (1), 109 - 126.

⑧ Harzing A W, & Metz I. Practicing what we preach[J]. Management International Review, 2013, 53(2), 169 - 187.

⑨ Harzing A W, & Metz I. Explaining geographic diversity of editor boards: The role of conference participation and English language skills[J]. European Journal of International Management, 2012, 6 (6), 697 - 715.

⑩ Sharma M, & Urs S R. Editorial board of digital library journals: A social network analysis approach [J]. World Digital Libraries, 2010, 3(2), 101 - 114.

委反映出来,他们选取 56 本电子图书馆期刊为样本,通过运用社会网络分析法分析编委们在多个不同期刊的任职关系,由此揭示电子图书馆这门学科的科研主题。结果表明计算机科学是该学科研究的主要议题。Baccini 和 Barabesi[1] 在图情领域验证了前述他们在经济学领域发现的编委的连锁现象。与 Baccini 和 Barabesi 的研究相类似的是,姜春林等人[2]选取国内部分图书情报学 CSSCI 期刊作为样本源,同样对编委的连锁现象进行了探究,他们发现在我国图书情报领域中同样存在着编委的连锁现象。Cabanc[3] 通过统计 77 本信息系统类期刊编委的人口统计学特征描述了信息系统学术圈科研产出等方面的概貌。

在材料学领域,Sombatsompop 等人[4]选取 SCI 数据库中 168 本材料学期刊作为样本,发现编委主要来自欧洲及北美国家,但是作者最多的是亚洲科学家。日本、中国是科研产出最多的两个国家。作者认为这反映出编委的隶属国与作者的隶属国缺乏一致的关系。

在医学信息学和生物信息学领域里,Malin 和 Carley[5] 选取了两个学科领域里较有影响力的 40 本期刊为样本,通过运用社会网络分析模型对编委数据分析发现:存在着一小部分编委处于网络图中连接两个领域的交叉节点上,他们将这两个学科领域里的学者紧密地联系在一起,促进了医学信息学与生物信息学的交叉研究。

在麻醉学与重症护理领域,Boldt 和 Maleck[6] 从 JCR 数据库中分别选取 18 本麻醉学英语期刊和 16 本急诊医学与重症护理领域的英语期刊作为样本,对编委的来源国家进行分析。结果表明,无论是麻醉学期刊还是重症护理领域期刊,主编和编委职位都主要被美国学者所占据:麻醉学期刊中,美国主编及编委的比例分别占到 59% 和 52%,重症护理期刊中美国主编及编委的比例分别占到了

[1] Baccini A, & Barabesi L. Seats at the table: The network of the editorial boards in information and library science[J]. Journal of Informetrics, 2011, 5(3), 382-391.

[2] 姜春林,张立伟,刘盛博. 图书情报学期刊"连锁编委"的社会网络分析[J]. 情报学报,2014,33(5):481-490.

[3] Cabanac G. Shaping the landscape of research in information systems from the perspective of editorial boards: A scientometric study of 77 leading journals[J]. Journal of the American Society for Information Science and Technology, 2012, 63(5), 977-996.

[4] Sombatsompop N, Markpin T, Buranathiti T, et al. Categorization and trend of materials science research from Science Citation Index (SCI) database: A case study of ceramics, metallurgy, and polymer subfields[J]. Scientometrics, 71(2), 2007, 283-302.

[5] Malin B, & Carley K. A longitudinal social network analysis of the editorial boards of medical informatics and bioinformatics journals[J]. Journal of the American Medical Informatics Association, 2007, 14(3), 340-348.

[6] Boldt J, & Maleck W. Composition of the editorial/advisory boards of major English-language anesthesia/critical care journals[J]. Acta Anaesthesiologica Scandinavica, 2000, 44(2), 175-179.

75%和72%。作者认为尽管很多期刊标榜为"国际期刊",但是来自美国以外的国家对期刊的影响较小,因为这些国家的编委所占比例较小。

Sugimoto 等[①]从商学、计算机、教育学、健康科学、心理学等五个学科中选取5 094 本期刊作为样本,研究发现期刊主编所在机构的国家不同,文章的接受率存在着显著差异。主编来自北美的期刊的文章接受率最低。

在整个自然科学领域里一次比较全面的考察最早来自 Zsindely 等人[②] 1982年的研究,与前述研究相比,他们更加注重从国家层面来分析编委与科研产出的关系。他们认为编委是形成科研产出的前置决定机制,一国在国际期刊担任编委的数量可以反映一国科研产出的情况。基于此,他们分别在临床医学、生物医药、生物学、化学、物理学、地球和空间科学、工程学、数学八个学科领域进行实证检验:对一国的编委数量和一国的论文数量进行相关分析,结果表明,每个学科领域里两者都表现出较强的相关关系,从而也验证了编委数量是一个较好的科学计量学指标。编委作为评价指标也被成功地运用到一些科学计量学的研究中[③-⑤]。

进入 21 世纪后,Braun、Carpintero 等人,Kumar 和 Srivastava 在 Zsindely等人在 20 世纪 80 年代的研究基础上,不断将所涉学科领域进行拓展,同时将编委数据、科研产出等数据进行更新,着眼于国家宏观层面对一国的编委数量与科研产出的相关性进行了一系列的研究[⑥-⑪]。结果也都表明一国的编委数量与科

① Sugimoto C R, Lariviere V, Ni C, et al. Journal acceptance rates: A cross-disciplinary analysis of variability and relationships with journal measures[J]. Journal of Informetrics, 2013, 7, 897 - 906.

② Zsindely S, Schubert A, & Braun T. Editorial gatekeeping patterns in international science journals. A new science indicator[J]. Scientometrics, 1982, 4(1), 57 - 68.

③ Zsindely S, Schubert A, & Braun T. Citation patterns of editorial gatekeepers in international chemistry journals[J]. Scientometrics, 1982, 4(1), 69 - 76.

④ Bakker P, & Rigter H. Editors of medical journals: Who and from where[J]. Scientometrics, 1985, 7, 11 - 22.

⑤ Nisonger T E. The relationship between international editorial board composition and citation measures in political science, business, and genetic journals[J]. Scientometrics, 2002, 54(2), 257 - 268.

⑥ Braun T, & Diospatonyi I. Counting the gatekeepers of international science journals a worthwhile science indicator[J]. Current Science, 2005, 89(9), 1548 - 1551.

⑦ Braun T, & Diospatonyi I. Gatekeeping indicators exemplified by the main players in the international gatekeeping orchestration of analytical chemistry journals[J]. Journal of the American Society for Information Science and Technology, 2005, 56(8), 854 - 860.

⑧ Braun T, & Diospatonyi I. The counting of core journal gatekeepers as science indicators really counts. The scientific scope of action and strength of nations[J]. Scientometrics, 2005, 62(3), 297 - 319.

⑨ Braun T, Zsindely S, Diospatonyi I, et al. Gatekeeping patterns in nano-titled journals [J]. Scientometrics, 2007, 70(3), 651 - 667.

⑩ Garcia-Carpintero E, Granadino B, & Plaza L M. The representation of nationalities on the editorial boards of international journals and the promotion of the scientific output of the same countries[J]. Scientometrics, 2010, 84(3), 799 - 811.

⑪ Kumar V, & Srivastava R. Indian gatekeepers of foreign journals: A preliminary analysis [J]. Journal of Scientometrics Research, 2013, 2(2), 110 - 115.

研产出具有较强的相关性。其中 Kumar 和 Srivastava 更加关注印度编委的构成情况。他们根据 SCImago Journal Rank 指标选取了 448 本顶尖期刊中的 14 306 名编委作为样本,研究发现印度本土学者只占编委总数的 0.3%,这一比例远落后于美国的 62.06% 与英国的 8.49%,也落后于同为亚洲国家的日本和中国(比例分别为 1.77% 和 1.94%),反映出印度学者在期刊中的代表性不够。值得注意的是在 Braun 和 Diospatonyi① 2005 年的研究中,科研产出数据不只局限于科研产出数量,而增加了反映科研产出质量的论文总被引频次这一指标,研究结果反映了美国等国家编委在学界所占据的强势主导地位。此外,Braun 和 Diospatonyi② 还从期刊出版的角度考察了编委在世界各国的分布情况,此次研究再次验证了美国等国的强势主导地位。

　　与 Zsindely、Braun、Carpintero 等人关注宏观层面不同的是,一些学者的研究集中于微观层面探究编委职位对于编委个人及他人科研产出的影响。Mathews③ 对期刊 *Journal of Applied Behavior Analysis* 29 年中主编及副主编在本刊的发文情况进行实证检验,他认为编委本应是通过审稿等行为间接影响期刊的科研产出,但是本次实证研究结果表明部分编委在任职期间要比非任职期刊发文数量多,他们更多的是在任职期间直接通过本刊作者的身份直接影响期刊的内容和质量。Luty 等人④ 选取包括 5 个医学分支领域的 20 本医学期刊中的 4 460 篇文章作为样本,以调查这些期刊是否更倾向发表本刊编委的文章。结果表明这些期刊发表本刊编委的文章的概率约是发表来自竞争对手期刊编委文章的 3 倍。我国台湾地区的许森源⑤ 选取《台湾经济评论》1987—2001 年这 14 年中的 25 位编委以及《中国财务学刊》1993—2001 年这 8 年中的 41 位编委作为研究样本,旨在考察编委是否在任职期间利用他们职位的便利条件使自己的文章得到更多的发表以及是否利用职位的便利条件过多地采用来自与主编相同院校作者的文章。实证结果表明,《台湾经济评论》《中国财务学刊》均存在超比例地采用编委自身文章的现象,而《台湾经济评论》还存在超比例采用来自

①　Braun T, & Diospatonyi I. The counting of core journal gatekeepers as science indicators really counts. The scientific scope of action and strength of nations[J]. Scientometrics, 2005, 62(3), 297 - 319.

②　Braun T, & Diospatonyi I. The journal gatekeepers of major publishing houses of core science journals[J]. Scientometrics, 2005, 64(2), 113 - 120.

③　Mathews M R. Editors as authors: Publication trends of articles authored by JABA editors[J]. Journal of Applied Behavior Analysis, 1997, 30(4), 717 - 721.

④　Luty J, Arokiadass S M, Easow J M, et al. Preferential publication of editorial board members in medical specialty journals[J]. Journal of Medical Ethics, 2009, 35(3), 200 - 202.

⑤　许森源. 市场竞争、同侪监督与投机行为:经济论文丛刊及中国财务学刊编辑者出版及偏好行为之比较[D]. 台中:朝阳科技大学,2002.

与主编相同院校作者文章的现象。研究同时也表明,通过提高编委所属机构来源的多样化,并不能改善期刊超比例地采用编委自身文章的现象,但可以使超比例采用来自与主编相同机构作者文章的这一现象得到一定程度的改善。

与上述研究结果不同的是,Bosnjak 等人①对 180 本克罗地亚期刊中 256 名编委在自己期刊发文情况进行实证检验,结果表明,只有 18 名编委在自己任职的期刊上发表了 5 篇及以上的论文,唯有 2 名编委只在自己任职的期刊上发表论文,他们由此认为编委并没有滥用能在自己所任职的期刊上发文的权力。Mani 等人在泌尿学、Walters 在图书情报学领域的研究结果与 Bosnjak 等人的研究结果类似,就他们在其各自领域选取的期刊样本整体情况来看,他们都没有发现编委在自己任职的期刊超比例地刊发自己文章的现象②-③。

上述微观层面的几项研究更多的是关注编委职位对自己或他人在本刊发文数量的影响,而还有部分研究关注了编委职位对编委自身被引频次的影响。

Soglen④-⑥在一系列研究中就曾多次提到讨好编委而引用他们的文章是作者一种普遍的策略,担任编委可以提高自身的被引频次,然而他并未对此进行实证检验。Langer 和 Frensch⑦在心理学领域选择了 7 本美国期刊及 3 本德国期刊就期刊编委职位能否增加编委的被引频次进行了实证检验,通过比对编委任职前、任职中、卸任后的被引频次、编委在非任职期刊的被引频次以及非编委的被引频次等几种情况,结果表明: 在美国期刊中,编委在任职期间在自己任编委的期刊中被引频次增加,担任编委能增加个人科研产出的影响力,作者用马太效应对此现象进行了解释;而德国期刊中并未出现担任编委能增加个人科研产出

① Bosnjak L, Puljak L, Vukojevic K, et al. Analysis of a number and type of publications that editors publish in their own journals: Case study of scholarly journals in Croatia[J]. Scientometrics, 2011, 86, 227 - 233.

② Mani J, Makarević J, Juengel E, et al. I publish in I edit? — Do editorial board members of Urologic journals preferentially publish their own scientific work? [J]. Plos One, 2013, 8(12), e83709.

③ Walters W H. Do editorial board members in library and information science publish disproportionately in the journals for which they serve as board members? [J]. Journal of Scholarly Publishing, 2015, 46(4), 343 - 354.

④ Seglen P O. The skewness of science[J]. Journal of the American Society for Information Science, 1992, 43(9), 628 - 638.

⑤ Seglen P O. Citations and journal impact factors: Questionable indicators of research quality[J]. Allergy, 1997, 52, 1050 - 1056.

⑥ Seglen P O. Citation rates and journal impact factors are not suitable for evaluation of research[J]. Acta Orthopaedica Scandinavica, 1998, 69(3), 224 - 229.

⑦ Lange L L, & Frensch P A. Gaining scientific recognition by position: Does editorship increase citation rates? [J]. Scientometrics, 1999, 44(3), 459 - 486.

影响力的现象。在经济学领域,Laband 等人①对比 *American Economic Review*
中编委的被引频次与他们在没有担任编委的两本对照组期刊的被引频次发现,
在 1985—1995 年间,这些编委没有被发现有过多被引的情况,然而 2000 年的数
据显示,编委在 *American Economic Review* 中文章被引的次数是对照组的 4
倍。Frandsen 和 Nicolaisen②在情报学领域选取 4 本期刊,通过对比 4 本期刊编
委在自己任职的期刊与其他非任职期刊的被引频次发现,讨好编委而引用编委
文章的现象是很少的,从而否定了 Soglen 的观点,并引用 Garfield③的观点:尽
管存在因讨好某些人而误用引用的情况,但这些情况都是微不足道的个例。

随后不久,Frandsen 和 Nicolaisen④两人同样选取 *American Economic*
Review 为期刊样本,对比编委任职前后及两本非编委任职的控制组期刊,运用
双重差分的方法,再一次证明了并不存在讨好编委而过多引用编委文章的现象。
同样是来自经济学领域的实证,Kim 和 Koh⑤从 IDEAS 数据库中选取顶尖的
93 名经济学家以及 *American Economic Review*、*Econometrica* 等 6 本经济学期
刊作为样本,发现当这些经济学家担任期刊编委期间能获得更多的被引频次。
Kim 和 Koh 就此提出了两个假设:编委压力假设即编委建议作者引用自己的
文章;编委遴选假设即编委更倾向于让那些引用了自己文章的文章得到发表。
通过关键词分析及引文分析等方法发现上述两种假设并不成立。Kim 和 Koh
由此认为经济学家担任编委而被引增多可能只是因为作者提交了编委感兴趣的
领域,提交的文章中自然引用了编委的文章。在管理学领域,Podsakoff 等人⑥
选取 30 本管理学期刊,从 1981—2004 年间选取约 25 000 位作者作为分析样本,
发现担任编委职位对编委被引频次有着显著的正向影响。他们认为担任编委较
为知名,因此担任编委会比非编委有着更多的被引频次。

① Laband D N, Tollison R D, & Karahan G. Quality control in economics[J]. Kyklos, 2002, 55(3),
315 – 334.
② Frandsen T F, & Nicolaisen J. A lucrative seat at the table: Are editorial board members generally
overcited in their own journals? [J]. Proceedings of the Annual Meeting of ASIS&T, 2010, 47(1),
1 – 8.
③ Garfield E. Was the Science Citation Index concept inevitable? [J]. Current Contents, 1974, 50, 5 – 6.
④ Frandsen T F, & Nicolaisen J. Praise the bridge that carries you over: Testing the flattery citation
hypothesis[J]. Journal of the American Society for Information Science and Technology, 2011, 62
(5), 807 – 818.
⑤ Kim J, & Koh K. Incentives for journal editors[J]. Canadian Journal of Economics, 2014, 47(1),
348 – 371.
⑥ Podsakoff P M, MacKenzie S B, Podsakoff N P, et al. Scholarly influence in the field of
management: A bibliometric analysis of the determinants of university and author impact in the
management literature in the past quarter century[J]. Journal of Management, 2008, 34(4), 641 –
720.

　　而一项涵盖更多学科的研究来自 Levy 等人。Levy 等人[①]选取了包括数学、物理、生物学、医学、心理学、统计学、经济学等 11 个大类学科在内的 35 本期刊作为样本,他们的研究表明编委在任职期间的平均被引次数要远高于他们在任职编委前的水平,由此他们认为当选编委可以提高个人的被引次数。

　　同样是在微观层面,部分学者对与编委有相同院校背景的作者的文章质量进行了实证检验。比较有代表性的有 Laband 和 Piette 等人的研究。Laband 和 Piette[②]选取 28 本国际顶尖经济学期刊的 1 051 篇文章作为研究样本,发现文章作者拥有与编委相同院校背景(如相同的工作院校,或相同的毕业院校)与文章的被引频次相关性较高,作者与编委来自相同院校的文章的被引频次是没有这种院校背景关系文章的 2 倍多。他们也由此认为编委与作者相同院校的背景能为编委发现高质量的文章提供重要渠道,编委的这种偏好行为有利于提高学术知识市场的效率。Medoff[③]通过检验 1990 年发表在 6 本经济学核心期刊上的文章发现,与编委有院校关系的文章比没有这层院校关系的文章的质量更高,且两者质量的差异没有随着时间的变化而减少。此后,Medoff[④]通过检验芝加哥大学主办的 *Journal of Political Economy*(以下简称 JPE)以及哈佛大学主办的 *Quarterly Journal of Economics*(以下简称 QJE)2 本期刊在 1990 年的发文情况发现:哈佛大学的教师及其博士毕业生不是不可能在 JPE 上发表优秀文章,而芝加哥大学的教师及其博士毕业生也不是更容易在 JPE 上发表优秀文章,与之相对应的是,哈佛大学的教师及其博士毕业生不是更容易在 QJE 上发表优秀文章,而芝加哥大学的教师及其博士毕业生也不是不可能在 QJE 上发表优秀文章。此外,Medoff 还发现与 JPE 和 QJE 有这种院校背景关系的作者的文章质量都不低。Brogaard 等[⑤]选取 30 本经济学和财政学重要期刊上的 50 000 篇文章为样本,发现编委在任职期间,他们的同事发表在编委任职期刊上的数量要比编委非任职期间更多,且这些文章有着较高的质量,其被引频次要比没有这种院校背景关系的作者的文章高出 5%—25%。在会计学领域,

① Levy H, Huang Y, Wolf A, et al. Editor citation: An alleged instance of social-professional desirability[J]. Journal of Scientometric Research, 2014, 3(1), 46-56.
② Laband D N, & Piette M J. Favoritism versus search for good papers: Empirical evidence regarding the behavior of journal editors[J]. Journal of Political Economy, 1994, 102, 194-203.
③ Medoff M H. Editorial favoritism in economics? [J]. Southern Economic Journal, 2003, 70(2), 425-434.
④ Medoff M H. An analysis of parochialism at the JPE and QJE[J]. The Journal of Socio-Economics, 2007, 36, 266-274.
⑤ Brogaard J, Engelberg J, & Parsons C A. Networks and productivity: Causal evidence from editor rotations[J]. Journal of Financial Economics, 2014, 111, 251-270.

Smith 和 Dombrowski[1] 通过检验 7 本顶尖会计学期刊的 138 篇文章,同样发现了与编委有院校背景关系的作者的文章被引频次较高。

与上述研究发现与编委有院校背景关系的文章质量较高这一结果不同的是来自法学领域一次实证研究:Yoon[2] 选取 200 本法学评论类期刊中的 25 000 篇文章为样本,发现法学评论类期刊发表了更多来自期刊主办学校教师的文章。期刊主办学校教师的文章的被引频次要少于非本校教师的文章,且这种差异在排名较高的期刊中更加明显。作者由此认为法学评论类期刊在评审中存在着歧视现象。

尽管我国学者并没有像上述 Laband 和 Piette 等人就编委的偏好行为进行实证探究,但与他们相类似的是,部分学者结合自身办刊实践对"编委推荐制"这一制度进行了探讨。他们认为编委推荐制有利于编委发现优秀稿源,提高办刊效率,这一观点也和 Laband 和 Piette 等人认为编委与作者相同院校的背景能为编委发现高质量的文章提供重要渠道这一观点具有相似性。具体来看,沈美芳[3]指出《应用数学和力学》一直实行的编委推荐制对该刊的发展起到了重要作用,该刊 2001—2003 年中获国家级奖项的 16 篇论文以及省部级奖项的 44 篇论文的最初稿件均来自编委推荐制,沈美芳指出编委推荐制具有"稿件质量高""稿件新颖""有利于培养人才""简化审稿程序"等优点。朱大明[4]在沈美芳研究的基础上进一步明确了编委推荐制的内涵,并指出编委推荐制的重要意义在于它有利于编委积极寻找发现优秀稿源,从而承担起编委的职责,提高办刊水平。同时编委推荐制还有利于减小稿件发表时滞,使审稿流程简化。王亚秋等人[5]也持有类似的观点,他们建议通过实行编委推荐制来作为强化编委职能的路径之一。

除上述研究外,一些学者还关注了编委的国际化程度对于稿源国际化的影响。李丽和张凤莲[6]指出"编委地域分布的狭窄势必导致作者范围的狭窄。广阔的地域性和国际化的编委会是密切相关的,本质上有其一致性。编委地域分布的狭窄限制了期刊的国际性,一定程度上也限制了读者和作者的国际化"。肖宏[7]认为国际化的编委队伍是期刊国际化的主要途径之一。他结合《中国药理学报》和《亚洲男性学杂志》建立国际编委队伍的实践情况,指出目前《中国药理

①　Smith K J, & Dombrowski R F. An examination of the relationship between author-editor connections and subsequent citations of auditing research articles[J]. Journal of Accounting Education, 1998, 16, 497 – 506.
②　Yoon A H. Editorial bias in legal academia[J]. Journal of Legal Analysis, 2013, 5(2), 309 – 338.
③　沈美芳. 编委推荐制: 保证期刊论文学术水平的一种举措[J]. 编辑学报,2008,20(4): 338 – 340.
④　朱大明. 期刊论文编委推荐制的讨论[J]. 编辑学报,2009,21(4): 362 – 363.
⑤　王亚秋,陈峰,王家暖等. 强化编委职能实现科技期刊可持续发展[J]. 编辑学报,2011,23(3): 244 – 245.
⑥　李丽,张凤莲. 学术质量把关的重要环节: 充分发挥编委的作用[J]. 科技与出版,2003,(5): 6 – 8.
⑦　肖宏. 面向国际的学术期刊发展措施[J]. 编辑学报,2001,11(3): 177 – 179.

学报》有15％的国际稿源,而《亚洲男性杂志》的比例则更多,国际稿源占到60％。Uzun[1] 在情报科学与科学计量学领域选取5本期刊为样本,通过回归分析发现外国作者文章的增多与国际编委的比例存在着显著的相关关系。

此外,还有一些学者的研究中关注了女性编委在期刊中的数量及比例,以考察女性编委的话语权大小。这些研究也多选用时间序列数据,从历史的纵向角度对这种数量或比例的变化进行了对比。同时,这些研究也多涉及女性编委与女性学者科研产出关系的分析。例如,Musambira 和 Hastings[2] 基于传播学领域8本期刊1997—2006年的数据研究发现,总体上看,尽管男性编委仍占据多数,但女性编委与男性编委在数量上的差距在逐步缩小,同时他们还推测女性编委数量增加的比例没有赶上女性编委科研产出的比例。Metz 和 Harzing[3] 在管理学领域中选取57本管理学期刊15年的数据为样本,研究发现女性编委缺乏与她们作为第一作者的发文数量较少显著相关。作者认为"研究领域""期刊声望""主编的性别"这三个因素可以解释女性编委缺乏这一现象;同时作者也指出编委性别的不平衡会阻碍女性学者在学术上获得认可。在市场营销学领域,Pan 和 Zhang[4] 选取42本营销学期刊样本发现女性编委的比例不到四分之一,Pan 和 Zhang 认为这种性别的不平衡也与营销学界男女比例的不平衡一致。他们还将2012年的编委数据与1997年的数据进行对比发现大多数期刊中女性编委的数量呈现增多的趋势。他们同时也指出增加女性编委可能会带来更多的女性作者。

2.3 关于将编委数量用作大学 学科排名的研究综述

将大学所拥有的编委数量作为评价指标应用于大学学科排名的研究大量集

[1] Uzun A. Assessing internationality of scholarly journals through foreign authorship patterns: the case of major journals in information science, and scientometrics[J]. Scientometrics, 2004, 61(3), 457 - 465.
[2] Musambira G W, & Hastings S O. Editorial board membership as scholarly productivity: An analysis of selected ICA and NCA journals 1997 - 2006[J]. The Review of Communication, 2008, 8(4), 356 - 373.
[3] Metz I, & Harzing A W. Gender diversity in editorial boards of management journals[J]. Academy of Management Learning and Education, 2009, 8(4), 540 - 547.
[4] Pan Y, & Zhang J Q. The composition of the editorial boards of general marketing journals[J]. Journal of Marketing Education, 2013, 36(1), 33 - 44.

中于管理学和经济学领域,早期的研究主要体现在用单一维度的"编委的绝对数量"作为评价指标对学科进行排名。随着研究的不断深入,"编委数量"这一指标呈现多维化趋势,出现了反映相对数量的"师均编委数量"指标①、反映编委学术水平差异的"加权编委数量"指标②、反映校友影响力的"编委毕业院校数量"指标③等。同时,随着研究范围的不断扩大,越来越多的管理学、经济学分支领域纳入到这种以编委数量为评价标准的学科排名体系中。

在整个管理学和商学领域,Kaufman④ 最先将编委数量作为评价标准应用到学科排名中。Kaufman 认为编委资格的获取取决于学者长期以来在学术研究上取得的杰出成就,编委资格是学术荣誉的象征,编委所在的系与大学也分享这种荣誉。一所大学的科系拥有这样优秀的人才越多,编委所在学科的实力也越强,并以此作为排名的理论基础对世界各大学的财政学学科进行了排名。他选取了 10 本财政学期刊,按期刊的质量差异分成三组,每组分别统计编委数量对各大学的财政学学科进行排名,并将三组的排名结果进行整合得到综合排名,将综合排名与本领域基于科研产出的学科排名进行对比分析,发现绝大多数大学既出现在以编委数量为标准的综合排名中,也出现在其他以科研产出为标准的学科排名中。

Kurtz 和 Boone⑤ 将上述类似的排名方法应用到市场营销领域。他们选取了 13 本市场营销类的期刊作为样本源,通过统计美国大学在 13 本期刊中的编委数量,对美国大学的市场营销学科进行了排名。Kurtz 和 Boone 认为如果一个学科的质量是以高级教师的声望来反映的话,编委数量比科研产出数量更合适,因为科研产出数量往往是年轻学者为了晋升而追求的目标,从编委角度对营销学科进行排名也是一种新的排名视角。

Gibbons⑥ 选取 14 本统计学期刊作为期刊样本,通过统计美国各大学所

①　Gibbons J D, & Fish M. Rankings of economics faculties and representation on editorial boards of top journals[J]. Journal of Economic Education, 1991, 22(4), 361-366.

②　Chan K C, & Fok R C. Membership on editorial boards and finance department rankings[J]. Journal of Financial Research, 2003, 26(3), 405-420.

③　Musambira G W, & Hastings S O. Editorial board membership as scholarly productivity: An analysis of selected ICA and NCA journals 1997-2006[J]. The Review of Communication, 2008, 8(4), 356-373.

④　Kaufman G G. Rankings of finance department by faculty representation on editorial boards of professional journal: A note[J]. Journal of Finance, 1984, 39(4), 1189-1195.

⑤　Kurtz D L, & Boone L E. Rating marketing faculties on the basis of editorial review board memberships[J]. Journal of Marketing Education, 1988, 10(1), 64-68.

⑥　Gibbons J D. U. S. institutional representation on editorial boards of U. S. statistics journals[J]. American Statistician, 1990, 44(3), 210-213.

拥有的编委数量以及编委所覆盖的期刊数量,分别对美国各大学的统计学学科进行排名。结果表明,在两个排名中,编委数量以及编委所覆盖的期刊数量在各个大学的分布较为均匀,没有出现在这两方面表现特别突出的大学。Gibbons 也指出了编委只占各大学教师数量的一小部分,缺乏代表性是这一排名的缺陷。

时隔不久,Gibbons 和 Fish[1] 又用同样的方法对美国大学的经济学学科进行了排名,将排名结果与本领域基于科研产出标准的学科排名进行比较发现,两种不同标准的排名具有很强的相关性,并指出以编委数量为标准的排名简单易行。同时在此次排名中,Gibbons 和 Fish 考虑了经济学科中教师数量的规模大小,将师均编委数量作为评价指标单独进行了排名,使得编委数量由原来的绝对量指标拓展为相对量指标。

Chan 等人[2]在前人研究的基础上进一步将编委数量这一评价指标不断细化,不仅设置了师均编委数量这一相对量指标,而且考虑了编委所在期刊质量这一因素,提出"Editorial Board Index"(以下简称 EBI 指数)的概念,即将"编委数量"按编委所在期刊的影响因子大小进行加权。Chan 选取了 16 本财政学期刊按编委数量、加权期刊影响因子后的编委数量、师均编委数量等指标分别对世界各大学的财政学学科进行了排名,并与前述 Kaufman 的排名[3]以及 Borokhovich 等人[4]基于科研产出的学科排名分别进行了比较,发现它们之间具有较强的相关关系。Chan 认为尽管基于编委数量的排名并不完美,例如最好的研究者未必都在编委名单中,但是它仍然是基于科研产出排名的很好补充,而考虑师均编委数量及编委所在期刊质量等因素则为排名提供了新的视角。

此后不久,Chan 等人[5]将类似的方法应用于国际商学排名中,并进一步将 EBI 指数区分为基于 2 年期刊影响因子的 EBI 指数和基于 5 年期刊影响因子的 EBI 指数,分别作为指标对世界大学的国际商学学科排名,并将排名与同领域的

---

① Gibbons J D, & Fish M. Rankings of economics faculties and representation on editorial boards of top journals[J]. Journal of Economic Education, 1991, 22(4), 361 – 366.

② Chan K C, & Fok R C. Membership on editorial boards and finance department rankings[J]. Journal of Financial Research, 2003, 26(3), 405 – 420.

③ Kaufman G G. Rankings of finance department by faculty representation on editorial boards of professional journal: A note[J]. Journal of Finance, 1984, 39(4), 1189 – 1195.

④ Borokhovich K A, Bricker R G, Brunarski K R, et al. Finance research productivity and influence [J]. Journal of Finance, 1995, 50, 1691 – 1717.

⑤ Chan K C, Fung H G, & Lai P. Membership of editorial boards and rankings of schools with international business orientation[J]. Journal of International Business Studies, 2005, 36(4), 452 – 469.

其他学科排名[①-②]进行比较发现,基于不同标准的排名相关性较低。

Urbancic[③]在前述 Kurtz 和 Boone 的研究基础上对营销学期刊样本进行了筛选和增补,通过统计最新编委数据对世界大学的营销学科重新进行了排名。研究结果表明,约有半数的期刊编委集中在少数的 25 所大学中,且大部分在基于编委数量的排行榜中排名较高的学校在基于科研产出的排行榜中排名[④-⑤]也很高,Urbancic 因此认为可将基于编委数量的排名作为基于科研产出排名的替代方法。

在旅游管理领域,Mason 和 Cameron[⑥]选取了 20 本旅游学期刊作为样本,将基于编委数量与基于科研产出的两类学科排名进行散点图分析发现两类排名相关性较高。Law 等人[⑦]认为编委是学界的领导者,大学某一学科拥有的编委数量可以用来反映该学科的研究质量。他们在旅游管理领域选择了 57 本期刊作为样本,对该领域的大学按编委数量进行排名,发现该排名与该领域其他一些学科排名[⑧-⑪]相关性较高:香港理工大学、英国萨里大学、中佛罗里达大学、弗尼吉亚理工大学等 8 所大学都出现在了这些学科排名中。

在经济学领域,Frey 和 Rost[⑫]选取 115 本经济学期刊作为研究样本,按编委数量进行学科排名,并将排名与 ESI 数据库中被引最多的前 100 名院校进行

① Morrison A J, & Inkpen A C. An analysis of significant contributions to the international business literature[J]. Journal of International Business Studies, 1991, 22, 143-153.
② Inkpen A C, & Beamish P W. An analysis of twenty five years of research in the journals[J]. Journal of International Business Studies, 1994, 25, 703-713.
③ Urbancic F R. Faculty representation of the editorial boards of leading marketing journals: An update of marketing department[J]. Marketing Education Review, 2005, 15(2), 61-69.
④ Spake D F, & Harmon S K. Institutional and individual research productivity: A comparison of alternative approaches[J]. Marketing Education Review, 1998, 8, 67-77.
⑤ Bakir A, Vitell S J, & Rose G M. Publication in major marketing journals: An analysis of scholars and marketing department[J]. Journal of Marketing Education, 2000, 22, 99-107.
⑥ Mason D, & Cameron A. An analysis of refereed articles in hospitality and the role of editorial board members[J]. Journal of Hospitality and Tourism Education, 2006, 18(1), 11-18.
⑦ Law R, Leung R, & Buhalis D. An analysis of academic leadership in hospitality and tourism journals [J]. Journal of Hospitality and Tourism Research, 2010, 34(4), 455-477.
⑧ Jogaratnam G, Chon K, McCleary K, et al. An analysis of institutional contributors to three major academic tourism journals: 1992-2001[J]. Tourism Management, 2005, 26, 641-648.
⑨ Jogaratnam G, McCleary K W, Mena M M, et al. An analysis of hospitality and tourism research: Institutional contributions[J]. Journal of Hospitality & Tourism Research, 2005, 29, 356-371.
⑩ Mason D, & Cameron A. An analysis of refereed articles in hospitality and the role of editorial board members[J]. Journal of Hospitality and Tourism Education, 2006, 18(1), 11-18.
⑪ Zhao W, & Ritchie J R B. An investigation of academic leadership in tourism research: 1985-2004 [J]. Tourism Management, 2007, 28, 476-490.
⑫ Frey B S, & Rost K. Do rankings reflect research quality? [J]. Journal of Applied Economics, 2010, 13(1), 1-38.

了散点图分析发现两者的相关性要好于两类排名在个人层面的相关性(如前所述,Frey 和 Rost 也在个人层面检验了两者的相关性),但是院校层面的这两类排名的重合度仍然较小。Frey 和 Rost 也将基于编委数量的学科排名与 ARWU 大学排名中前 100 名的大学进行对比,比较两者榜单的重合程度,结果表明两者的相关性较低,很多在编委数量学科排名中较高的大学并未出现在 ARWU 排名中。Frey 和 Rost 认为编委排名提供了不同的视角,应鼓励排名的多元化发展。

我国的邵娅芬[①]同样在经济学科中按编委数量进行了学科排名,同样将基于编委数量的学科排名与 ARWU 经济学学科排名进行了比较。她选择了科睿唯安 JCR 数据库中的 265 本经济学期刊作为样本,对编委数量排名与 ARWU 经济学学科排名、IDEAS 经济学学科排名分别进行了皮尔逊相关分析,结果表明编委数量排名与这两个偏重学术成果的排名均有着显著的正相关关系,得出了与 Frey 等人不同的结论。邵娅芬还将《美国新闻与世界报道》排名中的 55 所大学与编委数量排名进行了相关分析,两者的相关系数高达 0.817。她认为两者相关的原因在于一流大学中一流的科研实力、师资力量等因素与编委形成了良好互动,大学应鼓励学者积极参与编委的有关活动。

与以往研究相比,Musambira 和 Hastings[②]考虑了编委毕业院校也即校友这一因素。他们选取 8 本传播学期刊 10 年的数据作为样本,分别统计大学所拥有的编委数量与大学所拥有的编委校友数量两个排名,将这两个排名与该领域的其他一些学科排名[③-⑤]进行了斯皮尔曼等级相关分析。结果表明,在 6 组相关分析中,仅有 2 组有显著的正相关性。Musambira 和 Hastings 据此认为不应用编委数量排名取代科研产出等学科排名。

① 邵娅芬. 经济学科的国际学术话语权研究[D]. 上海:上海交通大学,2011.
② Musambira G W, & Hastings S O. Editorial board membership as scholarly productivity: An analysis of selected ICA and NCA journals 1997 – 2006[J]. The Review of Communication, 2008, 8(4), 356 – 373.
③ Hickson III M, Stacks D W, & Bodon J. The status of research productivity in communication: 1915 – 1995[J]. Communication Monographs, 2004, 66(2), 178 – 197.
④ Bunz U. Publish or perish: A limited author analysis of ICA and NCA journals[J]. Journal of Communication, 2005, 55, 703 – 720.
⑤ Neuendorf K A, Skalski P D, Atkin D J, et al. The view from the ivory tower: Evaluating doctoral programs in communication[J]. Communication Reports, 2007, 20, 24 – 41.

　　除上述研究外,将编委数量用于学科排名的还有 Cherwitz 和 Daly[①] 在传播学领域的研究、Boone 等人[②]在物流运输领域的研究、Volkan 等人[③]在会计学领域的研究、Urbancic[④-⑤]在房地产领域、商学教育领域的研究。

　　较之以往的研究多集中于单一的管理学和经济学学科分支领域而言,Burgess 和 Shaw[⑥] 的研究所涉学科领域范围更加全面与综合化。Burgess 和 Shaw 在《金融时报》提供的管理学类期刊基础上确定 36 本期刊为样本期刊,涵盖的分支学科领域包括会计学、财政学、经济学、中小企业管理、市场营销、运筹学、管理信息系统、人力资源管理、组织行为学、战略管理等等。他们将管理学作为一个整体领域对各大学的编委数量进行统计并排名。将排名结果与《金融时报》全球商学院排名、泰晤士高等教育世界大学排名、基于 ESI 数据库的总被引频次排名三个排行榜进行相关分析后发现,以编委数量为基准的学科排名与前两个排名具有显著的相关关系,然而却与基于 ESI 数据库的总被引频次排名缺乏显著的相关关系。

　　Braun 等[⑦]在理工农医类的 12 个学科领域里将编委数量作为排名指标用于大学排名,并将该排名的前 100 位大学与 ARWU 大学排名、泰晤士高等教育世界大学排名等进行相关分析,结果表明基于编委数量的排名与其他两个大学排名相关性较弱。

　　通过以上的文献回顾表明,从编委数量角度对大学学科进行排名的研究主要有以下三个特点:

　　第一,排名的领域主要集中于管理学和商学领域。涉及理工农医等学科领域的研究仅有 Braun 等人的一次探索性研究。然而在这仅有的一次研究中,Braun 等人将所有 12 个理工农医类学科的大学编委总数与包括社会科学评价

① Cherwitz R A, & Daly J A. Filtering the field's knowledge: Affiliations and backgrounds of editorial board members in speech communication [J]. Association for Communication Administration Bulletin, 1981, 37, 49-56.
② Boone L E, Gibson D R, & Kurtz D L. Rating logistics and transportation faculty on the basis of editorial review board memberships[J]. Logistics and Transportation Review, 1988, 24, 384-390.
③ Volkan A G, Colley J R, & Boone L E. Editorial review board membership: A consistent method of ranking accounting programs[J]. Accounting Educators' Journal, 1993, 5, 79-94.
④ Urbancic F R. Editorial board representation: An alternative method for ranking real estate programs [J]. Journal of Real Estate Practice and Education, 2004, 7, 53-63.
⑤ Urbancic F R. The gatekeepers of business education research: An institutional analysis[J]. Journal of Education for Business, 2011, 86(5), 302-310.
⑥ Burgess T F, & Shaw N E. Editorial board membership of management and business journals: A social network analysis study of the financial times 40[J]. British Journal of Management, 2010, 21 (3), 627-648.
⑦ Braun T, Diospatonyi I, Zador E, et al. Journal gatekeepers indicator-based top universities of the world, of Europe and of 29 countries — A pilot study[J]. Scientometrics, 2007, 71(2), 155-178.

在内的 ARWU 大学排名、泰晤士高等教育世界大学排名等综合排名进行相关分析,且先不说在学科不完全对应的情况下进行相关分析是否合理,此次研究中,Braun 并没有列出这 12 个学科领域中具体每个学科的排名情况,没有单独对这 12 个学科中的具体每个学科的编委数量排名与科研产出及其他学科排名进行相关分析,人们并不清楚具体每个学科领域内的编委数量及其与科研产出、学科排名的关系。

第二,评价指标不断细化,从单一的考虑绝对数量的编委人数指标逐步拓展出考虑相对数量的师均编委人数指标、考虑编委所在期刊质量的加权编委人数指标、考虑校友因素的编委毕业院校数量指标、考虑编委职位重要性的加权编委人数指标等等。

第三,学者们都将自己这种基于编委数量的排名与同领域的其他学科排名特别是基于科研产出的学科排名进行了比较。然而比较的结果却并不相同,一些学者发现基于编委数量的排名与其他标准的学科排名相关性较高[1-8],另外一些学者的研究则显示相关性较低[9-12],各个学科之间尚无统一的结果。

---

① Cherwitz R A, & Daly J A. Filtering the field's knowledge: Affiliations and backgrounds of editorial board members in speech communication [J]. Association for Communication Administration Bulletin, 1981, 37, 49 – 56.

② Kaufman G G. Rankings of finance department by faculty representation on editorial boards of professional journal: A note[J]. Journal of Finance, 1984, 39(4), 1189 – 1195.

③ Gibbons J D, & Fish M. Rankings of economics faculties and representation on editorial boards of top journals[J]. Journal of Economic Education, 1991, 22(4), 361 – 366.

④ Chan K C, & Fok R C. Membership on editorial boards and finance department rankings[J]. Journal of Financial Research, 2003, 26(3), 405 – 420.

⑤ Urbancic F R. Faculty representation of the editorial boards of leading marketing journals: An update of marketing department[J]. Marketing Education Review, 2005, 15(2), 61 – 69.

⑥ Mason D, & Cameron A. An analysis of refereed articles in hospitality and the role of editorial board members[J]. Journal of Hospitality and Tourism Education, 2006, 18(1), 11 – 18.

⑦ Law R, Leung R, & Buhalis D. An analysis of academic leadership in hospitality and tourism journals [J]. Journal of Hospitality and Tourism Research, 2010, 34(4), 455 – 477.

⑧ 邵娅芬. 经济学科的国际学术话语权研究[D]. 上海: 上海交通大学, 2011.

⑨ Chan K C, Fung H G, & Lai P. Membership of editorial boards and rankings of schools with international business orientation[J]. Journal of International Business Studies, 2005, 36(4), 452 – 469.

⑩ Braun T, Diospatonyi I, Zador E, et al. Journal gatekeepers indicator-based top universities of the world, of Europe and of 29 countries — A pilot study[J]. Scientometrics, 2007, 71(2), 155 – 178.

⑪ Musambira G W, & Hastings S O. Editorial board membership as scholarly productivity: An analysis of selected ICA and NCA journals 1997 – 2006[J]. The Review of Communication, 2008, 8(4), 356 – 373.

⑫ Burgess T F, & Shaw N E. Editorial board membership of management and business journals: A social network analysis study of the Financial Times 40[J]. British Journal of Management, 2010, 21(3), 627 – 648.

2.4　已有研究的局限性与展望

现有研究在"编委个人科研产出水平""编委与科研产出的相关性""将编委数量用作大学学科排名"三个方面进行了持续探索,取得了一定的成果。尽管如此,现有研究仍存在一些问题和不足,需要本研究进一步弥补和完善。

第一,现有研究缺乏对大学的编委数量与反映大学科研产出质量的多个科学计量学指标进行相关性实证检验。如前文所述,部分学者将基于编委数量和基于科研产出的学科排名进行相关分析或比较研究。然而,学者们选取的科研产出指标多为科研产出数量的指标,反映科研产出质量的总被引频次指标则较少有研究涉及,特别是篇均被引、兼顾反映科研产出数量与质量的 h 指数等科学计量学指标目前尚未涉及。在我国大学 SCI 论文数量已有大幅提升,而科研产出质量还与国外世界一流大学存在不小差距的背景下,分析大学的 SCI 期刊编委数量与科研产出质量的相关性也就显得更有意义。因此,本研究不仅对大学的编委数量与论文数量的相关性进行实证检验,同时也与反映科研产出质量的科学计量学指标如总被引频次、篇均被引、h 指数的相关性进行实证检验。此外,较少有研究集中于中观的院校层面从正面角度直接测量大学的编委数量对科研产出影响的大小,而大学的战略规划者们更关心的是本校在国际学术期刊上拥有多少数量的编委后,本校的科研产出水平如何,不仅包括科研产出数量,也包括科研产出质量。本研究通过普通最小二乘回归、分位数回归等方法对大学编委数量与科研产出质量之间的变动关系进行了刻画,对于大学的战略规划和管理人员具有一定的参考价值。

第二,现有的研究缺乏对大学编委数量与科研产出两者关系细致深入的研究。如前文所述,尽管现有的研究将大学编委数量与科研产出进行了相关分析,然而绝大部分研究都是选取位于编委数量排名靠前的大学将其编委数量与科研产出做相关分析,人们不禁要问,编委数量排名中间及靠后的大学以及从总体上看所有拥有编委大学的编委数量与科研产出之间的相关关系如何? 即使有研究将所有大学的编委数量与科研产出从总体上做分析,人们仍然不清楚处于编委数量或科研产出不同档次(或者说不同数据段)的大学,他们的编委数量与科研产出的相关性是否相同。再如,当大学科研产出位于条件分布的不同位置时,大学的编委数量与科研产出的相关性是否相同? 目前这些问题都没有很好地回答。除受限于样本量外,这些问题也与目前的研究方法过于单一不无关系,例如利用分位数回归模型就可精确地刻画自变量对因变量的某个特定分位数的边际效果,详细刻画大学科研产出位于条件分布不同位置时,大学编委数量与科研产出相关性的变动差异,从而得到两者关系更为全面丰富的信息,但是目前的研究都没有涉及。本研究通过普通最小二乘回归、将大学编委数量按不同数据段进行分组统计、分位数回归等多种方法既从总体上考察所有有编委大学的编委数量与科研产出的相关性,也考察当编委数量位于不同数据段时以及科研产出位于条件分布的不同位置时,大学编委数量与科研产出两者的相关性,宏观全貌与微观情况相结合从而对大学的编委数量与科研产出的相关性进行细致深入的研究。

第三,现有研究多是将大学编委数量与科研产出数量的指标或排名进行相关分析,缺乏对两者因果关系的研究。如前文所述,现有部分研究将大学的编委数量与科研产出数量的指标或排名进行了相关分析,例如计算两者的相关系数,定性地比较两类排名靠前学校的重复程度等,然而相关关系并不等同于因果关系。少量一些研究对大学的编委数量与科研产出数量进行了回归,尽管回归对于描述编委数量与科研产出两个变量之间的关系有一定帮助,但是回归仍然不等同于因果关系。人们可能更加关心的是一所大学的编委数量与科研产出两者之间是否具有因果关系,两者之间有着何种作用机理,如果两者具有因果关系,那么两者谁带动谁。目前这些问题都还没能够很好地回答,也正说明这方面的研究还比较缺乏。之所以缺乏因果关系的研究也在于目前已有研究多是选取某一年横截面的数据作为样本进行研究,缺乏编委数量和科研产出基于时间序列的数据样本。本研究基于时间序列数据,运用格兰杰因果检验的方法,对 20 所化学学科中的顶尖大学的编委数量与论文数量进行了格兰杰因果关系检验,同时结合对 9 本化学顶尖期刊编委的访谈以及化学、计算机学科中的部分案例对大学的编委数量与科研产出两者之间的因果关系进行了探讨。

第四,现有的研究局限于某一单一学科领域,缺乏多个学科的实证检验。目前,学者们都是从各自的学科领域视角出发,在本学科内或相近学科领域内对文献综述中归纳的三个方面进行探讨,特别是在中观的院校层面的研究主要集中于经济学、管理学和商学领域。笔者认为,一种结论要上升到理论层面,要具有普遍意义,需要在不同学科领域内进行实证检验,需要不同学科来共同支撑这个理论体系。因此,研究有待于在多个学科中进行实证,特别是中观院校层面的研究有待于在包括数学、物理、化学、计算机等自然科学领域及工程技术科学领域进行拓展。本研究在属于自然科学及工程技术科学领域的化学与计算机学科中对大学的编委数量与科研产出及反映大学学科水平的各个计量学指标进行实证,丰富了以往的研究。

第3章 研 究 方 法

3.1 数据资料的来源与处理

3.1.1 编委数据的收集与处理

本研究选取科睿唯安 2011 年 JCR 数据库中"chemistry science"开头的 7 个学科 chemistry, analytical; chemistry, applied; chemistry, inorganic & nuclear; chemistry, medicinal; chemistry, multidisciplinary; chemistry, organic; chemistry, physical 中的 514 本期刊,"computer science"开头的 7 个学科 computer science, artificial intelligence; computer science, cybernetics; computer science, hardware & architecture; computer science, information systems; computer science, interdisciplinary applications; computer science, software engineering; computer science, theory & method 中的 463 本期刊以及"economics"学科的 321 本期刊作为本研究编委数据的样本源期刊。选择 JCR 数据库作为本研究的期刊样本来源主要基于以下两点。第一,JCR 数据库是目前国际上公认的权威期刊评价工具。它包括以 SCI 为基础编制的自然科学版(Science Edition)以及以 SSCI 为基础编制的社会科学版(Social Science Edition),涵盖了世界上最具影响力的学术期刊,有着很好的代表性。自 1975 年首次出版以来,每年进行更新,目前该报告包括提供期刊影响因子、总被引频次、即年指标、论文总数、被引半衰期、引用半衰期等重要的期刊评价指标,目前在国际科学计量学界、信息计量学界有着较为广泛的应用。第二,JCR 是基于 SCI、SSCI 等国际权威数据库编制,而本研究中的科研产出数据也来源于 SCI、SSCI 两个数据库,使用 JCR 数据库作为期刊样本源,可以与科研产出数据有着很好的对应。

　　运用 Google 搜索引擎搜索上述每本期刊的名称,查找并确认每本期刊的官方网站后,在每本期刊的官方网站上找到标有诸如"Editorial Board"字样的编委名单信息列表,然后将编委名单列表中所列出的编委姓名、隶属院校、编委职务等信息手工采集到 Excel 表格中。其中编委职务为诸如"editor-in-chief, chief editor, co-editor, coordinating editor, executive editor, associate editor, associate editor-in-chief, deputy editor, area editor, regional editor, senior editor, editorial advisory board member, editorial board member"的为我们采集信息的对象。而对于诸如"technical editors, administrative staff"等技术性辅助人员,由于他们并不直接参与文章的遴选,因此不在我们采集的对象范围之内。

　　由于少数期刊的官方网站上没有公布编委隶属机构的信息且获取这些期刊的编委数据较为困难,因此将这些期刊剔除出样本,最终我们获取化学学科的396 本期刊,计算机学科的 447 本期刊,经济学学科的 296 本期刊构成本研究编委样本的来源数据库。计算机学科编委数据收集的时间为 2013 年 1—3 月,化学与经济学学科编委数据收集的时间为 2013 年 2—7 月[①]。

　　在所有编委信息采集到 Excel 表格中后,通过 Excel 中的"分类汇总功能"按编委所隶属的机构进行汇总统计计数。对于隶属于多个大学的编委人员,我们遵循 Gibbos 和 Fish 的统计方法[②],把他所在的多个大学分别计 1,例如一名编委分别隶属于耶鲁大学和哈佛大学,则耶鲁大学和哈佛大学的编委人员各计1 人次。对机构所拥有的编委数量进行汇总计数后,再剔除大学以外的机构。最终,我们分别在化学学科、计算机学科、经济学学科中得到了拥有编委的大学1 387 所、1 573 所、984 所以及他们各自所拥有的编委数量。这些大学构成了本研究中大学编委数量与科研产出相关性研究的分析样本。

---

① 需要说明的是,本书的最终成书及出版时间是在 2018 年。而本小节编委数据以及 3.1.2 科研产出数据、3.1.3 学科水平数据的收集时间是在 2013 年。但考虑到各大学每年编委数量的信息变动相对较为稳定,人员变动并不频繁(参见附录 4 及文献:Braun T, & Diospatonyi I. The counting of core journal gatekeepers as science indicators really counts. The scientific scope of action and strength of nations[J]. Scientometrics, 2005, 62(3): 297–319.),且上述三个学科中每个学科都有 1 000 所左右的样本大学,这些大学在科研产出、诺奖与图灵奖获奖校友数、诺奖与图灵奖教师数、高被引学者数等方面就这 1 000 所左右大学的整体而言,排名变化不会太大(参见世界大学学术排名网站:http://www.shanghairanking.com/index.html),因此基于 2013 年的实证结果可能和 2018 年的实证结果相差不大,我们认为 2013 年的数据在今天仍有着一定的参考价值与借鉴意义。

② Gibbons J D, & Fish M. Rankings of economics faculties and representation on editorial boards of top journals[J]. Journal of Economic Education, 1991, 22(4), 361–366.

3.1.2 科研产出数据的收集与处理

本研究选取科睿唯安的 Web of Science 数据库作为获取上述大学科研产出数据的数据源。Web of Science 收录了 12 000 多种世界权威的、高影响力的学术期刊,其选刊标准严格,内容涵盖自然科学、工程技术、生物医学、社会科学、艺术与人文等领域,核心集包括前述 SCI 以及 SSCI 引文数据库,涵盖了世界上最重要、最具影响力的科研成果,是目前世界上非常重要的引文索引数据库及科研评价工具,选择 Web of Science 作为本研究科研产出的数据源有着很好的代表性。我们由 Web of Science 检索平台分别在化学、计算机、经济学三个学科中获取了上述大学科研产出的数据。

这里以获取耶鲁大学化学学科的科研产出数据为例进行说明。在该数据库的高级检索栏中首先构建下述检索式: WC＝(CHEMISTRY ANALYTICAL OR CHEMISTRY APPLIED OR CHEMISTRY INORGANIC NUCLEAR OR CHEMISTRY MEDICINAL OR CHEMISTRY MULTIDISCIPLINARY OR CHEMISTRY ORGANIC OR CHEMISTRY PHYSICAL) AND OG＝(Yale University)。其中 WC 表示学科,OG 表示机构名称,该检索式表示检索耶鲁大学在上述七个化学学科领域的所有文章,然后文献类型选择 Article,之所以选择 Article 的文章在于其为学术性较强的同行评议文章且占文献类型的绝大多数。时间跨度选择 2008—2012 年这一 5 年时间观测窗口。由于编委的信息较为稳定,人员变动并不频繁,编委与科研产出的数据能够较好地对应[①]。检索后通过数据库中的"创建引文报告"这一功能,即可获取耶鲁大学的论文数量、总被引频次、篇均被引、h 指数这四项科研产出数据。化学学科中的其他 1 386 所大学以及计算机学科、经济学学科中大学的科研产出数据也由此方法获得。

此外,为了减少一些学校由于发文数量较少从而带来篇均被引指标的较大波动、获取更加可靠的统计分析,我们在做大学编委数量与篇均被引的回归分析时,分别在化学、计算机、经济学三个学科中人为主观地设定 441 篇、140 篇、89篇的阀值(也即每个学科中发文数量最多 5 所大学的论文数量平均值的 10%),将低于上述这些发文篇数的大学剔除,最终化学学科中的 531 所大学、计算机学科中的 502 所大学、经济学学科中的 318 所大学构成了本研究大学编委数量与

---

① Braun T, & Diospatonyi I. The counting of core journal gatekeepers as science indicators really counts. The scientific scope of action and strength of nations[J]. Scientometrics, 2005, 62(3), 297 - 319.

篇均被引回归分析的样本。

　　计算机学科中各大学科研产出数据的获取时间为 2013 年 5 月,化学学科与经济学学科中各大学科研产出数据的获取时间为 2013 年 10 月。

3.1.3　学科水平数据的收集与处理

　　尽管学界对于学科水平在概念理解上可能会存在一定差异,但是不可否认的是,一所大学的学科水平可借由学科排名中的各个计量学指标来反映,那些拥有世界一流学科的大学也都在世界主流的学科排行榜中有着很好的体现。遵循此思路,同时从实证操作的角度出发,我们以在国际上有着较大影响力的 ARWU 学科排名的部分指标作为计量学科水平的依据,将 2013 年 ARWU 化学、计算机、经济学学科排名前 200 强的大学作为本研究大学 SCI 期刊编委数量与学科水平相关性研究的样本对象,分析这些大学所拥有的 SCI 期刊编委数量与代表着这些大学学科水平的各个排名指标的相关性。

　　ARWU 自 2003 年首次发布排名结果以来,在国际上产生了较大影响,因其排名的合理性、透明性、客观性而得到了国际社会的广泛关注及认可,该排行榜自 2009 年起也开始发布单学科的排名,是目前非常有代表性、在世界上有着较大影响力的世界大学学科排名。ARWU 的学科排名由 5 项指标构成:获奖校友数(化学与经济学学科为诺贝尔奖,计算机学科为图灵奖)占权重的 10%、获奖教师数(化学与经济学学科为诺贝尔奖,计算机学科为图灵奖)占 15%、高被引学者数(Highly Cited Researchers,以下简称 HiCi)占 25%、SCI 论文数占 25%、高质量论文比(一所大学论文发表在影响因子前 20% 期刊上的比例)占 25%。ARWU 的学科排名公布了排名前 50 强大学的综合得分数据以及前 200 强大学在上述 5 个单项指标上的得分数据。由于 200 强大学中,50 名以后的大学在获奖校友数以及获奖教师数两个指标上多为 0 值,因而我们没有选择这两个指标与编委数量进行相关分析,我们将 2013 年 ARWU 学科排名前 200 强大学的其他 3 项指标的得分数据以及前 50 强大学的综合得分数据采集到 Excel 表格中。数据采集的时间为 2013 年 10 月。

　　对于 51—200 名的大学,我们按照该排名网站公布的方法计算出它们的综合得分①,下面以化学学科为例进行说明:将化学学科 51—200 名的这些大学以

---

① 上海交通大学世界一流大学研究中心. 2013 年世界大学学科排名方法 [EB/OL]. http://www.shanghairanking.com/ARWU-SUBJECT-Methodology-2013.html, 2014 - 07 - 05.

及排名第一的哈佛大学的 5 项单项指标得分按权重进行加权得到原始总分,然后将哈佛大学的总分设为 100 分,其他大学按照与哈佛大学的比例得分。按此方法,最终我们得到了 ARWU 化学学科、计算机学科、经济学学科中各自前 200 强大学的综合得分数据。

本研究以上述这些大学作为大学编委数量与学科水平相关性分析的样本对象,分析这些大学拥有的编委数量与代表着这些大学学科水平的 ARWU 学科排名综合得分、HiCi 学者数、高质量论文比例、论文数量、总被引频次、篇均被引、h 指数等单项指标的相关性。

3.1.4 基于时间序列的格兰杰因果检验所需数据的收集与处理

本研究在获取上述大学的编委数量、科研产出、学科水平各指标的截面数据后,由于还需进一步分析大学编委数量与科研产出的因果关系,因此还需获取基于时间序列的数据以便能够进行格兰杰因果检验等更为深入的分析。我们这里以一所大学所拥有的编委数量以及论文数量作为格兰杰因果检验的两个变量。

历年编委数量数据的获取。由于获取前述所有样本期刊、所有学校的历年编委数据较为困难。我们这里聚焦于化学学科,参照 Brown[①]、Bornmann 和 Daniel[②] 以及 Neuhaus 等人[③]的研究,选取了化学学科领域最为著名的两本综合类期刊 *Journal of the American Chemical Society* (以下简称 JACS) 和 *Angewandte Chemie International Edition*(以下简称 AC-IE),美国化学会旗下两本化学综合评述类的期刊 *Chemical Reviews* 和 *Accounts of Chemical Research* 以及美国化学会旗下其他化学分支领域的 5 本顶尖期刊 *Analytical Chemistry*、*Biochemistry*、*Chemistry of Materials*、*Inorganic Chemistry*、*Journal of Organic Chemistry* 等共计 9 本期刊作为获取历年编委数量数据的样本源期刊。之所以选择这 9 本期刊也是综合考虑了编委数据的可获取性这一重要因素:由于期刊在官方网站上通常只公布当年的编委人员信息,想要获取

---

① Brown C. The role of Web-based information in the scholarly communication of chemists: Citation and content analyses of American Chemical Society Journal[J]. Journal of the American Society for Information Science and Technology, 2007, 58(13), 2055 - 2065.

② Bornmann L, & Daniel H-D. Extent of type I and type II errors in editorial decisions: A case study on Angewandte Chemie International Edition[J]. Journal of Informetrics, 2009, 3(4), 348 - 352.

③ Neuhaus C, Marx W, & Daniel H-D. The publication and citation impact profiles of Angewandte Chemie and the Journal of the American Chemical Society based on the sections of Chemical Abstracts: A case study on the limitations of the Journal Impact Factor[J]. Journal of the American Society for Information Science and Technology, 2009, 60(1), 176 - 183.

历年的编委信息只能从历年的纸本期刊中获取,这些编委信息通常会印在纸本期刊的封面或封二页;在高校大面积停订纸本期刊的今天,想要获取历年的编委信息较为困难,而上述这 9 本期刊的纸质版可以从中国科学院文献情报中心获取,且这 9 本纸质期刊中的大多数都是从 1998 年开始印有编委隶属机构的信息,相比其他如从 2004 年才开始印编委信息的期刊来说能够有更充足的年份数据,因此综合上述考虑,我们选取了这 9 本期刊作为样本源期刊。相应地,样本区间也选择 1998—2017 年。

考虑到 9 本期刊的数量相对较少,每所大学每年在 9 本期刊中的编委数量不会太多,为了避免编委数量较少带来的统计误差,获得更加可靠的统计分析,我们以 2014 年 ARWU 化学学科排名前 20 强这些历年编委数量相对较多的大学作为格兰杰因果检验的数据收集对象。我们在中科院文献情报中心获取了上述 9 本纸本期刊后,每年以出版的第 1 期封面或封二上的编委信息为准,手工将这 20 所大学在 1998—2017 年中每年的编委信息(包括编委的姓名、院校等)录入到 Excel 表格中并手工统计这 20 所大学每年的编委人数。

历年论文数量数据的获取。我们在 Web of Science 数据库中构建高级检索式获取了这 20 所大学 1998—2017 年间在上述 9 本期刊中历年论文数量的数据。以耶鲁大学为例,我们构建如下检索式:SO = ((Accounts of Chemical Research) or (Analytical Chemistry) or (Angewandte Chemie International Edition) or (Biochemistry) or (Chemical Reviews) or (Chemistry of Materials) or (Inorganic Chemistry) or (Journal of Organic Chemistry) or (Journal of the American Chemical Society)) and OG=(Yale University)。其中,SO、OG 分别表示期刊名称和机构名称。上述检索式表示获取耶鲁大学在上述 9 本期刊中的所有文章。论文类型选择 Article 和 Review,时间段选择 1998—2017 年。检索后,检索结果中"出版年"一栏会显示耶鲁大学在 1998—2017 年中历年的论文数量,我们把耶鲁大学历年论文数量的数据采集到 Excel 表格中。其他 19 所大学历年论文数量的数据也按此方法获取。历年编委数量数据和历年论文数量数据获取的时间均为 2018 年 4—5 月。

3.1.5　访谈资料的收集

基于时间序列数据的格兰杰因果检验虽然能从定量研究的角度对大学编委数量与论文数量的因果关系进行一定程度的探究,但是定量研究也往往会使复杂的社会科学问题简单化,如能定量与定性研究相结合,则分析的结果可能会更加信服可靠。作为定性研究资料收集方法之一的访谈法可以"进入受访者内心，深入了解他们的心理活动和思想观念"，且"具有更大的灵活性以及对意义进行解释的空间"①。因此，为了能更加深入地理解大学的编委数量与科研产出之间的因果关系以及与此相关的编委制度，我们仍然以上述9本化学顶尖期刊作为样本，对这9本期刊中在大学工作的部分编委以电子邮件的形式进行半结构式访谈。因为考虑到绝大多数编委都远在海外，所以我们选择了电子邮件这一较为便捷的访谈方式。

访谈为半结构式的，访谈问题涵盖大学编委数量与科研产出形成因果关系可能的作用机理以及编委遴选的条件、编委是否参与稿件的评审等编委制度方面的问题。编委制度这些问题与大学编委数量与科研产出能否形成因果关系有着紧密的联系，比如编委是否参与稿件的评审等也是编委控制话语权影响科研产出的前提条件，而编委的遴选条件也和编委自身的科研产出水平相关。因此我们也对这些编委制度进行了访谈。具体的问题详见附录1，我们在第8章第8.4节因果关系的讨论部分对这些问题的设计安排进行了解读。

由于主编、副主编他们在整个编委会中的作用较大，肩负着期刊更大的权力和责任，尤其主编更是一本期刊的灵魂人物，他们对于编委制度以及相关的科研产出与编委之间的因果机制有着比一般人更为深刻的体会。因此，9本期刊中所有的主编与副主编都是我们这次访谈所要发放邮件的对象，另外，除主编、副主编外，由于普通编委人数较多，我们借助网页www.random.org/nform.html上的随机数生成器在每本期刊中随机选择了3位普通编委，和主编、副主编一起作为这次访谈的潜在对象。我们通过Google检索这些主编、副主编以及普通编委所在大学的主页，在这些主页上获取他们的电子邮箱。然后一对一地给这些编委们发送访谈邮件。共发放130封邮件。我们设定一个月的回收期限。最终有16位编委回答了访谈问题。邮件发放的时间为2015年7月。各期刊接受访谈的人数统计见表3-1。

表3-1　化学9本期刊中受访编委人数统计

期　刊　名　称	受访编委数量	其中主编或副主编数量
Accounts of Chemical Research	0	0
Analytical Chemistry	5	4

① 陈向明. 质的研究方法与社会科学研究[M]. 北京：教育科学出版社，2000.

（续　表）

期　刊　名　称	受访编委数量	其中主编或副主编数量
Angewandte Chemie International Edition	3	2
Biochemistry	1	1
Chemical Reviews	2	2
Chemistry of Materials	0	0
Inorganic Chemistry	0	0
Journal of Organic Chemistry	2	2
Journal of the American Chemical Society	3	2
总计	16	13

3.2　分位数回归方法

本研究在分析大学编委数量与科研产出的相关性时,使用的主要统计技术之一是由 Koenker 和 Basset 提出的分位数回归模型[①]。理论上说,普通最小二乘回归是拟合因变量 Y 的条件均值与自变量 X 之间的线性关系,而分位数回归是通过因变量在 0—1 之间取不同条件分位数值时,对特定分布的数据进行估计。普通最小二乘回归估计的是自变量对因变量的平均边际效果,而分位数回归估计的是自变量对因变量的某个特定条件分位点(如 30%、50%、70%)的边际效果。其中 50% 分位点的回归也叫中位数回归。普通最小二乘回归只能提供一个平均数,而分位数回归却能提供许多不同分位数的估计结果。

本研究中使用分位数回归主要基于以下三点考虑。第一,分位数回归能够详细刻画因变量位于条件分布不同位置时自变量对因变量的影响差异,能够为我们提供大学编委数量与科研产出两者关系更为全面丰富的信息。本研究在化学、计算机、经济学学科中进行大样本的实证检验,化学、计算机、经济学学科中分别有样本大学 1 387 所、1 573 所、984 所大学之多,然而,影响因变量科研产出

---

① Koenker R, & Bassett G. Regression quantiles[J]. Econometrica, 1978, 46(1), 33 – 50.

的因素有很多(本研究将编委数量作为自变量,科研产出作为因变量),比如科研经费的投入、科研人力的投入、科研政策的影响等等。要想获取所有这些大学的科研经费投入等数据是非常困难的,特别是还要获得在具体每一个学科中的这些数据就更加困难。而诸如科研经费的投入、科研政策的影响等是影响科研产出非常重要的变量,但是这些变量的数据很难获取。遗漏的这些重要变量多数情况下会被加入到误差项中,误差项的存在使得科研产出的条件分布很有可能位于不同的位置,反映了我们无法观察到的一些信息。而分位数回归正是可以对科研产出条件分布的不同位置进行分析,其为我们详细刻画大学编委数量与科研产出的相关性提供了可能,在我们无法获取更多变量数据的情况下,它能够为我们展现普通最小二乘回归在遗漏变量时无法呈现的更多丰富信息,为我们展现大学编委数量与科研产出两者关系的全貌,有助于我们深入理解两者之间的关系。

第二,分位数回归可以避免普通最小二乘回归中误差项同分布等较为严格的假设。普通最小二乘回归当数据出现尖峰或肥尾分布、异方差时,将不再具有最佳线性无偏估计的优良性。一方面,由于我们研究的变量中涉及总被引频次、篇均被引、h 指数等引文数据,而引文数据具有非正态分布的性质,在此种情况下,分位数回归是一个较好的替代方法[1];另一方面,本研究化学、计算机、经济学学科中分别有样本大学 1 387 所、1 573 所、984 所大学之多,这些大学也有很大差异,在前述如科研投入等一些变量数据无法获取的情况下,会使模型中存在异方差的可能性很大,而分位数回归的特点之一就是可以避免普通最小二乘回归中误差项同分布的严格假设,允许异方差的情况下对变量进行分析。

第三,分位数回归较之普通最小二乘回归更为稳健,它对异常值具有耐抗性。分位数回归方法对异常值不敏感,这就如同中位数、分位数值相对于平均数受异常值的敏感性小的原理类似,该方法具有很强的稳健性[2-3]。

分位数回归模型可以用下式表示:

$$
\begin{aligned}
Y_i &= X_i \beta_\theta + \mu_{\theta i} \\
\mathrm{Quant}_\theta(Y_i \mid X_i) &\equiv \inf\{Y: F_i(Y_i \mid X_i)\} = X_i \beta_\theta \\
\mathrm{Quant}_\theta(\mu_{\theta i} \mid X_i) &= 0
\end{aligned}
\tag{1}
$$

① Danell R. Can the quality of scientific work be predicted using information on the author's track record? [J]. Journal of the American Society for Information Science and Technology, 2011, 62(1), 50 - 60.

② 邢春冰. 中国不同所有制部分的工资决定与教育回报:分位回归的证据[J]. 世界经济文汇,2006, (4):1 - 26.

③ 俞立平. 科技评价方法基本理论研究:多属性评价面面观[M]. 北京:学习出版社,2011.

其中 Y_i 是因变量,在本研究中分别用大学的论文数量、总被引频次、篇均被引、h 指数测量。X_i 是自变量,在本研究中用大学的编委数量表示。$\mu_{\theta i}$ 为误差项,β_θ 是 θ 分位数下的回归系数。$\text{Quant}_\theta(Y_i \mid X_i)$ 表示给定 X_i 条件下 Y_i 的第 θ 个分位数,关于误差项的设定假设 $\text{Quant}_\theta(\mu_{\theta i} \mid X_i) = 0$。当 θ 在 $(0, 1)$ 上变动时,第 θ 个分位数下的估计值为下面最优化问题的求解:

$$\min\Big\{ \sum_{i:\, Y_i \geqslant X_i\beta_\theta} \theta \times |Y_i - X_i\beta_\theta| + \sum_{i:\, Y_i < X_i\beta_\theta} (1-\theta) \times |Y_i - X_i\beta_\theta| \Big\} \qquad (2)$$

随着 θ 由 0 到 1,我们能得到所有 Y 在 X 上的条件分布轨迹,即一簇曲线,而非像普通最小二乘回归只能得到一条曲线。式(2)可通过诸如单纯形法、内点算法、平滑算法等不同的参数估计方法进行求解,不同的求解方法各有优缺点。而本研究中分位数回归的统计分析通过运用 Eviews6.0 软件完成。

分位数回归技术目前已经在科学计量学、科技管理、高等教育学领域中得到了一定的应用。Danell 在情节记忆、玻色—爱因斯坦凝聚两个研究领域的研究发现论文在过去的被引频次与现在的被引频次之间存在显著的正相关关系,且随着被引频次分位点的提高,两者的相关性越来越强[1]。Stvilia 等人从美国国家强磁场实验室发布的年度报告中选取了 1 415 个实验团队为样本,运用分位数回归分析了这些团队诸如组成人员来自机构的多样性、学科的多样性等团队结构因素与团队科研产出数量的相关性,结果表明不同的团队结构因素与科研产出数量的相关性在不同分位点并不相同[2]。俞立平运用分位数回归方法在人文社会科学领域中分析了 702 所中国大学的课题科研经费、非课题科研经费、科研人员全时当量三个因素对科研产出数量的影响。其研究结果表明,随着科研产出数量分位点的提高,课题科研经费的弹性系数、科研人员全时当量的弹性系数随之降低,而当科研产出数量位于低分位点时,非课题科研经费与之无关[3]。此外,卿石松和曾湘泉运用分位数回归法方法研究了不同专业对于本科毕业生起薪的影响[4]。舒强和张学敏运用分位数回归方法分析了农民工家庭子女高等

① Danell R. Can the quality of scientific work be predicted using information on the author's track record? [J]. Journal of the American Society for Information Science and Technology, 2011, 62(1), 50-60.

② Stvilia B, Hinnant C C, Schindler K, et al. Composition of scientific teams and publication productivity at a national science lab[J]. Journal of the American Society for Information Science and Technology, 2011, 62(2), 270-283.

③ 俞立平. 中国高校人文社科投入要素的贡献研究[J]. 北京理工大学学报(社会科学版),2012,14(5): 32-38.

④ 卿石松,曾湘泉. 本科毕业生起薪的差异分析[J]. 北京大学教育评论,2013,11(4): 98-109.

教育个人投资的收益风险问题[①]。

3.3　怀特异方差检验方法

本研究运用怀特异方差检验方法检验普通最小二乘回归方程中是否存在异方差。怀特异方差检验的基本原理如下。

首先假定原普通最小二乘回归模型为：

$$Y_i = \beta_0 + \beta_1 X_i + \mu_i \tag{3}$$

由普通最小二乘回归方程得到残差 $\tilde{\mu}_i$，将残差 $\tilde{\mu}_i$ 的平方作为因变量，原普通最小二乘中的自变量 X_i 及自变量的平方 X_i^2 作为新的自变量，构造出如下式的辅助回归方程：

$$\tilde{\mu}_i^2 = \alpha_0 + \alpha_1 X_i + \alpha_2 X_i^2 + \varepsilon_i \tag{4}$$

然后构造怀特异方差检验的统计量 $LM = n \times R^2$，其中 n 是样本容量，R^2 是辅助回归方程的拟合优度。可以证明 LM 近似地服从自由度为辅助回归方程式(4)中自变量个数的 χ^2 分布。计算 LM 值，如果超过了所选显著性水平下的 χ^2 临界值，则拒绝原假设，说明原最小二乘回归方程中存在异方差。我们运用 Eviews6.0 来进行怀特异方差检验。

当回归方程中出现异方差时，普通最小二乘回归的估计结果虽然是无偏的，但将不再具有有效性，由常规方法得到的估计量的标准误差及 t 统计量并不可靠。这时可选用由怀特建立的怀特异方差一致协方差估计方法进行处理。该方法不改变原有回归系数值及拟合优度 R^2，仅改变了标准误差及 t 统计量，是适用于处理大样本数据时的一种方法。我们的样本数据在化学、计算机、经济学中分别有 1 378 所大学、1 573 所大学和 984 大学之多，比较适合使用该种方法进行校对。Eviews6.0 中提供了该方法的程序。我们运用 Eviews6.0 中的怀特异方差一致协方差方法对普通最小二乘回归方程中的标准误差及 t 值进行校对。

① 舒强,张学敏.农民工家庭子女高等教育个人投资的收益风险[J].高等教育研究,2013,34(12)：51-59.

3.4　格兰杰因果检验方法

　　本研究在分析大学的编委数量与论文数量的因果关系时,主要运用的是格兰杰因果检验方法。格兰杰因果检验是基于时间序列推断事物之间因果关系的一种建模方法,其由诺贝尔经济学奖获得者格兰杰提出,目前已较为成熟,是较为常用的检验时间序列变量之间因果关系的方法之一。本研究中,我们也选取了这一较为常用的方法来探究大学编委数量与论文数量之间的因果关系。

　　格兰杰因果检验需要满足一定的前提条件:检验的时间序列变量必须要求是平稳的或者时间序列之间是协整关系(一种长期均衡关系)。否则通常会导致残差序列自相关,产生"伪回归"的问题。因此,完整的一套格兰杰因果检验包括单位根检验(平稳性检验)、协整检验、格兰杰因果关系检验。

3.4.1　单位根检验与协整检验

　　检验时间序列是否平稳的过程被称为单位根检验。单位根是表示时间序列变量不平稳的一种方式。如果时间序列 X 通过 d 次差分成为一个平稳过程,而这个时间序列差分 $d-1$ 次时不平稳,则称序列 X 为 d 阶单整序列,记为 X~I(d)。而序列 X 本身是平稳的,记为 X~I(0)。d 表示单整阶数,是序列包含的单位根个数。目前最广泛使用的单位根检验方法是增广的迪基—富勒检验方法,也即 ADF 检验法。本研究中的单位根检验也选用此方法。

　　在实际应用中,多数的时间序列都是非平稳的。传统的方法可以通过对序列进行差分从而消除序列中的时间趋势,再用差分后的平稳序列进行建模。但是差分后的序列不仅丢失了原有序列的信息,而且差分后的序列不便于解释其原有的实际含义。Engle 和 Granger 提出的协整理论可以解决这一问题。协整概念的基本思想是:对于两个可以通过相同阶数的逐期差分达到平稳的非平稳时间序列,如果存在一个非零向量,使它们的线性组合是平稳的,那么则称这两个序列存在协整关系,或称是协整的①。这种平稳的线性组合被称为协整方程,

---

① Engle R F, & Granger C W J. Co-integration and error correction: Representation, estimation, and testing[J]. Econometrica, 1987, 55(2), 251-276.

它反映了序列变量之间长期均衡稳定的关系[①]。协整理论为非平稳时间序列的建模提供了可行性：如果两个非平稳序列是协整关系的，那么依然可以使用这两个原序列进行格兰杰因果关系检验。本研究选用较为常用的 Johansen 协整检验方法进行协整检验。

3.4.2 格兰杰因果关系检验

格兰杰因果关系检验的基本原理是：如考察序列 X 是否是序列 Y 的原因，则首先建立如式(5)的有限制条件的回归模型，即变量 Y 可以用自身的若干过去值加以解释。然后在式(5)中引入变量 X 的若干过去值作为解释变量，即建立如式(6)的无限制条件回归模型。如果引入序列 X 的过去值可以显著提高 Y 的被解释程度，那么则称 X 是 Y 的格兰杰原因。

$$Y_t = \alpha_0 + \sum_{i=1}^{m} \alpha_i Y_{t-i} + \mu_t \tag{5}$$

$$Y_t = \alpha_0 + \sum_{i=1}^{m} \alpha_i Y_{t-i} + \sum_{j=1}^{m} \beta_j X_{t-j} + \mu_t \tag{6}$$

式(5)、(6)中 α_0 为常数项，μ_t 为误差项，α_i，β_j 为系数，m 为滞后期数。设零假设为 X 不是 Y 的格兰杰原因，即 $H_0: \beta_1 = \beta_2 = \cdots = \beta_m = 0$，备择假设为 $H_1: \beta_j \neq 0 (j=1, \ldots, m)$。若零假设成立，则(5)式有限制条件的残差平方和 SSE_0 不应超过(6)式无限制条件模型残差平方和 SSE_1 太多。构造统计量 $F = \dfrac{(SSE_0 - SSE_1)/m}{SSE_1/(n-2m-1)}$，在零假设成立条件下，其渐进服从 $F(m, n-2m-1)$ 分布，用样本计算 F 检验值，如落在临界值以外，则拒绝零假设 H_0，即 X 是 Y 的格兰杰原因。同理，按此方法可检验 Y 是否是 X 的格兰杰原因。

格兰杰因果检验方法已在科学计量学、高等教育学领域中得到了一定的应用。Lee 等人对世界上 25 个国家 1982—2007 年的论文数量与 GDP 进行了因果关系探究，结果发现亚洲国家的论文数量与 GDP 之间互为格兰杰因果关系，而西方国家的这种因果关系则并不明显[②]。贺德方运用格兰杰因果检验法对我国 1991—2004 年科研投入的效果进行考察，发现科研投入是我国经济增长的格

① Engle R F, & Granger C W J. Co-integration and error correction: Representation, estimation, and testing[J]. Econometrica, 1987, 55(2), 251 – 276.
② Lee L C, Lin P H, Chuang Y W, et al. Research output and economic productivity: A Granger causality tests[J]. Scientometrics, 2011, 89(2), 465 – 478.

兰杰原因,而经济增长不是科研投入的格兰杰原因[①]。俞立平和彭长生在人文社会科学领域以 587 所国内高校 2004—2008 年间的面板数据作为研究样本,研究发现科研经费、科研人员全时当量与科研产出互为格兰杰因果关系,而科研人员数是科研产出的单向格兰杰原因[②]。此外,Inglesi-Lotz 等运用格兰杰因果检验方法研究了美国的科研产出与经济增长间的关系[③]。袁本涛等运用格兰杰因果检验方法研究了我国研究生教育科类结构、经济、科技协调性三者之间的关系[④]。

　　本研究中所有格兰杰因果检验部分的统计分析均通过 Eviews6.0 软件完成。

①　贺德方.我国科技效率、效果评价研究[J].情报学报,2006,25(6):740－748.
②　俞立平,彭长生.高校人文社科投入与产出互动关系研究——基于 PVAR 模型的估计[J].科研管理,2013,34(11):147－153.
③　Inglesi-Lotz R, Balcilar M, & Gupta R. Time-varying causality between research output and economic growth in US[J]. Scientometrics, 2014, 100(1), 203－216.
④　袁本涛,王传毅,曾明彬.我国研究生教育科类结构与经济、科技发展协调性的实证研究——基于协整理论的视角[J].清华大学教育研究,2013,34(4):92－99.

第4章　化学学科大学 SCI 期刊编委数量与科研产出的相关性研究

SCI 期刊编委被喻为国际学术期刊的"守门人",在国际科研产出评价体系中发挥着重要作用。SCI 期刊编委一方面扮演着学术话语权控制者的关键角色,他们可以决定哪些文章能够进入到发表领域,在科研产出的输出端影响着一所大学的科研产出;另一方面,SCI 期刊编委通常是本学科领域内的学术精英,当选编委正是基于他们自身较高的科研产出水平,他们自身较高的科研产出能力也能为本校科研产出数量与质量的提升直接贡献力量,在科研产出的输入端也影响着一所大学的科研产出。因此,SCI 期刊编委可能是影响一所大学科研产出数量或质量的一个重要因素。

本章中,选取化学学科 396 本 SCI 期刊中拥有编委的 1 387 所大学作为样本大学,分别运用普通最小二乘回归、按大学编委数量不同数据段进行分组统计、分位数回归等三种方法对化学学科中大学的 SCI 期刊编委数量与论文数量、总被引频次、篇均被引、h 指数等科研产出指标进行相关性实证检验。通过将大学编委数量按不同数据段进行分组统计,精确分析大学编委数量在不同取值范围内其与大学科研产出关系的特点;通过分位数回归方法,详细刻画大学科研产出位于条件分布不同位置时,大学的编委数量与科研产出相关性的变动差异。上述两种方法分别从侧重编委的角度与侧重科研产出的角度对大学的编委数量与科研产出两者的相关性进行了细致刻画。

4.1　化学学科 SCI 期刊编委在各大学的分布

对于各大学所拥有的 SCI 期刊编委数量从总体分布上进行考察可以对各

大学的学术话语力量分布情况首先有个直观的初步了解,同时也为下一步深入分析大学的编委数量与科研产出的相关性、加深对大学编委数量这一指标的认识奠定基础,具有一定意义。在按前述研究方法获取化学学科中各大学编委数量的基础上,本章首先考察化学学科中大学编委数量的分布情况,如图 4-1 所示。

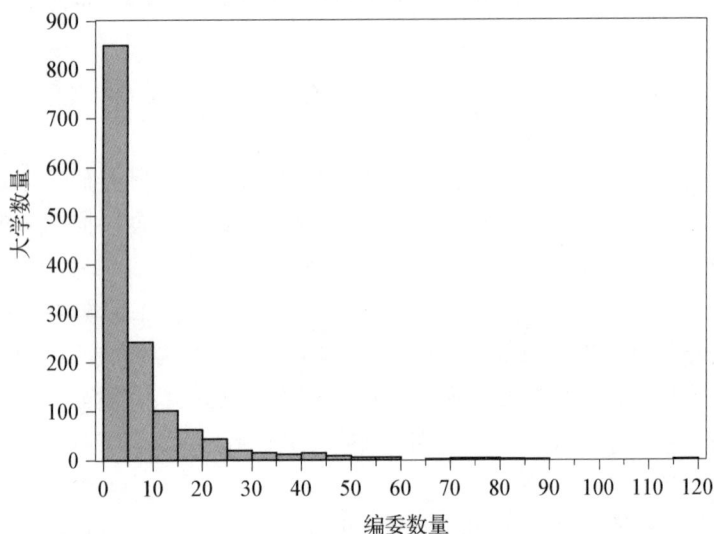

图 4-1　化学学科大学编委数量分布图

由图 4-1 可以发现:大学编委数量呈明显的右偏分布,而这也与较为常见的科研产出的右偏分布非常吻合,即少量大学拥有较多的编委数量或科研产出数量,而大量大学拥有较少的编委数量或科研产出数量。结合计算结果发现:编委数量集中分布在 1—9 人,拥有 9 人及以下的大学约占到了所有样本大学的80%,共计 1 091 所。少数大学拥有 19 人次及其以上的编委,这些大学约占所有样本大学的 10%,共计 142 所。所有 1 387 所大学编委数量的平均值为 7.3,中位数值为 3。编委数量排名位列前 100 位的大学,共计 103 所(103 所大学的具体名单见附录 2 中的附表 2-1)。东京大学以编委数量 118 人次的绝对优势位列排名的第一位,苏黎世联邦理工学院、西北大学(美国)、加州大学伯克利分校、京都大学、剑桥大学等校也都有着较大的优势。自排名第 12 位的哈佛大学和德克萨斯大学奥斯汀分校开始,编委数量下降的速度变缓,各大学的编委数量差距在逐步缩小。粗略来看,这 103 所大学大体上也是人们普遍认可的化学学科领域的世界强校,这也从一个侧面反映出大学的编委数量和科研产出可能会有着某种联系。

对于编委数量排名前 10 位的大学,我们也给出了这些大学去重后的编委数量(见表 4-1)。去重后,东京大学、苏黎世联邦理工学院仍位列这 10 所大学的前两位,但是原排名第三位的西北大学(美国)去重后的编委数量仅有 35 人,排到了 10 所大学的最后一位,平均 1 人任职 2.37 本期刊,是这 10 所大学里最高的,而其他几所大学去重后的排名略有变动,但是基本上依然程递减的趋势。总的来看,这 10 所大学中的编委平均 1 人任职 1.8 本期刊。我们也统计了这 10 所大学中编委任职 4 本以上期刊的编委名单(包括 4 本,下同),共有 52 人(见附录 3 中的附表 3-1)。我们发现这里存在少数编委任职期刊的数量较多的现象。如 Steven V. Ley, Keiji Maruoka, Chad A. Mirkin 等学者分别任职 15、11、10 本期刊。任职 5 本及以上的期刊有 27 人,而这 10 所大学中总有 449 人担任编委,前者占后者的 6%。我们也由此猜测可能就所有期刊所有大学的编委而言,编委任职的期刊数量也呈现右偏分布,即少数编委任职的期刊较多,而多数编委任职的期刊数量较少。

表 4-1 化学学科编委数量前 10 强大学去重后的编委数量统计

大　　学	编委数量	编委数量排名	去重后编委数量	去重后排名	平均 1 人任职期刊数
东京大学	118	1	60	1	1.97
苏黎世联邦理工学院	85	2	50	2	1.70
西北大学(美国)	83	3	35	10	2.37
加州大学伯克利分校	80	4	44	6	1.82
京都大学	78	5	48	3	1.63
剑桥大学	76	6	45	5	1.69
麻省理工学院	75	7	46	4	1.63
威斯康辛大学麦迪逊分校	73	8	42	7	1.74
北京大学	72	9	40	8	1.80
伊利诺伊大学厄巴纳—香槟分校	70	10	39	9	1.79
10 所大学总计	810	/	449	/	1.80

4.2　化学学科普通最小二乘回归分析

本节运用普通最小二乘回归方法对化学学科中大学的编委数量与论文数量、总被引频次、篇均被引、h 指数进行相关性分析,以编委数量作为自变量,以论文数量、总被引频次、篇均被引、h 指数分别作为因变量,重点关注自变量对于因变量条件分布的平均影响。表 4-2 给出了这些变量的描述性统计。

表 4-2　化学学科变量的描述性统计

变量名称	均值	标准误差	中位数	最小值	最大值
编委数量	7.30	11.45	3.00	1.00	118.00
论文数量	505.27	631.65	283.00	0.00	4 870.00
总被引频次	4 938.69	7 502.10	2 125.00	0.00	63 009.00
篇均被引	9.76	3.45	9.52	2.99	24.68
h 指数	23.44	14.77	21.00	0.00	94.00

我们运用普通最小二乘法对大学的编委数量与论文数量、总被引频次、篇均被引、h 指数四个回归方程进行估计。运用怀特异方差检验发现在四个回归方程中均存在异方差。当回归方程中出现异方差时,最小二乘回归的估计结果将不再具有有效性,因此我们运用怀特异方差一致协方差方法对回归方程中的标准误差及 t 值进行校对。校对后的普通最小二乘回归结果如表 4-3 所示,从研究结果来看,编委数量与论文数量、总被引频次、篇均被引、h 指数四个回归方程整体上均通过了显著性检验。由表 4-3 的 A 部分可见,编委数量对论文数量的回归系数为正,且在 1% 的显著水平上显著,表明化学学科中,一所大学的编委数量与科研产出数量具有显著的正向相关关系。表 4-3 的 B—C 部分分别显示,编委数量与总被引频次、篇均被引、h 指数分别在 1% 的显著性水平上显著正相关,这表明化学学科中,一所大学的编委数量不仅与科研产出数量,同时也与科研产出质量具有显著的正向相关关系。虽然编委数量与四个科研产出指标均具有显著的正向相关关系,均在 1% 的显著水平上通过了统计检验。但是从拟合优度 R^2 来看,编委数量与论文数量、兼顾反映论文数量与质量的总被引频次、h 指数的相关性较高(R^2 分别为 50.1%,66%,55%),而与更加突出反映质

量的篇均被引的相关性则相对较低(R^2 为 30.1%)。几者之间相关性的差异也可由图 4-2~4-5 的散点图来看出：编委数量与总被引频次的散点相对最为紧密，而与篇均被引的散点则相对较为松散。

表 4-3　化学学科普通最小二乘回归结果

	回归系数	标准误差	t 值	显著性
Panel A：因变量(论文数量)				
编委数量	39.072*	1.958	19.957	0.000
常数项	220.159*	13.527	16.276	0.000
R^2				0.501
F-test			$F=1\ 392.597(P=0.000)$	
怀特异方差检验			$\chi^2=71.026(P=0.000)$	
Panel B：因变量(总被引频次)				
编委数量	532.534*	23.510	22.651	0.000
常数项	1 052.762*	140.851	7.474	0.000
R^2				0.660
F-test			$F=2\ 691.370\ (P=0.000)$	
怀特异方差检验			$\chi^2=144.855\ (P=0.000)$	
Panel C：因变量(篇均被引)				
编委数量	0.123*	0.013	9.441	0.000
常数项	7.906*	0.203	38.947	0.000
R^2				0.301
F-test			$F=227.421\ (P=0.000)$	
怀特异方差检验			$\chi^2=31.759\ (P=0.000)$	
Panel D：因变量(h 指数)				
编委数量	0.957*	0.052	18.258	0.000
常数项	16.458*	0.401	41.011	0.000
R^2				0.550
F-test			$F=1\ 690.913\ (P=0.000)$	
怀特异方差检验			$\chi^2=298.342\ (P=0.000)$	

注：编委数量与论文数量、总被引频次、篇均被引、h 指数四个回归方程中，标准误差与 t 值为怀特异方差一致协方差方法校对后的值。* 表示在 1% 的水平上显著。

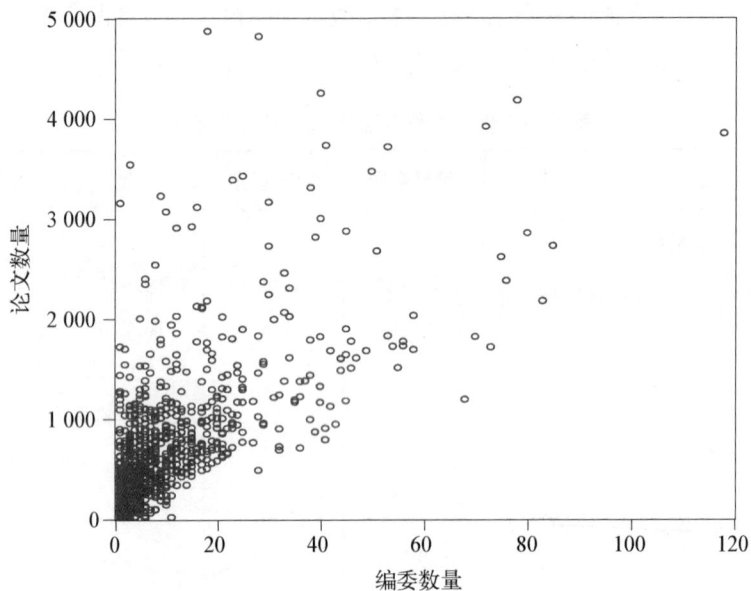

图4-2 化学学科大学编委数量与论文数量的相关性

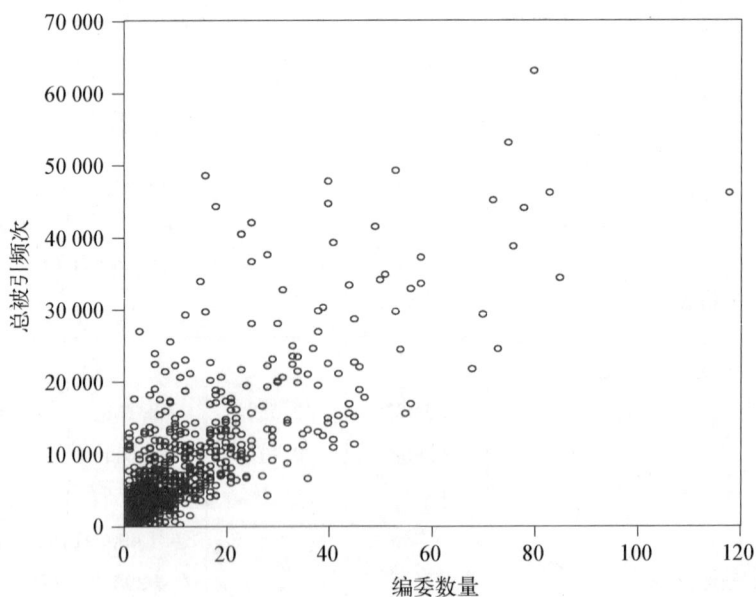

图4-3 化学学科大学编委数量与总被引频次的相关性

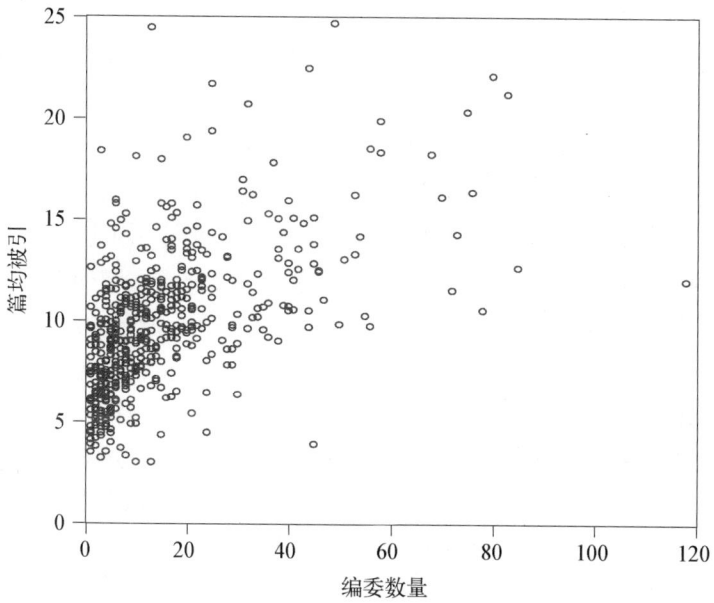

图 4-4　化学学科大学编委数量与篇均被引的相关性

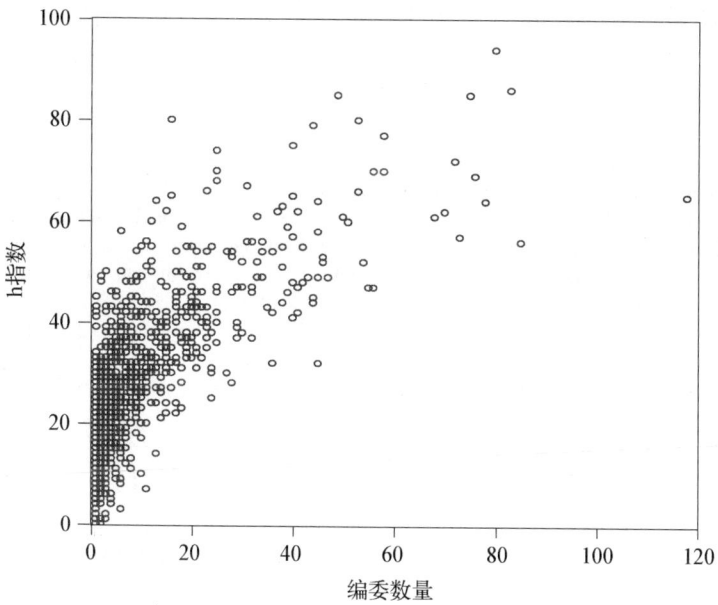

图 4-5　化学学科大学编委数量与 h 指数的相关性

　　以往也有部分研究对大学的编委数量与科研产出的相关性在某一学科中进行了实证检验,例如 Sussmuth 等人[①]在经济学学科中、Trieschmann 和 Dennis 等人[②]在管理学与商学学科中对大学的编委数量与科研产出数量进行了回归分析。还有部分研究将编委数量作为学科排名与本领域的其他基于科研产出的学科排名进行了比较或相关分析[③-⑦],这些研究也多集中于经济与管理领域,且多是将基于编委数量的学科排名与基于科研产出数量的学科排名进行相关分析,涉及科研产出质量的学科排名较少。与这些研究不同的是,我们在化学这一自然科学学科中基于 1 387 所大学这一大样本不只对大学的编委数量与科研产出数量进行相关性实证检验,同时也与涉及科研产出质量的总被引频次、篇均被引、h 指数等科学计量学指标进行了相关性检验。我们发现大学的编委数量不仅与科研产出数量具有显著的正相关关系,同时也与这些涉及科研产出质量的计量学指标具有显著的正相关关系,且编委数量与总被引频次、h 指数的相关性较高,说明我们区分科研产出数量与质量是有意义的,特别是篇均被引、h 指数这两个涉及科研产出质量的指标在以往的研究中还没有报道。

　　此外,从研究的结果来看,就大学编委数量与科研产出数量相关性的结果而言,我们与大部分文献的结果较为一致:即大学编委数量与科研产出数量的相关性较高,而与 Musambira 和 Hastings 的结果不一致:也即大学编委数量与科研产出数量的相关性较低[⑧]。而关于大学编委数量与科研产出质量,就仅有的几次涉及总被引频次的研究来看,我们与 Gibbons 和 Fish 的结果较为一致:即

① Sussmuth B, Steininger M, & Ghio S. Towards a European economics of economics: Monitoring a decade of top research and providing some explanation[J]. Scientometrics, 2006, 66(3), 579 - 612.

② Trieschmann J S, & Dennis A R. Serving multiple constituencies in business schools M. B. A. program versus research performance[J]. Academy of Management, 2000, 43(6), 1130 - 1136.

③ Kaufman G G. Rankings of finance department by faculty representation on editorial boards of professional journal: A note[J]. Journal of Finance, 1984, 39(4), 1189 - 1195.

④ Gibbons J D, & Fish M. Rankings of economics faculties and representation on editorial boards of top journals[J]. Journal of Economic Education, 1991, 22(4), 361 - 366.

⑤ Chan K C, & Fok R C. Membership on editorial boards and finance department rankings[J]. Journal of Financial Research, 2003, 26(3), 405 - 420.

⑥ Musambira G W, & Hastings S O. Editorial board membership as scholarly productivity: An analysis of selected ICA and NCA journals 1997 - 2006[J]. The Review of Communication, 2008, 8(4), 356 - 373.

⑦ Burgess T F, & Shaw N E. Editorial board membership of management and business journals: A social network analysis study of the Financial Times 40[J]. British Journal of Management, 2010, 21 (3), 627 - 648.

⑧ Musambira G W, & Hastings S O. Editorial board membership as scholarly productivity: An analysis of selected ICA and NCA journals 1997 - 2006[J]. The Review of Communication, 2008, 8(4), 356 - 373.

大学编委数量与总被引频次相关性较高[1]，而与 Burgess 和 Shaw、Frey 和 Rost 等人的结果有所不同：也即大学编委数量与总被引频次的相关性不高[2-3]。我们认为结果存在差异的原因可能有以下三点：

首先可能是源于样本量大小的差异。我们选取了化学学科中拥有 SCI 期刊编委的大学达到 1 387 所大学之多。而以往的研究多是选取编委数量排名靠前或科研产出排名靠前的学校，最多的如 Sussmuth 等人的研究中选取了 200 所左右的大学，这也远低于本研究化学学科中的样本数量[4]。而其他研究中的样本量则更少，多为前 20—50 名左右的大学，而 Burgess 和 Shaw 的研究中只搜集了 24 所院校编委数量的信息，将其与被引排名作斯皮尔曼相关系数分析时，只获取了 18 所院校的被引排名数据[5]。而相关系数的显著与否以及相关性的强弱与样本量在统计学上是有着密切联系的。从统计学理论的角度来看，"当 $n=15$ 时，对于 $r=0.3$ 这个相关系数，它与 0 是没有显著差异的，不能拒绝原假设，也就是说不相关或弱相关"[6]。从直观经验的角度看，样本量过少，误差的概率随之增大，数据点过少可能无法很好地将两者真实的相关性体现出来，特别是当变量的取值范围较小时可能表现得更加明显，例如反映在散点图上两者的关系很可能只是密密麻麻的一团而无法看出两者相关性的规律。Burgess 和 Shaw 的研究中将编委数量排名与总被引排名进行斯皮尔曼相关系数分析的样本大学只有 18 所，其相关系数没有通过统计检验可能就属于这种情况[7]。因此，样本量大小可能是影响结果差异的一个重要原因。

第二个原因可能来自不同研究中对于相关性的测量方法不同。我们在化学学科中的研究主要是以编委数量对各个科研产出指标的回归系数是否通过

① Gibbons J D, & Fish M. Rankings of economics faculties and representation on editorial boards of top journals[J]. Journal of Economic Education, 1991, 22(4), 361 - 366.
② Burgess T F, & Shaw N E. Editorial board membership of management and business journals: A social network analysis study of the Financial Times 40[J]. British Journal of Management, 2010, 21 (3), 627 - 648.
③ Frey B S, & Rost K. Do rankings reflect research quality? [J]. Journal of Applied Economics, 2010, 13(1), 1 - 38.
④ Sussmuth B, Steininger M, & Ghio S. Towards a European economics of economics: Monitoring a decade of top research and providing some explanation[J]. Scientometrics, 2006, 66(3), 579 - 612.
⑤ Burgess T F, & Shaw N E. Editorial board membership of management and business journals: A social network analysis study of the Financial Times 40[J]. British Journal of Management, 2010, 21 (3), 627 - 648.
⑥ 柯慧新，沈浩. 调查研究中的统计分析法[M]. 北京：中国传媒大学出版社，2005.
⑦ Burgess T F, & Shaw N E. Editorial board membership of management and business journals: A social network analysis study of the Financial Times 40[J]. British Journal of Management, 2010, 21 (3), 627 - 648.

显著性检验以及编委数量与各个科研产出指标的相关系数 R 的平方——也即各个回归方程的拟合优度来判定相关性程度。以往的研究很多是通过列出清单或散点图通过对比编委数量排名与科研产出排名各自靠前院校的重叠程度,以此判定两者的相关性强弱。在 Frey 和 Rost 的研究中,他们通过做出100 所大学的被引排名与编委数量排名的散点图来观察两者的重合程度,发现编委数量排名在 10 名以后的院校,两者的重叠程度较小,很多编委数量排名靠前的院校并没有出现在被引排名前 100 名中[①]。我们认为由此判断两者的相关性较为主观,从他们所作出的散点图看仍能看出编委数量排名与被引频次排名两者之间的线性趋势。因此,对于相关性的测量方法不同可能是造成结果差异的另一个原因。

　　第三,学科性质的差异。以往大学编委数量与科研产出相关性的研究多集中于经济、管理学领域。来自于传播学学科中 Musambira 和 Hastings 的研究则表明大学编委数量排名与一些基于论文数量的排名相关性较低,与我们在化学学科中的实证结果相反,也与多数经济管理类的研究结果相反[②]。我们的一个猜想是大学编委数量与科研产出的相关性可能在自然科学领域要比人文社会科学领域(除经济管理类)表现得更加明显。自然科学类的成果往往更多的以期刊论文的形式展现,且成果较人文社会科学更具普遍性,因此自然科学中可能更能体现编委数量与论文数量质量的规律。而对于人文社会科学来说,除期刊论文外,著作、书籍等也是非常重要的成果表现形式,且人文社会科学研究对象往往具有一定的地域性限制,其成果不如自然科学成果更具有普遍性、国际性,人文社会科学学者也不如自然科学领域的学者在国际期刊上发表的论文多[③],因此,编委数量与论文产出的关系在人文社会科学领域可能表现得不明显。而经济学、管理学等学科虽然也属于社会科学类,但相比其他人文社会科学高度规则化,成果也更具国际化[④],经管类学科大量应用数理模型也使其更具"硬科学"的性质。因此,学科间性质的差异可能是造成 Musambira 和 Hastings 的研究结果与我们的研究以及其他多数经管类的实证结果不一致的原因。

① Frey B S, & Rost K. Do rankings reflect research quality? [J]. Journal of Applied Economics, 2010, 13(1), 1 - 38.

② Musambira G W, & Hastings S O. Editorial board membership as scholarly productivity: An analysis of selected ICA and NCA journals 1997 - 2006 [J]. The Review of Communication, 2008, 8(4), 356 - 373.

③ 斯文·基维克,王学兴. 从挪威看社会科学的国际性[J]. 国际社会科学杂志: 中文版,1989,(1): 169 - 179.

④ 刘莉. 改革开放三十年我国大陆 SSCI 论文定量研究——兼论社会科学研究国际化[D]. 上海: 上海交通大学, 2009.

4.3 化学学科编委数量不同数据段大学的分组统计

由于普通最小二乘回归的结果较为粗糙,为了进一步细致分析大学编委数量与科研产出的相关性,我们对大学编委数量按不同数据段进行分组,分别计算每组中大学编委数量的平均值以及各个科研产出指标的平均值,然后根据每组的平均值绘出他们关系的折线图,以期精确分析大学编委数量不同取值范围内其与科研产出关系的特点,给出两者关系的全貌。

在化学学科中,首先按编委数量由低到高进行排序。由于分组过少容易遗漏重要信息,不容易细致刻画编委数量不同数据段大学的编委数量与科研产出的特征,而分组过多则同样由于将样本截断得过细而忽略上述两者关系的特征和规律。我们这里人为主观地按编委数量 5 人次分为一组,如编委数量为 1—5 人的分为一组,6—10 人为一组……依次往上类推。由前述化学学科编委数量分布可知,化学学科中编委数量的分布呈现明显的右偏态,化学学科编委数量在 40 人次以上的大学较少,如继续按 5 人次进行分组则会出现每组大学过少的情况,因此根据化学学科编委数量分布的实际情况,将 41—50 人分为一组,51—70 人分为一组,70 人以上为一组,共计 11 组。分别计算每组大学编委数量、论文数量、总被引频次、篇均被引、h 指数的平均值(见表 4-4),并将编委数量的平均值分别与科研产出 4 个指标的平均值绘制成折线图(见图 4-6~4-9)。

表 4-4 化学学科编委数量不同数据段大学分组统计数据

编委数量分组	组内编委数量平均值	组内论文数平均值	组内总被引平均值	组内篇均被引平均值	组内 h 指数平均值
1—5	2.104	247.938	1 830.570	7.044	16.375
6—10	7.667	661.728	5 988.631	9.070	29.549
11—15	12.773	852.068	8 672.909	10.100	35.148
16—20	18.000	1 133.536	12 545.107	11.136	40.679
21—25	22.725	1 220.000	13 878.675	11.346	43.400
26—30	28.600	1 801.733	17 103.733	10.069	43.800

（续　表）

编委数量 分组	组内编委 数量平均值	组内论文数 平均值	组内总被引 平均值	组内篇均 被引平均值	组内 h 指数 平均值
31—35	32.929	1 494.000	18 592.714	12.949	51.143
36—40	38.333	1 829.200	22 714.200	12.735	52.933
41—50	44.444	1 748.611	21 620.000	13.163	54.111
51—70	57.455	1 969.727	29 514.182	15.234	62.909
70 以上	82.222	2 933.333	43 866.111	15.641	72.000

大学编委数量与论文数量的关系如图 4-6 所示,结合表 4-4 来看,两者呈现明显的线性关系：论文数量随着编委数量数据段的上升而上升,折线图整体上较为陡峭。除编委数量在 26—50 人次这一数据段之间,论文数量在 1 700 左右略有波动外,在编委数量其他不同数据段,两者的线性相关程度基本一致：例如编委在 50 人次以上和在 25 人次以下时,折线均较为陡峭。

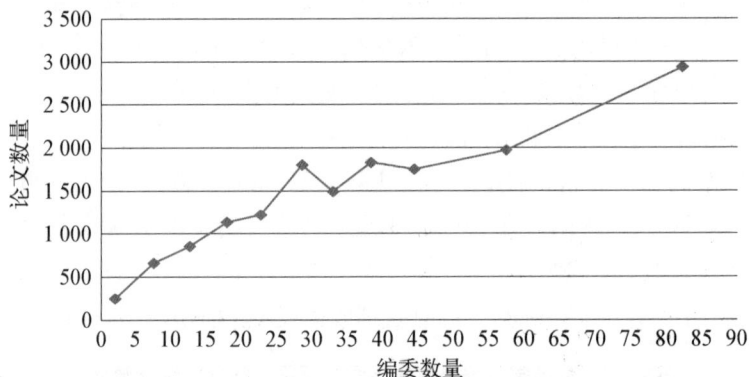

图 4-6　化学学科大学编委数量与论文数量的分组统计

大学编委数量与总被引频次的关系如图 4-7 所示,两者也呈现明显的线性关系,总被引频次随着编委数量数据段的上升而上升,折线图整体上较为陡峭,结合表 4-4 来看,编委数量在由 36—40 人次升到 41—50 人次数据段时,总被引频次略有下降,而在其他数据段中,两者的线性相关程度基本一致。

大学编委数量与篇均被引的关系如图 4-8 所示,两者整体上呈现线性关系,但是这种线性相关程度在不同数据段中的表现又不尽相同。结合表 4-4,当编委数量在 25 人次以下时,这种线性关系较为明显,折线较为陡峭。而在编委数量达到 31 人次以上时,两者虽然也呈现线性关系,但是折线变得较为平缓,

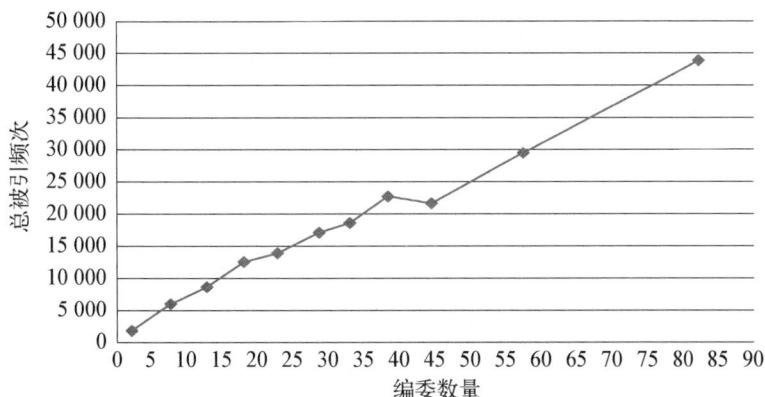

图 4-7　化学学科大学编委数量与总被引频次的分组统计

篇均被引随编委数量的增加速度变缓,可能的原因是由于边际效应递减所致,在大学的编委数量已经很高,学科水平已经很强时,编委数量的提升对于文章篇均被引的影响变小;而更加注重反映质量的篇均被引指标可能也更多地取决于其他因素,如文章本身的质量,而与编委的相关性相对来说可能不大。

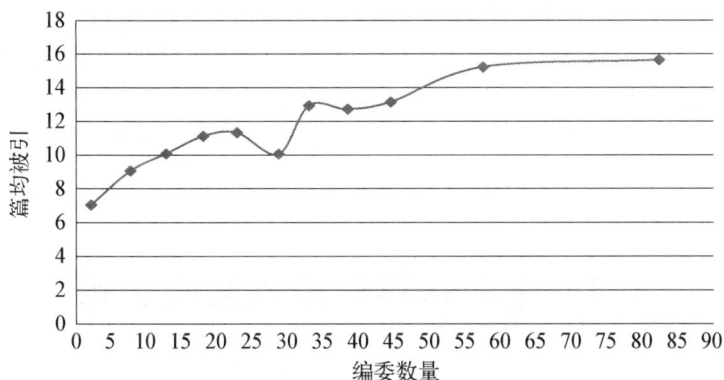

图 4-8　化学学科大学编委数量与篇均被引的分组统计

　　大学编委数量与 h 指数的关系如图 4-9 所示,两者呈现明显的线性关系,h指数随着编委数量数据段的上升而上升,且在编委数量不同数据段,两者的线性相关程度基本一致。

　　总的来看,化学学科中大学编委数量与论文数量、总被引频次、h 指数的相关性较为明显,相关程度在编委数量的不同数据段中基本一致。而大学编委数量与篇均被引的相关程度则在编委数量的不同数据段中有所不同。而上述这两点正好也与普通最小二乘回归结果中"大学编委数量与论文数量、总被引频次、h

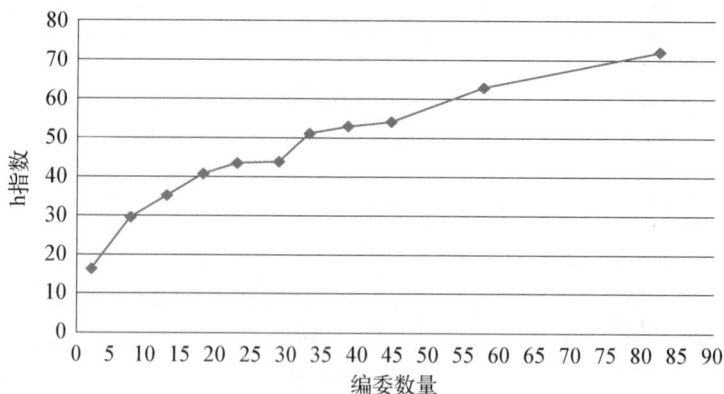

图4-9　化学学科大学编委数量与 h 指数的分组统计

指数相关性较高,而与篇均被引相关性较低"有着很好的印证。因此,我们将这些共有的特点放在第 7 章与计算机、经济学中的结果一起进行讨论,这里就不再展开。化学学科中,编委数量达到 19 人次时,就已经位于所有样本大学的前10%,而编委数量与篇均被引相关程度的不同也发生在这一高端数据段。这也表明,以往研究中只考察编委数量靠前的大学,但即使在编委数量高端内部,大学编委数量与论文数量、总被引频次、篇均被引、h 指数等科研产出指标的相关性也会有所不同或相同。通过分组统计分析展现了以往研究中观测不到的信息,更加细致全面地刻画了化学学科中大学编委数量与科研产出两者之间的关系。

4.4　化学学科分位数回归分析

前述化学学科中普通最小二乘回归主要关注的是大学编委数量对于科研产出的"平均影响",然而,人们可能关心的是在化学学科中,当大学科研产出位于条件分布的不同位置时(如科研产出的 30% 或 70% 分位点),编委数量与科研产出的相关性是否会有所不同? 前述普通最小二乘回归没有很好地回答这个问题。此外,在前述化学学科中的怀特异方差检验证实大学的编委数量与论文数量、总被引频次、篇均被引、h 指数四个回归方程中均存在异方差,而从散点图4-2、图 4-3 等来看,论文数量、总被引频次等散点随着编委数量的增加呈现发散的趋势,这也是典型的异方差特征。如果追寻着这种发散的轨迹,我们可能会在科研产出条件分布的不同位置(不同分位点)得到不同的回归直线:例如在

图 4 - 10 中,R 为根据普通最小二乘回归结果拟合的回归线,R1 为相对较高分位点处的回归线,而 R2 为相对较低分位点处的回归线,也即大学的编委数量与科研产出的相关性可能在科研产出条件分布的不同位置时会有所不同。而分位数回归恰恰估计的是因变量位于条件分布的不同分位点时如何受到自变量的影响,该方法的特点之一正是容许方程中异方差的存在。因此根据化学学科中样本数据的特点,进一步运用分位数回归方法探究大学编委数量与科研产出的关系,以期获得两者关系的全貌。

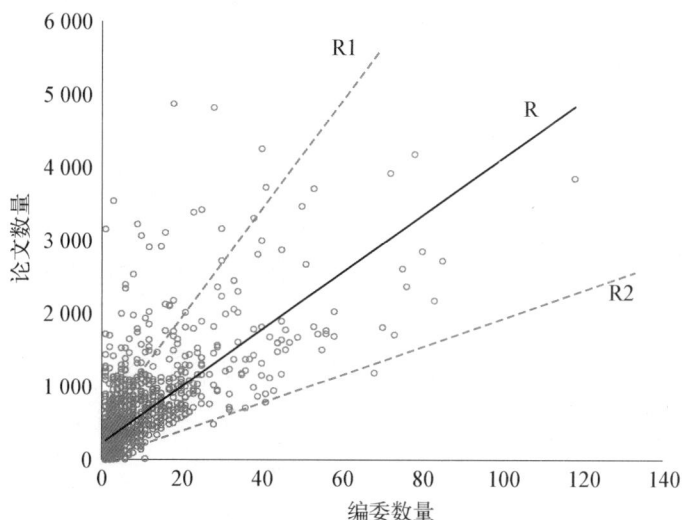

图 4 - 10 　 化学学科大学编委数量与论文数量不同分位点回归线示意图

这里仍以编委数量作为自变量,论文数量、总被引频次、篇均被引、h 指数分别作为因变量,并将论文数量、总被引频次、篇均被引、h 指数各以 5% 为间隔,分为 19 个分位点。分位数回归结果如表 4 - 5(5%—50%)和表 4 - 6(50%—95%)所示。对于每一个分位点,我们提供以下数据:每个分位点下的第一行值为回归系数值,中间一行为标准误差,最后一行为 P 值。我们也提供 R^2 来考察每个分位数回归模型的拟合优度。

表 4 - 5 和表 4 - 6 结果显示,编委数量对于论文数量的所有回归系数全部为正,在 1% 的显著水平上全部通过显著性检验。且回归系数从 5% 分位点的 22.46 逐渐增加到 95% 分位点的 84.71。在 95% 分位点,回归系数是中位数点的 2.2 倍,是 5% 分位点的 3.8 倍。拟合优度 R^2 也从低分位点到高分位点基本上呈逐渐增高的趋势。这些结果表明,在化学学科中,当一所大学的论文数量位于条件分布的越高(低)分位点时,编委数量对它的影响系数也越大(小)。

表4-5　化学学科分位数回归结果(percentiles 5%~50%)

	5	10	15	20	25	30	35	40	45	50
Panel A: 因变量(论文数量)										
编委数量	22.462	26.452	29.762	31.884	32.530	33.652	34.667	35.686	36.647	38.781
	1.469	1.463	1.434	0.936	0.840	0.986	1.211	1.437	1.917	2.625
	0.000	0.000	0.000	0.000	0.000	0.000	0.000	0.000	0.000	0.000
常数项	-19.923	-13.357	-7.762	1.279	11.470	26.348	41.333	59.629	80.706	97.219
	2.711	3.126	4.242	3.433	3.952	6.384	6.512	8.655	9.700	11.843
	0.000	0.000	0.068	0.710	0.004	0.000	0.000	0.000	0.000	0.000
R^2	0.212	0.253	0.280	0.301	0.315	0.325	0.333	0.342	0.347	0.352
Panel B: 因变量(总被引频次)										
编委数量	270.080	299.620	331.415	368.098	390.300	405.560	443.000	473.333	503.450	547.238
	13.975	13.044	12.051	15.570	11.976	16.675	22.406	25.360	26.791	25.087
	0.000	0.000	0.000	0.000	0.000	0.000	0.000	0.000	0.000	0.000
常数项	-440.160	-299.619	-280.829	-279.098	-240.300	-159.560	-150.000	-71.333	4.550	30.524
	61.621	24.895	21.213	29.240	28.413	38.676	58.369	71.352	72.787	84.805
	0.000	0.000	0.000	0.000	0.000	0.000	0.010	0.318	0.950	0.719
R^2	0.210	0.275	0.312	0.338	0.359	0.376	0.391	0.407	0.423	0.438

（续　表）

	5	10	15	20	25	30	35	40	45	50
				Panel C: 因变量（篇均被引）						
编委数量	0.079	0.095	0.111	0.115	0.123	0.129	0.127	0.132	0.127	0.140
	0.017	0.016	0.018	0.016	0.013	0.013	0.012	0.012	0.015	0.017
	0.000	0.000	0.000	0.000	0.000	0.000	0.000	0.000	0.000	0.000
常数项	4.360	5.021	5.379	5.845	6.053	6.284	6.653	6.875	7.224	7.430
	0.222	0.193	0.268	0.230	0.179	0.205	0.222	0.195	0.241	0.267
	0.000	0.000	0.000	0.000	0.000	0.000	0.000	0.000	0.000	0.000
R^2	0.092	0.128	0.143	0.156	0.165	0.171	0.172	0.170	0.165	0.161
				Panel D: 因变量（h 指数）						
编委数量	0.779	0.840	0.901	0.949	1.000	1.000	1.025	1.056	1.083	1.091
	0.076	0.062	0.060	0.047	0.051	0.050	0.047	0.054	0.055	0.048
	0.000	0.000	0.000	0.000	0.000	0.000	0.000	0.000	0.000	0.000
常数项	3.221	5.160	7.099	8.154	9.000	11.000	11.975	12.944	14.167	14.909
	0.303	0.422	0.525	0.491	0.509	0.460	0.403	0.512	0.530	0.357
	0.000	0.000	0.000	0.000	0.000	0.000	0.000	0.000	0.000	0.000
R^2	0.181	0.212	0.231	0.252	0.268	0.283	0.295	0.310	0.325	0.339

注：对每一个分位点，我们提供以下数据：回归系数值，标准误差，P 值以及拟合优度 R^2。其中斜体加粗为在 5% 水平上显著。

表 4-6　化学学科分位数回归结果（percentiles 50%～95%）

	50	55	60	65	70	75	80	85	90	95
Panel A: 因变量（论文数量）										
编委数量	38.781	42.250	46.500	49.364	51.873	55.125	60.188	63.680	70.833	84.706
	2.625	3.352	3.295	2.896	2.957	3.645	5.056	4.148	6.876	10.299
	0.000	0.000	0.000	0.000	0.000	0.000	0.000	0.000	0.000	0.000
常数项	97.219	110.750	125.500	151.273	184.164	220.625	254.625	335.960	451.500	652.294
	11.843	12.913	15.120	15.035	16.028	17.777	27.071	31.396	44.562	76.520
	0.000	0.000	0.000	0.000	0.000	0.000	0.000	0.000	0.000	0.000
R^2	0.352	0.357	0.362	0.366	0.369	0.370	0.368	0.367	0.367	0.368
Panel B: 因变量（总被引频次）										
编委数量	547.238	561.078	590.714	632.404	659.958	685.429	742.824	775.000	882.333	1 109.000
	25.087	22.574	27.574	24.691	22.704	29.924	32.735	56.425	65.438	111.888
	0.000	0.000	0.000	0.000	0.000	0.000	0.000	0.000	0.000	0.000
常数项	30.524	230.922	366.286	471.597	699.167	918.714	1 241.158	1 761.000	2 443.333	3 369.000
	84.805	79.542	88.647	84.611	103.216	131.468	152.012	260.389	311.466	587.190
	0.719	0.004	0.000	0.000	0.000	0.000	0.000	0.000	0.000	0.000
R^2	0.438	0.454	0.468	0.482	0.495	0.507	0.517	0.524	0.531	0.536

（续　表）

	50	55	60	65	70	75	80	85	90	95
Panel C：因变量（篇均被引）										
编委数量	*0.140*	*0.135*	*0.148*	*0.148*	*0.150*	*0.149*	*0.156*	*0.151*	*0.157*	*0.151*
	0.017	*0.019*	*0.018*	*0.015*	*0.012*	*0.012*	*0.011*	*0.015*	*0.024*	*0.058*
	0.000	*0.000*	*0.000*	*0.000*	*0.000*	*0.000*	*0.000*	*0.000*	*0.000*	*0.009*
常数项	7.430	7.843	8.141	8.444	8.761	9.147	9.485	10.008	10.715	12.368
	0.267	0.305	0.286	0.255	0.215	0.229	0.174	0.315	0.347	0.878
	0.000	0.000	0.000	0.000	0.000	0.000	0.000	0.000	0.000	0.000
R^2	0.161	0.163	0.168	0.175	0.184	0.193	0.205	0.214	0.213	0.205
Panel D：因变量（h 指数）										
编委数量	*1.091*	*1.118*	*1.156*	*1.173*	*1.167*	*1.167*	*1.200*	*1.269*	*1.320*	*1.375*
	0.048	*0.060*	*0.065*	*0.058*	*0.055*	*0.061*	*0.077*	*0.068*	*0.117*	*0.188*
	0.000	*0.000*	*0.000*	*0.000*	*0.000*	*0.000*	*0.000*	*0.000*	*0.000*	*0.000*
常数项	*14.909*	*15.882*	*16.688*	*17.827*	*18.833*	*20.667*	*21.600*	*23.154*	*26.080*	*30.625*
	0.357	*0.415*	*0.503*	*0.526*	*0.458*	*0.566*	*0.394*	*0.740*	*0.920*	*1.279*
	0.000	*0.000*	*0.000*	*0.000*	*0.000*	*0.000*	*0.000*	*0.000*	*0.000*	*0.000*
R^2	0.339	0.350	0.359	0.369	0.378	0.386	0.393	0.392	0.387	0.392

注：对每一个分位点，我们提供以下数据：回归系数数值，标准误差，P 值以及拟合优度 R^2。其中斜体加粗为在 5% 水平上显著。

编委数量与总被引频次的关系与上述结果类似,编委数量对于总被引频次的所有回归系数全部为正,在 1% 的显著水平上全部通过显著性检验。回归系数从 5% 分位点的 270.08 逐渐增加到 95% 分位点的 1 109。在 95% 分位点,回归系数是中位数点的 2 倍,是 5% 分位点的 4.1 倍。拟合优度 R^2 也从低分位点到高分位点逐渐增高。这些结果表明,在化学学科中,当一所大学的总被引频次位于条件分布的越高(低)分位点时,编委数量对它的影响系数也越大(小)。

就编委数量与篇均被引的关系来看,编委数量对于篇均被引的所有回归系数全部为正,在 1% 的显著水平上全部通过显著性检验。回归系数从低分位点到高分位点基本上呈现逐渐增加的趋势。但是趋势并不十分明显,回归系数在中间部分分位点略有波动,且拟合优度相对较低(R^2 为 9.2%—21.4%)。总体来看,在化学学科中,当一所大学的篇均被引位于条件分布的越高(低)分位点时,编委数量对它的影响系数也越大(小)。

就编委数量与 h 指数的关系来看,编委数量对于 h 指数的所有回归系数全部为正,在 1% 的显著水平上全部通过显著性检验。且回归系数从 5% 分位点的 0.78 逐渐增加到 95% 分位点的 1.38。拟合优度 R^2 也从低分位点到高分位点基本上呈逐渐增高的趋势。这些结果表明,在化学学科中,当一所大学的 h 指数位于条件分布的越高(低)分位点时,编委数量对它的影响系数也越大(小)。

图 4-11~4-14 刻画了化学学科中大学的编委数量与科研产出(论文数量、总被引频次、篇均被引、h 指数)关系的分位数回归与普通最小二乘回归的对比结果。由这四幅图可以看出:随着分位点的逐渐增高,编委数量对于论文数量、总被引频次、篇均被引、h 指数的回归系数均呈现逐渐增大的趋势。同时,分位数回归结果与普通最小二乘回归结果的对比表明:化学学科中,编委数量对论文数量、总被引频次、篇均被引、h 指数的回归系数分别在 55% 分位点、50% 分位点、25% 分位点、25% 分位点及以上时要高于均值回归的结果,而在上述四个分位点以下时要低于均值回归的结果;也即在上述这四个分位点及以上时,普通最小二乘回归低估了编委数量与他们的关系,而在上述四个分位点以下时,普通最小二乘回归高估了编委数量与他们的关系。由此可见,分位数回归呈现了普通最小二乘回归无法观测到的更加全面完整的信息。

总的来看,化学学科中分位数回归结果呈现这样一种有规律的现象:当一所大学的科研产出指标位于条件分布的越高(低)分位点时,编委数量对这些科研产出指标的影响系数也越大(小)。尽管从已有的文献来看,目前还没有直接用分位数回归方法分析大学编委数量与科研产出的报道。但是有部分研究将涉及科研产出的变量(如科研团队或大学的论文数量)作为因变量,用分位数回归

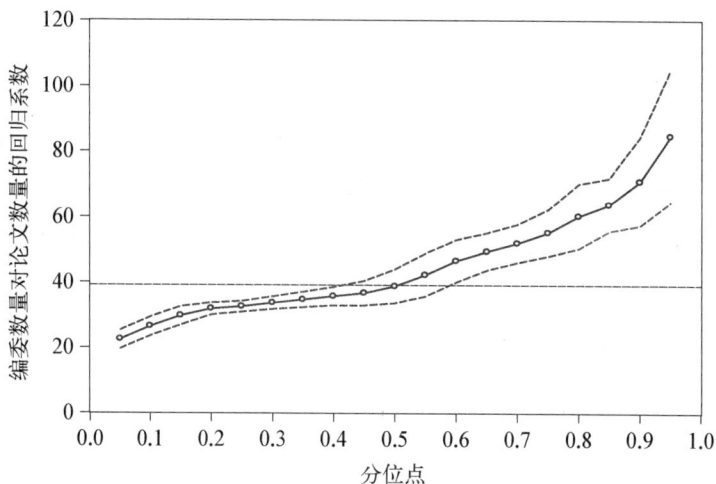

图 4 - 11　化学学科大学论文数量分位数回归与普通最小二乘回归结果比较

　　注：水平虚线为普通最小二乘回归结果，圆圈曲线为分位数回归结果，曲虚线为其 95％置信区间。

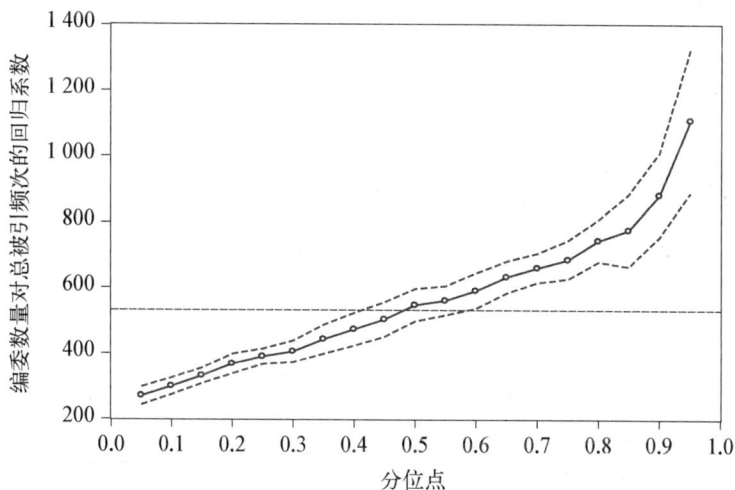

图 4 - 12　化学学科大学总被引频次分位数回归与普通最小二乘回归结果比较

　　注：水平虚线为普通最小二乘回归结果，圆圈曲线为分位数回归结果，曲虚线为其 95％置信区间。

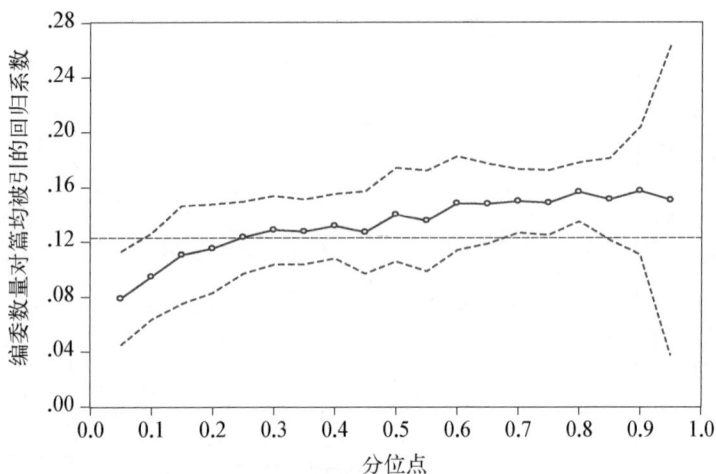

图 4-13　化学学科大学篇均被引分位数回归与普通最小二乘回归结果比较

　　注：水平虚线为普通最小二乘回归结果，圆圈曲线为分位数回归结果，曲虚线为其 95％置信区间。

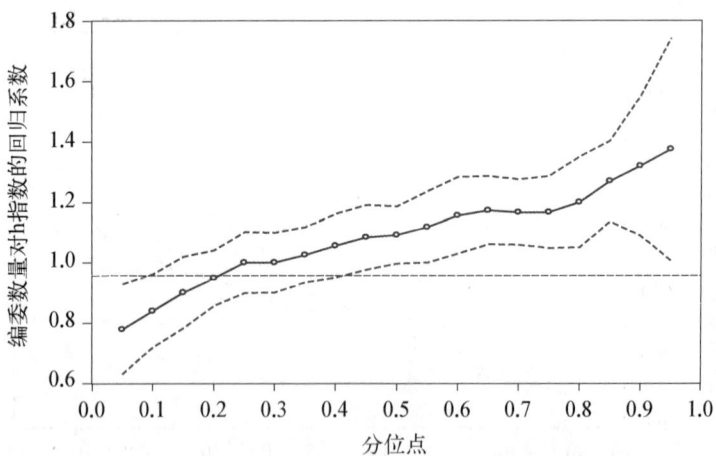

图 4-14　化学学科大学 h 指数分位数回归与普通最小二乘回归结果比较

　　注：水平虚线为普通最小二乘回归结果，圆圈曲线为分位数回归结果，曲虚线为其 95％置信区间。

方法分析其他一些因素与科研产出的关系,如 Danell、Stvilia 等人以及俞立平等人的研究[①-③]。我们的研究结果呈现出一定的规律性,这与 Danell 的研究结果所呈现出的规律较为相似:Danell 在情节记忆、玻色—爱因斯坦凝聚两个研究领域的研究发现论文在过去的被引频次与现在的被引频次之间存在显著的正相关关系,且随着被引频次分位点的提高,两者的相关性越来越强[④]。而与俞立平的研究结果所呈现的规律相反。俞立平运用分位数回归方法在人文社会科学领域中分析了 702 所中国大学的课题科研经费、非课题科研经费、科研人员全时当量三个因素对科研产出数量的影响。其研究结果表明,随着科研产出数量分位点的提高,课题科研经费的弹性系数、科研人员全时当量的弹性系数随之降低[⑤]。俞立平研究中的科研人员全时当量与本研究中的编委变量非常类似,同属科研人力投入类变量,而课题科研经费也属于科研投入类变量,为什么它们随着科研产出数量分位点的提高而对于科研产出的影响逐渐降低呢?

　　造成结果不一致可能有下面两点原因。首先可能是源于对变量数据处理上的差异。在俞立平的研究中,其为减小异方差性,在进行分位数回归之前对所有的变量进行了取自然对数的处理。取自然对数对原有自变量、因变量的数据尺度进行了缩小。科研产出数量与科研经费、科研人员全时当量原有数据的量级可能不同,但是缩小后它们的量级可能变得较为接近,这样很可能会改变自变量与因变量之间真实的关系。我们虽没有俞立平研究中的具体数据,但是这里以我们化学学科中大学编委数量与论文数量的数据分别取自然对数后做出散点图来进行间接的推测分析(见图 4-15)。由图 4-15 可以明显地发现论文数量随着编委数量的增加而呈现收敛的趋势,这与图 4-2 中两者真实的相关关系所展现出的规律正好相反,如果按照图 4-15 中散点收敛的趋势在不同分位点拟合回归线的话,那么就很可能得到与俞立平研究类似

① Danell R. Can the quality of scientific work be predicted using information on the author's track record? [J]. Journal of the American Society for Information Science and Technology, 2011, 62(1), 50-60.

② Stvilia B, Hinnant C C, Schindler K, et al. Composition of scientific teams and publication productivity at a national science lab[J]. Journal of the American Society for Information Science and Technology, 2011, 62(2), 270-283.

③ 俞立平.中国高校人文社科投入要素的贡献研究[J].北京理工大学学报(社会科学版),2012,14(5):32-38.

④ Danell R. Can the quality of scientific work be predicted using information on the author's track record? [J]. Journal of the American Society for Information Science and Technology, 2011, 62(1), 50-60.

⑤ 俞立平.中国高校人文社科投入要素的贡献研究[J].北京理工大学学报(社会科学版),2012,14(5):32-38.

的结果：随着论文数量分位点的提高，编委数量对它的影响系数逐渐减小。取自然对数改变了自变量与因变量两者真实的关系，由此得到的回归估计系数会偏离真实的结果，因此我们没有采取取对数的方法处理数据，这可能是造成我们的结果与俞立平的研究结果不一致的主要原因。当然研究结果的差异可能也与学科性质间的差异有一定的关系，俞立平的研究主要是在人文社会科学中进行的实证检验，而正如在前面化学学科普通最小二乘回归结果中分析的那样，自然科学与人文社会科学有着很大的不同，自然科学中的某些规律也许在人文社会科学中并不适用。例如，对于人文社会科学来说，其对科研经费等投入的依赖性也许不如自然科学强，一些人文学科不需要昂贵的仪器设备，有限的经费可能也能做出一流的研究。因此，学科性质间的差异可能是造成结果不一致的另外一个原因。

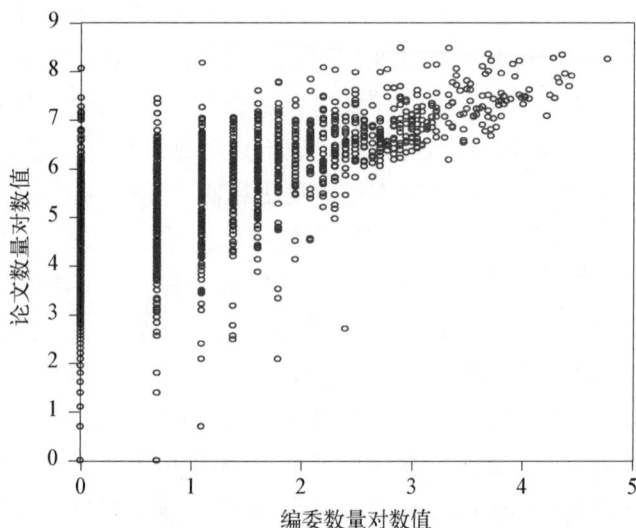

图 4 - 15　化学学科大学编委数量对数值与论文数量对数值的相关性

　　Stvilia 等人在分析科研团队组成人员结构多样性与团队科研产出数量相关性的研究中，其分位数回归结果并没有呈现出某种特别的规律[①]。除上述几个涉及科研产出的研究外，科教管理、技术创新领域虽然还有一些研究运用分位数回归进行了实证，但是也多难以形成有规律的结果，也可能因此缺乏对分位数回

---

① Stvilia B, Hinnant C C, Schindler K, et al. Composition of scientific teams and publication productivity at a national science lab[J]. Journal of the American Society for Information Science and Technology, 2011, 62(2), 270-283.

归结果背后形成原因的探讨[①-③]。正如在前面第 3 章研究方法部分所介绍的，使用分位数回归方法正是考虑到一些遗漏的变量可能影响着大学科研产出的条件分布，在大学科研产出条件分布的不同位置，编委数量对科研产出的影响可能是不同的，我们分位数回归的结果也确实很好地证实了这一点。从图 4-2、图 4-3 等几张散点图来看，随着编委数量的增多，科研产出越来越发散，这也是典型的异方差特征，说明确实可能存在着其他影响大学科研产出的因素。因此，要分析化学学科中分位数回归结果背后的原因，就要分析这些遗漏的影响大学科研产出的因素。对于这些影响因素的讨论，我们结合第 5 章计算机、第 6 章经济学中分位数回归的结果一起放在第 7 章 7.2 节"三学科分位数回归结果的解释"中进行详细论述，这里就不赘述。

本 章 小 结

被喻为国际学术期刊"守门人"的 SCI 期刊编委在学术界扮演着重要角色，他们可能直接或间接影响着一所大学的科研产出。在本章中，我们在化学学科中选取 1 387 所大学为样本，分别运用普通最小二乘回归、按大学编委数量不同数据段分组统计、分位数回归三种方法对这些大学的 SCI 期刊编委数量与论文数量、总被引频次、篇均被引、h 指数进行相关性实证检验。通过将大学编委数量按不同数据段进行分组统计，精确分析大学编委数量不同取值范围内其与大学科研产出关系的特点；通过分位数回归方法，详细刻画大学科研产出位于条件分布不同位置时，大学的编委数量与科研产出相关性的变动差异。上述两种方法分别从侧重编委的角度与侧重科研产出的角度对大学的编委数量与科研产出两者的相关性进行了细致刻画。

从普通最小二乘回归的结果来看，化学学科中大学的编委数量与论文数量、兼顾反映论文数量与质量的总被引频次、h 指数均具有显著的正相关性，且相关

---

① Coad A, & Rao R. Innovation and firm growth in high-tech sectors: A quantile regression approach [J]. Research Policy, 2008, 37(4), 633-648.

② 俞立平,潘云涛,武夷山. 基于分位数回归的期刊影响因子影响因素研究[J]. 图书情报工作,2010,54 (16)：145-149.

③ Ebersberger B, & Herstad S J. The relationship between international innovation collaboration, intramural R&D and SMEs' innovation performance: a quantile regression approach[J]. Applied Economics Letters, 2013, 20(7), 626-630.

性较高。大学的编委数量与更加突出反映质量的篇均被引也具有显著的正相关性,但是相关性较低。

　　从按大学编委数量不同数据段分组统计的结果来看,化学学科中大学编委数量与论文数量、总被引频次、h指数的相关程度在编委数量的不同数据段中基本一致,但是与篇均被引的相关程度则在编委数量的不同数据段中有所不同。上述这一特点也与普通最小二乘回归结果中"大学编委数量与论文数量、总被引频次、h指数相关性较高,而与篇均被引相关性较低"有着很好的印证。

　　从分位数回归的结果来看,化学学科中大学的编委数量与论文数量、总被引频次、篇均被引、h指数在所有分位点均具有显著的正相关性;且当一所大学的论文数量、总被引频次、h指数位于条件分布的越高(低)分位点时,编委数量对它们的影响系数也越大(小)。对于篇均被引,也基本上表现出随着篇均被引分位点的提高,编委数量对它的影响系数呈现逐渐增大的趋势。

　　与以往文献相对比,我们在化学学科中不只对大学的编委数量与论文数量进行了相关性实证检验,同时也将大学编委数量与涉及论文质量的总被引频次、篇均被引、h指数等科学计量学指标进行了相关性实证检验,并对相关性进行了更为细致的刻画。从研究结果来看,样本量大小、相关性测量方法的不同以及学科性质的差异三方面可能是造成我们与以往相关文献结果有所差异的主要原因。同时,我们也与涉及运用分位数回归研究科研产出的相关文献进行了对比,我们的结果相对于多数研究更体现出规律性,即当大学科研产出指标位于条件分布的越高(低)分位点时,大学编委数量对这些科研产出指标的影响系数也越大(小)。

第 5 章 计算机学科大学 SCI 期刊编委数量与科研产出的相关性研究

本章中,选取计算机学科 447 本 SCI 期刊中拥有编委的 1 573 所大学作为样本,分别运用普通最小二乘回归、按大学编委数量不同数据段分组统计、分位数回归三种方法对这些大学的 SCI 期刊编委数量与论文数量、总被引频次、篇均被引、h 指数进行相关性实证检验。通过将大学编委数量按不同数据段进行分组统计,精确分析大学编委数量不同取值范围内其与大学科研产出关系的特点;通过分位数回归方法,详细刻画大学科研产出位于条件分布不同位置时,大学的编委数量与科研产出相关性的变动差异。上述两种方法分别从侧重编委的角度与侧重科研产出的角度对大学的编委数量与科研产出两者的相关性进行了细致刻画。

5.1 计算机学科 SCI 期刊编委在各大学的分布

为了能对计算机学科中 SCI 期刊编委在各大学的分布情况首先有个直观了解,同时也为下一步深入分析大学的编委数量与科研产出的相关性、加深对大学编委数量这一指标的认识奠定基础,本节同上一章第一节类似,首先考察计算机学科中大学编委数量的分布情况(见图 5-1)。

由图 5-1 可以看出:大学编委数量依然呈现明显的右偏态分布特征。结合计算结果发现:编委数量集中分布在 1—12 人,拥有 12 人次及其以下的大学约占到了所有样本大学的 80%,共计 1 243 所。少数大学拥有 23 人次及其以上的编委,这些大学约占所有样本大学的 10%,共计 163 所。所有 1 573 所大学编委数量的平均值为 9.18,中位数值为 3。编委数量排名位列

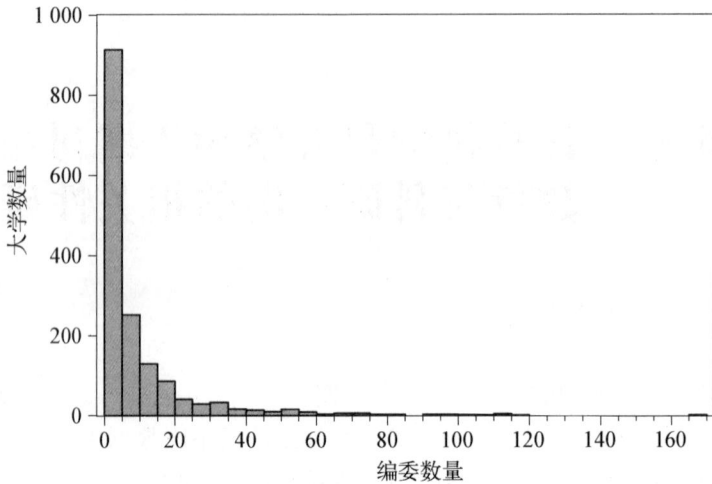

图5-1　计算机学科大学编委数量分布图

前100位的大学,共计106所(106所大学的具体名单见附录2中的附表2-2)。卡内基梅隆大学以编委数量168人次的绝对优势位列排名的第一位,比第二名的佐治亚理工学院的编委数量多出有52人次之多。佐治亚理工学院、麻省理工学院、新加坡国立大学、斯坦福大学、德克萨斯大学奥斯汀分校、普渡大学、南加州大学等7所大学的编委人次也都超过100人次,也以较大优势位列前位。自排名第13位的伦敦大学帝国学院和伦敦大学大学学院以后,编委数量下降的速度变缓,各大学的编委数量差距在逐步缩小。初步粗略来看,这106所大学大体上也是人们普遍认可的计算机学科领域的世界强校,再一次从侧面反映出大学的编委数量和科研产出可能会有着某种联系。

对于编委数量排名前10位的大学,这里也给出了这些大学去重后的编委数量(见表5-1)。去重后,卡耐基梅隆大学仍以119人的编委数量高居这10所大学中的第一位,而原来第三位的麻省理工学院则以81人的编委数量上升到10所大学中的第二位,其他部分大学名次也有所变动。总的来看,这10所大学中的编委平均1人任职1.49本期刊,比化学学科中的要少。我们也统计了这10所大学中编委任职4本以上期刊的编委名单,共有30人(见附录3中的附表3-2)。这里依然存在少数编委任职期刊数量较多的现象,如著名的自动控制专家,模糊理论之父Lofti A. Zadeh担任编委的期刊数量达到21本之多,其他如Ling Liu,Elisa Bertino分别任职8—7本期刊,任职5本及以上的期刊共有11人,只占这 10 所大学去重后总共编委人数的 1.4％(10 本期刊去重后总共有编委 764 人)。我们也由此推测在计算机学科中,就所有样本期刊中所有大学的编委而言,编委任职的期刊数量也呈现右偏分布,即少数编委任职期刊较多,而多数编委任职期刊数量较少。

表 5-1　计算机学科编委数量前 10 强大学去重后的编委数量统计

大　　学	编委数量	编委数量排名	去重后编委数量	去重后排名	平均 1 人任职期刊数
卡耐基梅隆大学	168	1	119	1	1.41
佐治亚理工学院	116	2	76	4	1.53
麻省理工学院	114	3	81	2	1.41
新加坡国立大学	114	3	74	5	1.54
斯坦福大学	113	5	78	3	1.45
德克萨斯大学奥斯汀分校	113	5	66	9	1.71
普渡大学	106	7	69	7	1.54
南加州大学	101	8	67	8	1.51
加州大学伯克利分校	96	9	63	10	1.52
南洋理工大学	95	10	71	6	1.34
10 所大学总计	1 136	/	764	/	1.49

5.2　计算机学科普通最小二乘回归分析

本节运用普通最小二乘回归方法对计算机学科中大学的编委数量与论文数量、总被引频次、篇均被引、h 指数进行相关性分析,以编委数量作为自变量,以论文数量、总被引频次、篇均被引、h 指数分别作为因变量,重点关注自变量对于因变量条件分布的平均影响。表 5-2 给出了这些变量的描述性统计。

表 5-2 计算机学科变量的描述性统计

变量名称	均值	标准误差	中位数	最小值	最大值
编委数量	9.18	15.37	3.00	1.00	168.00
论文数量	141.25	197.98	69.00	0.00	1 803.00
总被引频次	566.74	928.27	233.00	0.00	9 167.00
篇均被引	3.94	1.27	3.78	1.30	13.74
h 指数	8.73	6.12	8.00	0.00	36.00

我们运用普通最小二乘法对大学的编委数量与论文数量、总被引频次、篇均被引、h 指数四个回归方程进行估计。运用怀特异方差检验发现在四个回归方程中,编委数量与论文数量、总被引频次、h 指数这三个方程均存在异方差。我们运用怀特异方差一致协方差方法对这三个回归方程中的标准误差及 t 值进行校对。校对后的普通最小二乘回归结果如表 5-3 所示,从研究结果来看,编委数量与论文数量、总被引频次、篇均被引、h 指数四个回归方程整体上均通过了显著性检验。由表 5-3 的 A 部分可见,编委数量对论文数量的回归系数为正,且在 1% 的显著水平上显著,表明计算机学科中,一所大学的编委数量与科研产出数量具有显著的正向相关关系。表 5-3 的 B—C 部分分别显示,编委数量与总被引频次、篇均被引、h 指数分别在 1% 的显著性水平上显著正相关。计算机学科中的这一结果再次表明大学的编委数量不仅与科研产出数量,同时也与科研产出质量具有显著的正向相关关系。与化学学科中最小二乘回归结果相类似,虽然编委数量与四个科研产出指标均具有显著的正向相关关系,均在 1% 的显著水平上通过了统计检验。但是从拟合优度 R^2 来看,编委数量与论文数量、兼顾反映论文数量与质量的总被引频次、h 指数相关性较高(R^2 分别为 68%,69.6%,51.8%),而与更加反映质量的篇均被引的相关性较低,两者回归方程的 R^2 仅为 9.5%。几者之间相关性的差异也可由图 5-2~5-5 的散点图来看出:编委数量与总被引频次的散点相对最为紧密,而从编委数量与篇均被引的散点图来看,两者线性关系并不明显。

我们前面在第 4 章 4.2 节化学学科普通最小二乘回归分析的部分与以往的相关文献进行了比较。计算机学科与化学学科中的实证相类似,同样也对大学编委数量与涉及科研产出质量的指标如总被引频次、篇均被引、h 指数等进行了相关性研究,这点与以往的文献也是不同的。此外,就与以往的结果对比分析来看,前面在化学学科对比中分别从样本量的大小、相关性的测量方法、学科性质

表 5 - 3　计算机学科普通最小二乘回归结果

	回归系数	标准误差	t 值	显著性
Panel A：因变量(论文数量)				
编委数量	10.623*	0.469	22.655	0.000
常数项	43.717*	3.840	11.384	0.000
R^2				0.680
F-test			$F=3\,341.631(P=0.000)$	
怀特异方差检验			$\chi^2=173.303(P=0.000)$	
Panel B：因变量(总被引频次)				
编委数量	50.369*	2.869	17.557	0.000
常数项	104.292*	21.604	4.827	0.000
R^2				0.696
F-test			$F=3\,589.267\,(P=0.000)$	
怀特异方差检验			$\chi^2=422.595\,(P=0.000)$	
Panel C：因变量(篇均被引)				
编委数量	0.018*	0.002	7.244	0.000
常数项	3.546*	0.077	46.007	0.000
R^2				0.095
F-test			$F=52.482\,(P=0.000)$	
怀特异方差检验			$\chi^2=2.273\,(P=0.321)$	
Panel D：因变量(h 指数)				
编委数量	0.287*	0.016	18.257	0.000
常数项	6.102*	0.161	37.869	0.000
R^2				0.518
F-test			$F=1\,686.057\,(P=0.000)$	
怀特异方差检验			$\chi^2=357.646\,(P=0.000)$	

注：编委数量与论文数量、总被引频次、h 指数三个回归方程中，标准误差与 t 值为怀特异方差一致协方差方法校对后的值。* 表示在 1% 的水平上显著。

的差异三个方面分析了与以往研究结果的不同。而计算机学科的结果与化学学科的结果非常相似，也即大学的编委数量与论文数量、总被引频次、h 指数的相关性较高，与篇均被引的相关性较低。因此这些分析对计算机学科也是适用的，这里就不赘述。

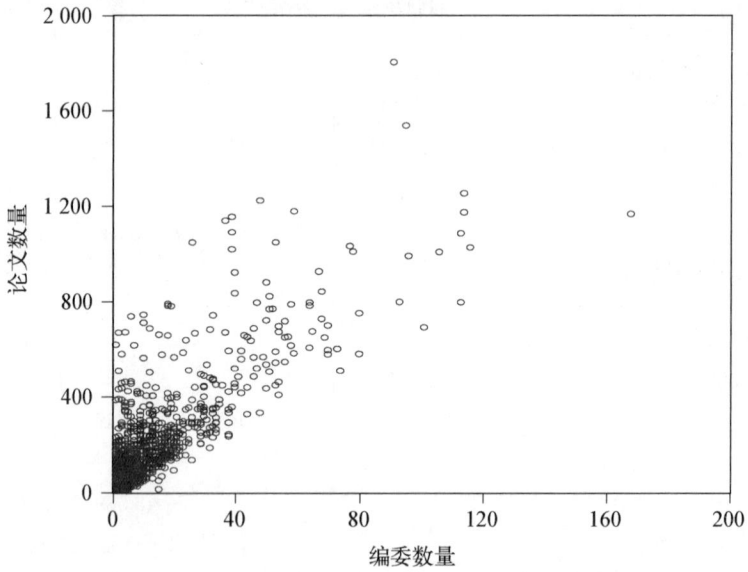

图 5-2　计算机学科大学编委数量与论文数量的相关性

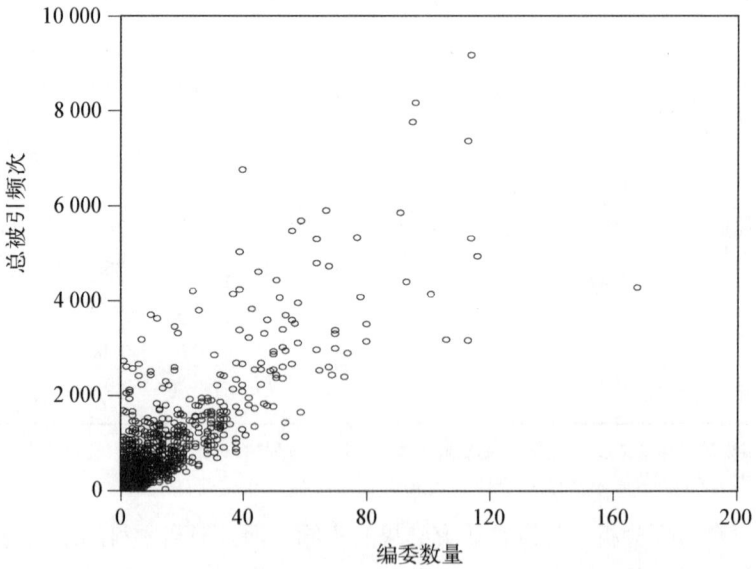

图 5-3　计算机学科大学编委数量与总被引频次的相关性

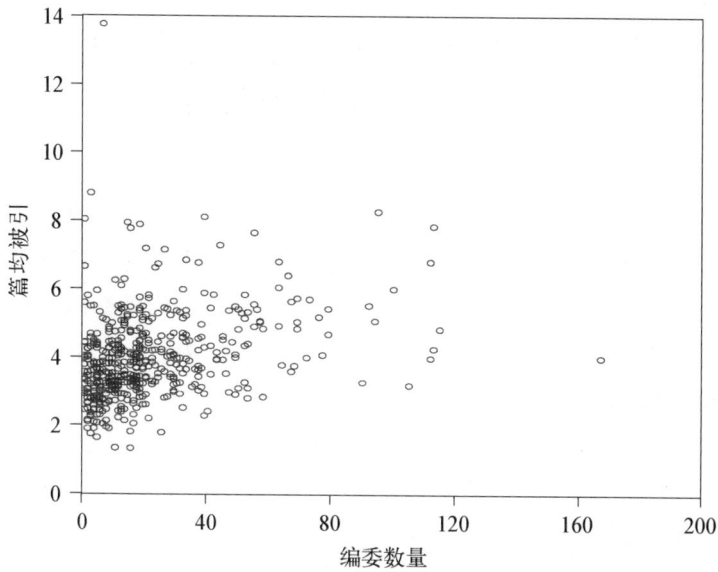

图 5-4　计算机学科大学编委数量与篇均被引的相关性

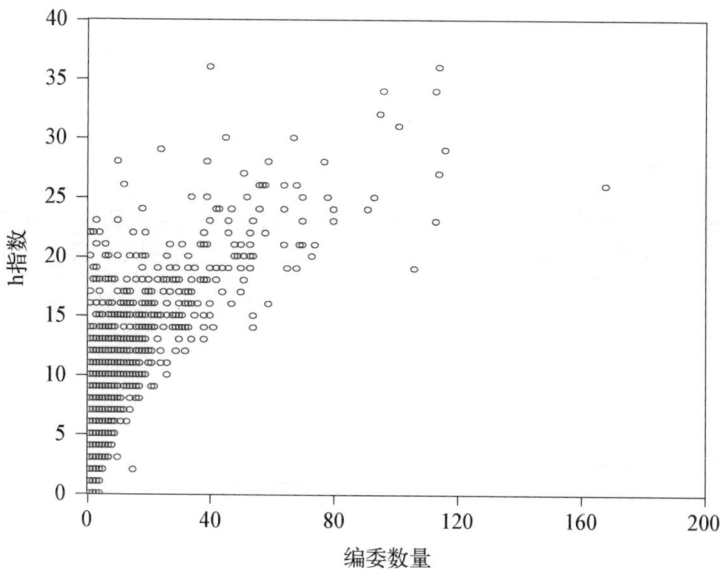

图 5-5　计算机学科大学编委数量与 h 指数的相关性

5.3 计算机学科编委数量不同
数据段大学的分组统计

与化学学科相类似,这里同样在计算机学科中对大学编委数量按不同数据段进行分组,分别计算每组中大学编委数量的平均值以及各个科研产出指标的平均值,然后根据每组的平均值绘出他们关系的折线图,以期精确分析大学编委数量不同取值范围内其与科研产出关系的特点,给出两者关系的全貌。

在计算机学科中,首先按编委数量由低到高进行排序。同前述化学学科分组方法类似,这里仍以编委数量5人次分为一组,如编委数量为1—5人的分为一组,6—10人为一组……依次往上类推。由前述计算机学科编委数量分布可知,计算机学科中编委数量的分布也呈现明显的右偏态,计算机学科编委数量在60人次以上的大学较少,如继续按5人次进行分组则会出现每组大学过少的情况,因此根据计算机学科编委数量分布的实际情况,将61—70人次分为一组,71—100人次分为一组,100人次以上为一组,共计15组。同样分别计算每组大学编委数量、论文数量、总被引频次、篇均被引、h指数的平均值(见表5-4),并将编委数量的平均值分别与科研产出4个指标的平均值绘制成折线图(见图5-6~5-9)。

表5-4 计算机学科编委数量不同数据段大学分组统计数据

编委数量分组	组内编委数量平均值	组内论文数平均值	组内总被引平均值	组内篇均被引平均值	组内h指数平均值
1—5	2.034	55.682	196.808	3.149	5.691
6—10	7.751	146.493	542.411	3.694	10.354
11—15	12.826	199.252	772.087	3.860	12.357
16—20	17.867	247.627	948.265	3.882	13.494
21—25	22.571	271.486	1 150.771	4.231	14.971
26—30	28.375	358.500	1 402.156	4.018	15.781
31—35	32.923	359.000	1 503.962	4.315	16.615
36—40	38.526	603.684	2 489.158	4.143	19.579

（续　表）

编委数量 分组	组内编委 数量平均值	组内论文数 平均值	组内总被引 平均值	组内篇均 被引平均值	组内 h 指数 平均值
41—45	43.000	527.444	2 453.556	4.512	20.444
46—50	48.083	643.833	2 538.583	4.144	20.250
51—55	52.750	642.500	2 810.167	4.378	20.333
56—60	57.375	714.625	3 693.125	5.139	24.000
61—70	67.182	714.364	3 708.273	5.115	23.182
71—100	83.700	959.300	4 738.300	5.096	25.600
100 以上	118.125	1 023.125	5 179.250	5.086	28.125

　　大学编委数量与论文数量的关系如图 5-6 所示，结合表 5-4 看，两者呈现明显的线性关系，除编委数量在 36—70 人次之间，论文数量稍稍有所波动外，论文数量整体上随着编委数量数据段的上升而上升，折线图整体上较为陡峭。但在编委数量达到 100 人次以上时，这种线性相关程度稍有变缓。

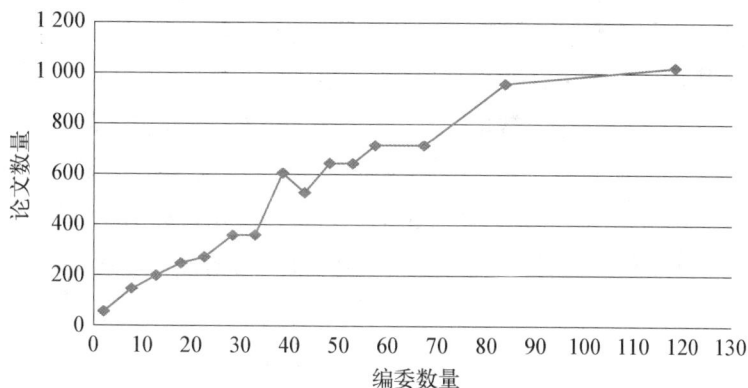

图 5-6　计算机学科大学编委数量与论文数量的分组统计

　　大学编委数量与总被引频次的关系如图 5-7 所示，两者依然呈现明显的线性关系，总被引频次整体上随着编委数量数据段的上升而上升，折线图整体上也较为陡峭，同编委数量与论文数量的关系相类似，当编委数量达到 100 人次以上时，编委数量与总被引频次两者的线性相关程度有所变缓。这可能与前述化学学科分组统计中提到的边际效应递减的原因相类似：在大学的编委数量已经很高，学科水平已经很强时，编委数量的提升对于论文数量与总被引频次的影响变小。

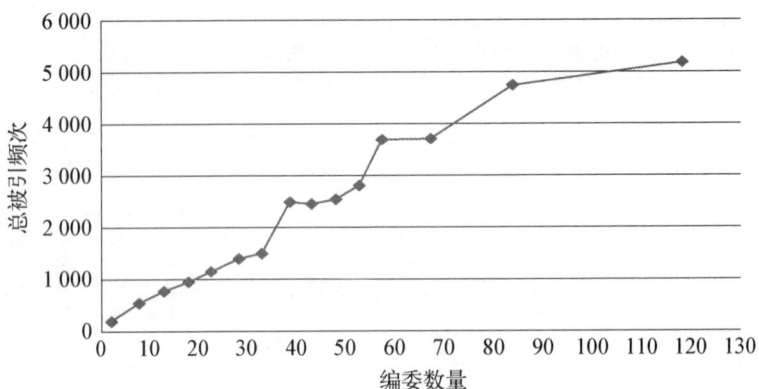

图 5-7　计算机学科大学编委数量与总被引频次的分组统计

　　大学编委数量与篇均被引的关系如图 5-8 所示,结合表 5-4 来看,当编委数量在 55 人次以下时,篇均被引虽然从整体上看随编委数量数据段的提升而有增加的趋势,但这种线性关系并不十分明显,特别是在 16—55 人次这一数据段时,篇均被引在 3.882—4.512 之间波动。而当编委数量在 55 人次以上时,编委数量与篇均被引则没有表现出线性关系:折线图几乎为一条平滑的曲线。编委数量与篇均被引关系的这些特征也与我们在计算机学科中得到的普通最小二乘回归结果有着很好的印证:计算机学科中编委数量与篇均被引的相关性较低。编委数量在 55 人次以上时,编委数量与篇均被引无关可能也与前述边际效应递减的原因相类似:在大学的编委数量已经很高,学科水平已经很强时,编委数量的提升对于篇均被引的影响变小,更加注重反映质量的篇均被引指标可能也更多地取决于其他因素,如文章本身的质量,而与编委的相关性相对来说可能不大。

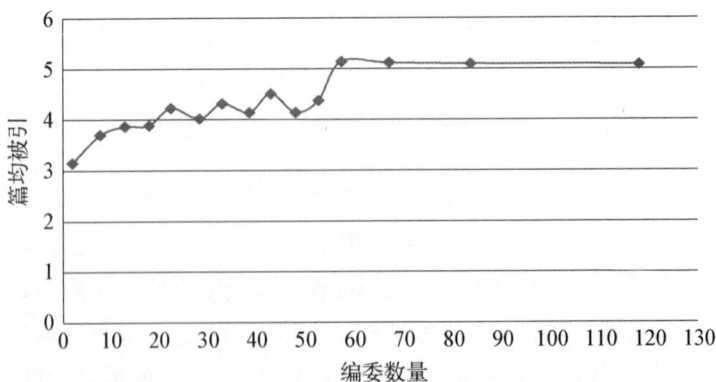

图 5-8　计算机学科大学编委数量与篇均被引的分组统计

大学编委数量与 h 指数的关系如图 5-9 所示,两者的线性关系非常明显,h 指数整体上随着编委数量数据段的上升而上升。h 指数除在个别数据段中稍有波动外,在其他数据段中,编委数量与 h 指数两者的线性相关程度基本一致。

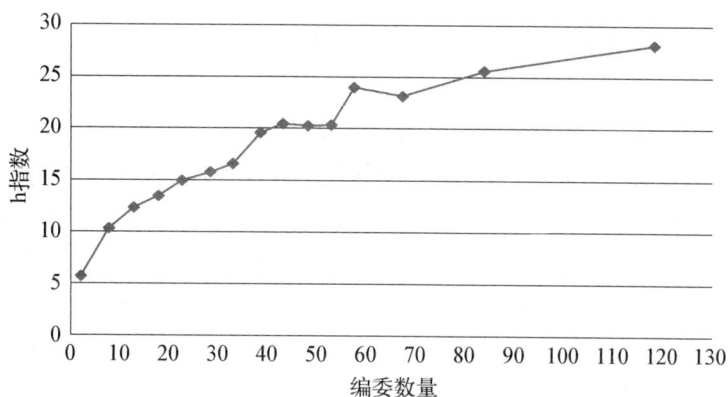

图 5-9   计算机学科大学编委数量与 h 指数的分组统计

总的来看,计算机学科中大学编委数量与论文数量、总被引频次、h 指数的相关性较为明显,相关程度在编委数量的不同数据段中基本一致。而大学编委数量与篇均被引的相关程度则在编委数量的不同数据段中有明显的不同,当编委数量在 55 人次以上时,编委数量与篇均被引几乎无关。而上述这两点正好也与计算机普通最小二乘回归结果中"大学编委数量与论文数量、总被引频次、h 指数相关性较高,而与篇均被引相关性较低"有着很好的印证。同时,上述这两点也与化学学科中的结果表现出相似性。因此,我们将这些共有的特点放在第 7 章与计算机、经济学中的结果一起进行讨论,这里就不再展开。计算机学科中,编委数量达到 23 人次时,就已经位于所有样本大学的前10%,而本节中,编委数量与篇均被引相关程度的不同也涉及这一高端数据段。以往研究中只考察编委数量靠前的大学,但即使在编委数量的高端,编委数量与论文数量、总被引频次、篇均被引、h 指数等科研产出指标的相关性也会有所不同或相同。通过分组统计分析展现了以往研究中观测不到的信息,更加细致全面地刻画了计算机学科中大学编委数量与科研产出两者的关系。

5.4　计算机学科分位数回归分析

与前述化学学科相类似,计算机学科中普通最小二乘回归主要关注的也是大学编委数量对于科研产出的"平均影响"。普通最小二乘回归没有很好地回答当大学科研产出位于条件分布的不同位置时,编委数量与科研产出的相关性是否会有所不同。此外,前述计算机学科中的怀特异方差检验证实大学的编委数量与论文数量、总被引频次、h 指数三个回归方程中均存在异方差,而从散点图 5-2、图 5-3 等来看,论文数量、总被引频次等散点随着编委数量的增加呈现发散的趋势,这也是典型的异方差特征,如果追寻着这种发散的轨迹,我们可能会在科研产出条件分布的不同位置得到不同的回归直线,也即计算机学科中大学的编委数量与科研产出的相关性可能在科研产出条件分布的不同位置时会有所不同。因此根据计算机学科中样本数据的特点,进一步运用分位数回归方法探究计算机学科中大学编委数量与科研产出的关系,以期获得两者关系的全貌。

这里仍以编委数量作为自变量,论文数量、总被引频次、篇均被引、h 指数分别作为因变量,并将论文数量、总被引频次、篇均被引、h 指数各以 5% 为间隔,分为 19 个分位点。分位数回归结果如表 5-5(5%—50%)和表 5-6(50%—95%)所示。对于每一个分位点,我们提供以下数据:每个分位点下的第一行值为回归系数值,中间一行为标准误差,最后一行为 P 值。我们也提供 R^2 来考察每个分位数回归模型的拟合优度。

表 5-5 和表 5-6 结果显示,编委数量对于论文数量的所有回归系数全部为正,在 1% 的显著水平上全部通过显著性检验。且回归系数从 5% 分位点的 6.99 逐渐增加到 95% 分位点的 19.17。在 95% 分位点,回归系数是中位数点的 1.8 倍,是 5% 分位点的 2.7 倍。拟合优度 R^2 也从低分位点到高分位点逐渐增高。这些结果表明,在计算机学科中,当一所大学的论文数量位于条件分布的越高(低)分位点时,编委数量对它的影响系数也越大(小)。

编委数量与总被引频次的关系与上述结果类似,编委数量对于总被引频次的所有回归系数全部为正,在 1% 的显著水平上全部通过显著性检验。且回归系数从 5% 分位点的 24.69 逐渐增加到 95% 分位点的 86.65。在 95% 分位点,

表 5 – 5　计算机学科大学分位数回归结果（percentiles 5%～50%）

		5	10	15	20	25	30	35	40	45	50
Panel A: 因变量（论文数量）											
编委数量		6.986	7.316	8.250	8.606	8.938	9.444	9.805	12.238	10.456	10.708
		0.111	0.324	0.326	0.211	0.308	0.285	0.273	0.260	0.280	0.322
		0.000	0.000	0.000	0.000	0.000	0.000	0.000	0.000	0.000	0.000
常数项		−8.943	−6.316	−6.25	−4.606	−2.938	−0.444	2.195	4.524	7.544	12.583
		1.055	0.605	0.737	0.728	1.158	1.140	1.274	1.177	1.672	2.206
		0.000	0.000	0.000	0.000	0.011	0.697	0.085	0.000	0.000	0.000
R^2		0.309	0.353	0.378	0.399	0.415	0.429	0.440	0.451	0.458	0.466
Panel B: 因变量（总被引频次）											
编委数量		24.688	26.917	30.143	34.065	37.533	39.443	42.294	44.545	46.727	48.058
		1.434	1.208	1.495	1.675	1.734	1.326	1.547	1.748	1.303	1.629
		0.000	0.000	0.000	0.000	0.000	0.000	0.000	0.000	0.000	0.000
常数项		−49.375	−31.833	−30.143	−31.065	−32.533	−29.443	−27.294	−22.545	−11.727	6.316
		6.606	5.902	1.947	3.160	3.262	2.945	3.394	4.433	5.831	6.316
		0.000	0.000	0.000	0.000	0.000	0.000	0.000	0.000	0.045	0.882
R^2		0.233	0.286	0.323	0.352	0.377	0.399	0.417	0.433	0.448	0.460

（续　表）

	5	10	15	20	25	30	35	40	45	50
Panel C: 因变量（篇均被引）										
编委数量	*0.011*	*0.013*	*0.012*	*0.014*	*0.015*	*0.018*	*0.020*	*0.021*	*0.023*	*0.024*
	0.003	*0.003*	*0.004*	*0.004*	*0.004*	*0.004*	*0.004*	*0.004*	*0.004*	*0.004*
	0.000	*0.000*	*0.001*	*0.000*	*0.000*	*0.000*	*0.000*	*0.000*	*0.000*	*0.000*
常数项	*2.128*	*2.390*	*2.585*	*2.731*	*2.858*	*2.919*	*2.969*	*3.037*	*3.114*	*3.243*
	0.101	*0.104*	*0.082*	*0.081*	*0.083*	*0.077*	*0.081*	*0.080*	*0.090*	*0.104*
	0.000	*0.000*	*0.000*	*0.000*	*0.000*	*0.000*	*0.000*	*0.000*	*0.000*	*0.000*
R^2	0.054	0.049	0.046	0.045	0.050	0.053	0.062	0.067	0.070	0.070
Panel D: 因变量（h 指数）										
编委数量	*0.246*	*0.274*	*0.297*	*0.300*	*0.324*	*0.323*	*0.340*	*0.333*	*0.340*	*0.333*
	0.030	*0.019*	*0.017*	*0.019*	*0.015*	*0.017*	*0.013*	*0.015*	*0.012*	*0.015*
	0.000	*0.000*	*0.000*	*0.000*	*0.000*	*0.000*	*0.000*	*0.000*	*0.000*	*0.000*
常数项	*0.509*	*1.082*	*1.702*	*2.400*	*2.676*	*3.355*	*3.660*	*4.333*	*4.660*	*5.333*
	0.258	*0.319*	*0.017*	*0.263*	*0.076*	*0.203*	*0.097*	*0.256*	*0.148*	*0.262*
	0.049	*0.001*	*0.000*	*0.000*	*0.000*	*0.000*	*0.000*	*0.000*	*0.000*	*0.000*
R^2	0.175	0.210	0.243	0.255	0.274	0.290	0.302	0.308	0.317	0.322

注：对每一个分位点，我们提供以下数据：回归系数数值，标准误差，P 值以及拟合优度 R^2。其中斜体加粗为在 5%水平上显著。

表 5－6　计算机学科分位数回归结果(percentiles 50%～95%)

	50	55	60	65	70	75	80	85	90	95
Panel A: 因变量(论文数量)										
编委数量	10.708	11.000	11.520	11.964	12.416	13.068	13.778	14.556	17.333	19.171
	0.322	*0.414*	*0.496*	*0.466*	*0.536*	*0.550*	*0.784*	*1.044*	*1.488*	*1.840*
	0.000	*0.000*	*0.000*	*0.000*	*0.000*	*0.000*	*0.000*	*0.000*	*0.000*	*0.000*
常数项	12.583	18.000	22.920	28.286	36.584	44.932	59.444	77.667	96.667	152.143
	2.206	*2.649*	*2.792*	*3.007*	*3.844*	*4.174*	*5.929*	*7.483*	*8.952*	*14.879*
	0.000	*0.000*	*0.000*	*0.000*	*0.000*	*0.000*	*0.000*	*0.000*	*0.000*	*0.000*
R^2	0.466	0.472	0.478	0.483	0.487	0.493	0.498	0.504	0.511	0.506
Panel B: 因变量(总被引频次)										
编委数量	48.058	51.394	54.333	56.535	60.364	64.074	66.486	71.390	78.351	86.652
	1.629	*2.293*	*2.401*	*2.630*	*3.141*	*2.596*	*3.216*	*4.685*	*3.463*	*5.682*
	0.000	*0.000*	*0.000*	*0.000*	*0.000*	*0.000*	*0.000*	*0.000*	*0.000*	*0.000*
常数项	0.942	11.606	30.667	47.465	68.636	103.630	147.543	211.610	301.649	556.522
	6.316	*8.221*	*10.588*	*12.069*	*16.237*	*15.435*	*18.233*	*27.040*	*27.527*	*56.227*
	0.882	*0.158*	*0.004*	*0.000*	*0.000*	*0.000*	*0.000*	*0.000*	*0.000*	*0.000*
R^2	0.460	0.470	0.482	0.493	0.505	0.517	0.530	0.542	0.559	0.573

（续　表）

	50	55	60	65	70	75	80	85	90	95
Panel C: 因变量（篇均被引）										
编委数量	0.024	0.023	0.024	0.023	0.021	0.025	0.023	0.025	0.026	0.021
	0.004	0.003	0.003	0.004	0.004	0.003	0.004	0.005	0.007	0.009
	0.000	0.000	0.000	0.000	0.000	0.000	0.000	0.000	0.000	0.019
常数项	3.243	3.377	3.516	3.695	3.887	3.971	4.212	4.476	4.705	5.396
	0.104	0.102	0.110	0.106	0.107	0.102	0.114	0.149	0.198	0.324
	0.000	0.000	0.000	0.000	0.000	0.000	0.000	0.000	0.000	0.000
R^2	0.070	0.069	0.069	0.072	0.075	0.080	0.079	0.069	0.055	0.052
Panel D: 因变量（h 指数）										
编委数量	0.333	0.333	0.339	0.333	0.333	0.324	0.316	0.308	0.292	0.304
	0.015	0.017	0.019	0.018	0.014	0.014	0.017	0.018	0.017	0.041
	0.000	0.000	0.000	0.000	0.000	0.000	0.000	0.000	0.000	0.000
常数项	5.333	5.667	6.321	7.000	7.667	8.382	9.158	10.154	11.458	12.783
	0.262	0.203	0.213	0.249	0.197	0.249	0.298	0.302	0.262	0.442
	0.000	0.000	0.000	0.000	0.000	0.000	0.000	0.000	0.000	0.000
R^2	0.322	0.325	0.329	0.332	0.335	0.337	0.342	0.347	0.355	0.351

注：对每一个分位点，我们提供以下数据：回归系数值、标准误差、P 值以及拟合优度 R^2。其中斜体加粗为在 5% 水平上显著者。

回归系数是中位数点的 1.8 倍,是 5% 分位点的 3.5 倍。拟合优度 R^2 也从低分位点到高分位点逐渐增高。这些结果表明,在计算机学科中,当一所大学的总被引频次位于条件分布的越高(低)分位点时,编委数量对它的影响系数也越大(小)。

就编委数量与篇均被引的关系来看,编委数量对于篇均被引的所有回归系数全部为正,且回归系数除在 95% 分位点时在 5% 显著水平上通过显著性检验外,其他分位点的回归系数均在 1% 的显著水平上全部通过显著性检验。但是总体上来看,两者的相关性不是很大,拟合优度 R^2 仅在 4.5%—8% 之间。这一结果也与前述普通最小二乘回归、分组统计分析的结果相互印证。回归系数从低分位点到高分位点基本上呈现逐渐增加的趋势,但是在 50% 分位点以后有所波动。

就编委数量与 h 指数的关系来看,编委数量对于 h 指数的所有回归系数全部为正,在 1% 的显著水平上全部通过显著性检验。回归系数从 5% 分位点的 0.25 逐渐增加到 35% 分位点的 0.34 后,此后一直在 0.33 左右波动,直到 75% 分位点后开始出现下降趋势。这一结果也表明,计算机学科中编委数量与 h 指数的相关性在 h 指数的不同条件分布位置有所不同,总体上看,编委数量对于位于条件分布低端与高端的 h 指数的影响要低于位于条件分布中间端的 h 指数的影响。

图 5-10~5-13 刻画了计算机学科中大学编委数量与科研产出(论文数量、总被引频次、篇均被引、h 指数)关系的分位数回归与普通最小二乘回归的对比结果。由这四幅图可以看出:随着分位点的逐渐增高,编委数量对于论文数量、总被引频次的回归系数均呈现逐渐增大的趋势,编委数量对于篇均被引的回归系数从总体上看也基本上呈现逐渐增大的趋势,但在 50% 分位点以后有所波动,而编委数量对于 h 指数的回归系数则呈现先增加后递减的倒 U 型形状。同时,分位数回归结果与普通最小二乘回归结果的对比表明:计算机学科中,编委数量对论文数量、总被引频次、篇均被引、h 指数的回归系数分别在 50% 分位点、55% 分位点、35% 分位点、15% 分位点及以上时要高于均值回归的结果,而在上述四个分位点以下时要低于均值回归的结果;也即在上述这四个分位点及以上时,普通最小二乘回归低估了编委数量与他们的关系,而在上述四个分位点以下时,普通最小二乘回归高估了编委数量与他们的关系。由此可见,分位数回归呈现了普通最小二乘回归无法观测到的更加全面完整的信息。

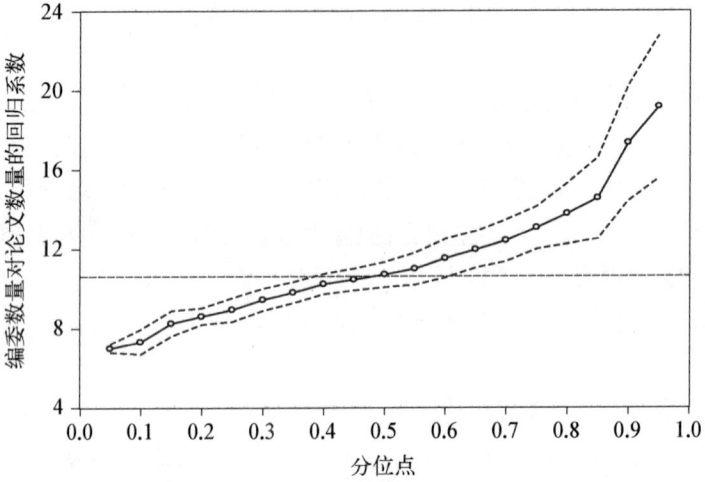

图 5-10　计算机学科大学论文数量分位数回归与普通最小二乘回归结果比较

注：水平虚线为普通最小二乘回归结果，圆圈曲线为分位数回归结果，曲虚线为其 95％置信区间。

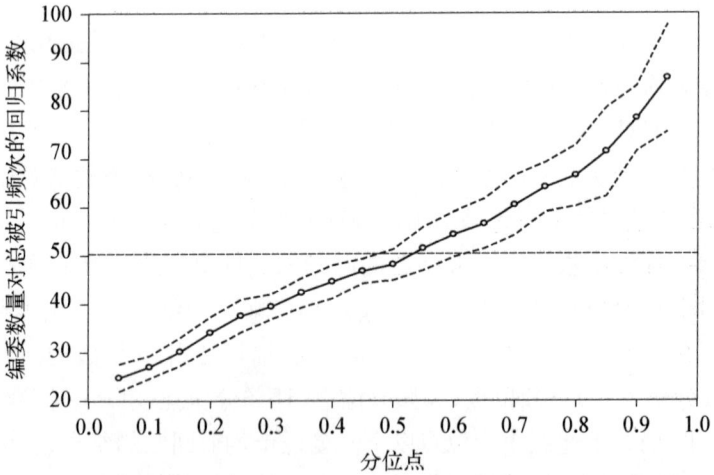

图 5-11　计算机学科大学总被引频次分位数回归与普通最小二乘回归结果比较

注：水平虚线为普通最小二乘回归结果，圆圈曲线为分位数回归结果，曲虚线为其 95％置信区间。

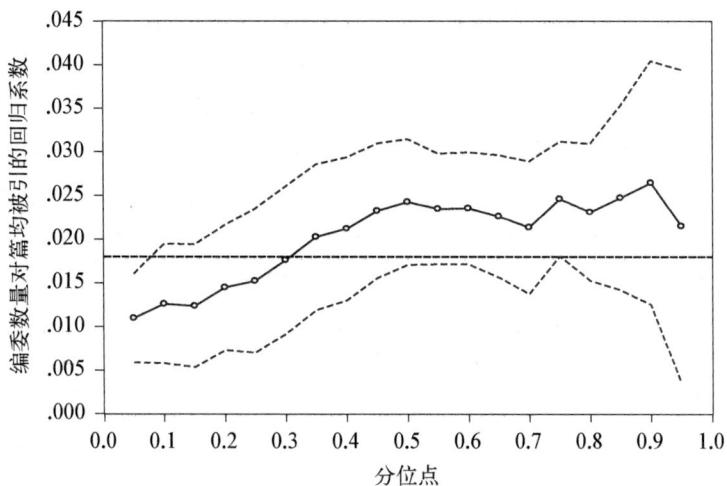

图 5 - 12　计算机学科大学篇均被引分位数回归与普通最小二乘回归结果比较

　　注：水平虚线为普通最小二乘回归结果，圆圈曲线为分位数回归结果，曲虚线为其 95％置信区间。

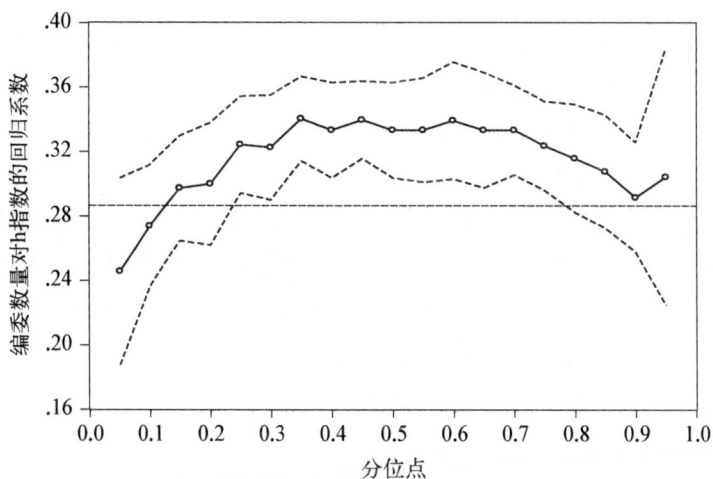

图 5 - 13　计算机学科大学 h 指数分位数回归与普通最小二乘回归结果比较

　　注：水平虚线为普通最小二乘回归结果，圆圈曲线为分位数回归结果，曲虚线为其 95％置信区间。

　　总的来看,计算机学科中分位数回归结果呈现这样一种有规律的现象:当一所大学的科研产出指标位于条件分布的越高(低)分位点时,编委数量对这些科研产出指标的影响系数也越大(小)。这与化学学科中分位数回归结果所呈现的特点基本上是一致的。此前我们已在第 4 章 4.2 节化学学科分位数回归分析的部分与相关文献进行了对比,并就造成这些文献结果差异的原因进行了分析。而由于计算机与化学学科分位数回归的结果具有相似性,这些对比分析对于计算机学科也是适用的,这里就不赘述。此外,从图 5-2,图 5-3 等几张散点图来看,随着计算机学科中大学编委数量的增多,大学科研产出越来越发散,这也是典型的异方差特征,说明确实可能存在着其他影响大学科研产出的因素。因此,要分析计算机学科中分位数回归结果背后的原因,就要分析这些遗漏的影响大学科研产出的因素。对于这些影响因素的讨论,我们结合第 4 章化学、第 6 章经济学中分位数回归的结果一起放在第 7 章 7.2 节"三学科分位数回归结果的解释"中进行详细论述,这里就不赘述。

本 章 小 结

　　在本章中,我们在计算机学科中选取 1 573 所大学为样本,分别运用普通最小二乘回归、按大学编委数量不同数据段分组统计、分位数回归三种方法对这些大学的 SCI 期刊编委数量与论文数量、总被引频次、篇均被引、h 指数进行相关性实证检验。通过将大学编委数量按不同数据段进行分组统计,精确分析大学编委数量不同取值范围内其与大学科研产出关系的特点;通过分位数回归方法,详细刻画大学科研产出位于条件分布不同位置时,大学编委数量与科研产出相关性的变动差异。上述两种方法分别从侧重编委的角度与侧重科研产出的角度对大学的编委数量与科研产出两者的相关性进行了细致刻画。

　　从普通最小二乘回归的结果来看,计算机学科中大学的编委数量与论文数量、兼顾反映论文数量与质量的总被引频次、h 指数均具有显著的正相关性,且相关性较高。大学的编委数量与更加突出反映质量的篇均被引也具有显著的正相关性,但是相关性较低,两者回归方程的拟合优度 R^2 仅为 9.5%。

　　从按大学编委数量不同数据段分组统计的结果来看,计算机学科中大学编委数量与论文数量、总被引频次、h 指数的相关程度在编委数量的不同数据段中基本一致,而与篇均被引的相关程度则在编委数量的不同数据段中有所不同。

计算机学科中当大学编委数量在 16—55 人次这一数据段时,篇均被引在 3.882—4.512 之间波动,当大学编委数量在 55 人次以上时,大学编委数量与篇均被引则几乎无关。分组统计的结果也与普通最小二乘回归结果中"大学编委数量与论文数量、总被引频次、h 指数相关性较高,而与篇均被引相关性较低"有着很好的印证。

从分位数回归的结果来看,计算机学科中大学的编委数量与论文数量、总被引频次、篇均被引、h 指数在所有分位点均具有显著的正相关性;且当一所大学的论文数量、总被引频次位于条件分布的越高(低)分位点时,编委数量对它们的影响系数也越大(小)。对于篇均被引,也基本上表现出随着篇均被引分位点的提高,编委数量对它的影响系数呈现逐渐增大的趋势,但是编委数量与篇均被引两者的相关性不是很高,两者在各个分位点的回归方程的拟合优度 R^2 仅在 4.5%—8% 之间。对于 h 指数,编委数量对于位于条件分布低端与高端 h 指数的影响要低于位于条件分布中间端 h 指数的影响。

与以往文献相对比,我们在计算机学科中不只对大学的编委数量与论文数量进行了相关性实证检验,同时也将大学编委数量与涉及论文质量的总被引频次、篇均被引、h 指数等科学计量学指标进行了相关性实证检验,并对相关性进行了更为细致的刻画。而由于计算机学科中的相关性结果与化学学科具有相似性,因此前述在化学学科中与已有相关文献结果的对比分析对于计算机学科也是适用的。

第6章 经济学学科大学 SSCI 期刊编委数量与科研产出的相关性研究

本章中,选取经济学学科 296 本 SSCI 期刊中拥有编委的 984 所大学作为样本,分别运用普通最小二乘回归、按大学编委数量不同数据段分组统计、分位数回归三种方法对这些大学的 SSCI 期刊编委数量与论文数量、总被引频次、篇均被引、h 指数进行相关性实证检验。通过将大学编委数量按不同数据段进行分组统计,精确分析大学编委数量不同取值范围内其与大学科研产出关系的特点;通过分位数回归方法,详细刻画大学科研产出位于条件分布不同位置时,大学的编委数量与科研产出相关性的变动差异。上述两种方法分别从侧重编委的角度与侧重科研产出的角度对大学的编委数量与科研产出两者的相关性进行了细致刻画。

6.1 经济学学科 SSCI 期刊编委在各大学的分布

为了能对经济学学科中 SSCI 期刊编委在各大学的分布情况首先有个直观了解,同时也为下一步深入分析大学的编委数量与科研产出的相关性、加深对大学编委数量这一指标的认识奠定基础,本节同上两章第一节类似,首先考察经济学学科中大学编委数量的分布情况(见图 6-1)。

由图 6-1 可以看出,大学编委数量再次呈现明显的右偏态分布特征。结合计算结果发现:编委数量集中分布在 1—10 人,拥有 10 人次以下的大学约占到了所有样本大学的 80%,共计 781 所。少数大学拥有 22 人次及其以上的编委,这些大学约占所有样本大学的 10%,共计 103 所。所有 984 所大学编委数量的平均值为 9,中位数值为 3。编委数量排名位列前 100 名的大学,共计 103

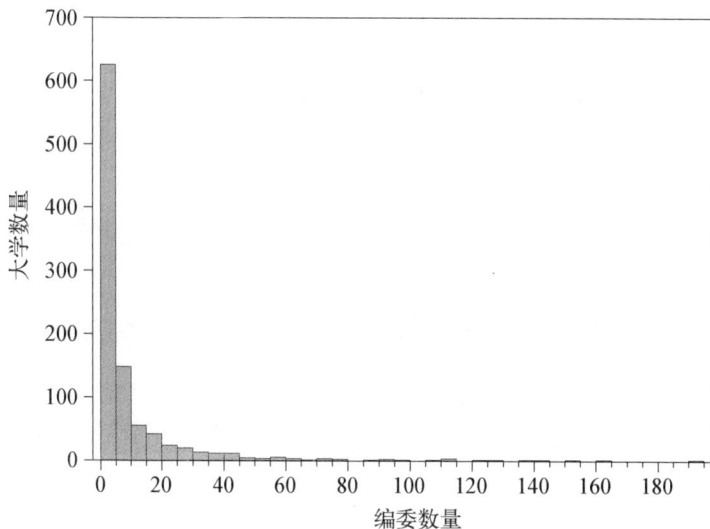

图 6-1　经济学学科大学编委数量分布图

所(103 所大学的具体名单见附录 2 中的附表 2-3)。哈佛大学以编委数量 190
人次的绝对优势位列排名的第一位,与第二名的伦敦政治经济学院拉开了一定
距离: 前者多出后者近 30 人次。伦敦政治经济学院、斯坦福大学、哥伦比亚大
学、牛津大学、纽约大学、加州大学伯克利分校、麻省理工学院、西北大学(美国)、
宾夕法尼亚大学、芝加哥大学的编委人次也都超过 100 人次,也都有着较大的优
势。自排名第 13 位的耶鲁大学以后,编委数量下降的速度变缓,各大学的编委
数量差距在逐步缩小。同时,初步粗略来看,这 103 所大学大体上也是人们普遍
认可的经济学学科领域的世界强校,再一次从侧面反映出大学的编委数量和科
研产出可能会有着某种联系。

　　对于编委数量排名前 10 位的大学,这里也给出了这些大学去重后的编委数
量(见表 6-1)。去重后,哈佛大学、伦敦政治经济学院、斯坦福大学依然位列这
10 所大学的前三位。其他大学的名次则各有所变动。总的来看,这 10 所大学
中的编委平均 1 人任职 1.52 本期刊,比化学学科中的 1.8 本要少,但是要略高
于计算机学科中的 1.49 本。我们这里也统计了 10 所大学中编委任职 4 本以上
期刊的编委名单,共有 38 人(见附录 3 中的附表 3-3)。同化学、计算机学科相
类似,经济学学科中同样存在少数编委任职期刊数量较多的现象。经济学中编
委任职期刊数最多的达到 10 本期刊,要低于化学、计算机学科中的编委任职期
刊的最多数量。担任 10 本期刊的编委分别是诺贝尔经济学奖获得者、不确定

性经济学、信息经济学的发展先驱 Kenneth J. Arrow 以及国际经济政策历史的奠基人 Barry Eichengreen。其他如 Jagdish N. Bhagwati, Timothy Besley 等人分别任职 8—7 本期刊。任职 5 本及以上的期刊共有 17 人，占这 10 所大学去重后总编委人数的 1.9%（10 本期刊去重后共有编委 903 人）。我们也由此猜测在经济学学科中，就所有样本期刊中所有大学的编委而言，编委任职的期刊数量也呈现右偏分布，即少数编委任职的期刊较多，而多数编委任职的期刊数量较少。

表 6-1　经济学学科编委数量前 10 强大学去重后的编委数量统计

大　　学	编委数量	编委数量排名	去重后编委数量	去重后排名	平均 1 人任职期刊数
哈佛大学	190	1	121	1	1.57
伦敦政治经济学院	162	2	110	2	1.47
斯坦福大学	153	3	104	3	1.47
哥伦比亚大学	141	4	80	5	1.76
牛津大学	136	5	94	4	1.45
纽约大学	127	6	80	5	1.59
加州大学伯克利分校	122	7	79	8	1.54
麻省理工学院	114	8	76	10	1.50
西北大学(美国)	113	9	80	5	1.41
宾夕法尼亚大学	112	10	79	8	1.42
10 所大学总计	1 370	/	903	/	1.52

6.2　经济学学科普通最小二乘回归分析

　　本节运用普通最小二乘回归方法对经济学学科中大学的编委数量与论文数量、总被引频次、篇均被引、h 指数进行相关性分析，以编委数量作为自变量，以论文数量、总被引频次、篇均被引、h 指数分别作为因变量,重点关注自变量对于因变量条件分布的平均影响。表 6-2 给出了这些变量的描述性统计。

表 6-2　经济学学科变量的描述性统计

变量名称	均值	标准误差	中位数	最小值	最大值
编委数量	9.00	18.50	3.00	1.00	190.00
论文数量	91.99	123.53	51.00	0.00	1 154.00
总被引频次	406.59	833.89	142.50	0.00	11 481.00
篇均被引	4.30	1.76	4.11	0.98	13.18
h 指数	7.49	5.78	6.00	0.00	42.00

我们运用普通最小二乘法对大学的编委数量与论文数量、总被引频次、篇均被引、h 指数四个回归方程进行估计。运用怀特异方差检验发现在四个回归方程中,编委数量与论文数量、总被引频次、h 指数这三个方程均存在异方差。我们运用怀特异方差一致协方差方法对这三个回归方程中的标准误差及 t 值进行校对。校对后的普通最小二乘回归结果如表 6-3 所示,从研究结果来看,编委数量与论文数量、总被引频次、篇均被引、h 指数四个回归方程整体上均通过了显著性检验。由表 6-3 的 A 部分可见,编委数量对论文数量的回归系数为正,且在 1% 的显著水平上显著,表明经济学学科中,一所大学的编委数量与科研产出数量具有显著的正向相关关系。表 6-3 的 B—C 部分分别显示,编委数量与总被引频次、篇均被引、h 指数分别在 1% 的显著性水平上显著正相关。经济学学科中的这一结果再次表明大学的编委数量不仅与科研产出数量,同时也与科研产出质量具有显著的正向相关关系。与化学学科、计算机学科中最小二乘回归结果相类似,虽然编委数量与四个科研产出指标均具有显著的正向相关关系,均在 1% 的显著水平上通过了统计检验。但是从拟合优度 R^2 来看,几者的相关程度并不相同。其中编委数量与论文数量、总被引频次的相关性最高,两个回归方程的拟合优度 R^2 分别高达 81.8% 和 86.1%,编委数量与 h 指数的相关性次之,也有着较高的相关性(R^2 为 62.5%)。而编委数量与更加反映质量的篇均被引的相关性则相对较低(R^2 为 28.1%)。几者之间相关性的差异同样可由图 6-2~6-5 的散点图看出:编委数量与论文数量、总被引频次的散点拟合得较好,近乎直线,而编委数量与篇均被引的散点则较为分散。

表 6-3　经济学学科普通最小二乘回归结果

	回归系数	标准误差	t 值	显著性
Panel A：因变量(论文数量)				
编委数量	6.038*	0.189	31.931	0.000
常数项	37.681*	1.760	21.412	0.000
R^2				0.818
F-test			$F=4\,403.823(P=0.000)$	
怀特异方差检验			$\chi^2=197.216(P=0.000)$	
Panel B：因变量(总被引频次)				
编委数量	41.829*	2.492	16.786	0.000
常数项	30.298	17.116	1.770	0.077
R^2				0.861
F-test			$F=6\,099.815(P=0.000)$	
怀特异方差检验			$\chi^2=390.888(P=0.000)$	
Panel C：因变量(篇均被引)				
编委数量	0.033*	0.003	11.100	0.000
常数项	3.545*	0.108	32.923	0.000
R^2				0.281
F-test			$F=123.219\,(P=0.000)$	
怀特异方差检验			$\chi^2=2.579\,(P=0.275)$	
Panel D：因变量(h 指数)				
编委数量	0.247*	0.014	17.664	0.000
常数项	5.270*	0.141	37.484	0.000
R^2				0.625
F-test			$F=1\,633.681(P=0.000)$	
怀特异方差检验			$\chi^2=209.489(P=0.000)$	

注：编委数量与论文数量、总被引频次、h 指数三个回归方程中，标准误差与 t 值为怀特异方差一致协方差方法校对后的值。* 表示在 1% 的水平上显著。

　　我们前面在第 4 章 4.2 节化学学科普通最小二乘回归分析部分与以往的相关文献进行了比较。与化学、计算机学科相类似的是，我们在经济学学科中同样也对大学编委数量与涉及科研产出质量的指标如总被引频次、篇均被引、h 指数等进行了相关性研究，这点与以往的文献也是不同的。此外，就与以往的结果对比分析来看，前面在化学学科的对比中，分别从样本量的大小、相关性的测量方法、学科性质的差异三个方面分析了与以往研究结果的不同。而经济学学科的结果与化学、计算机学科的结果非常相似,也即大学的编委数量与论文数量、总被引频次、h 指数的相关性较高,与篇均被引的相关性较低。因此这些分析对经济学学科也是适用的,这里就不赘述。

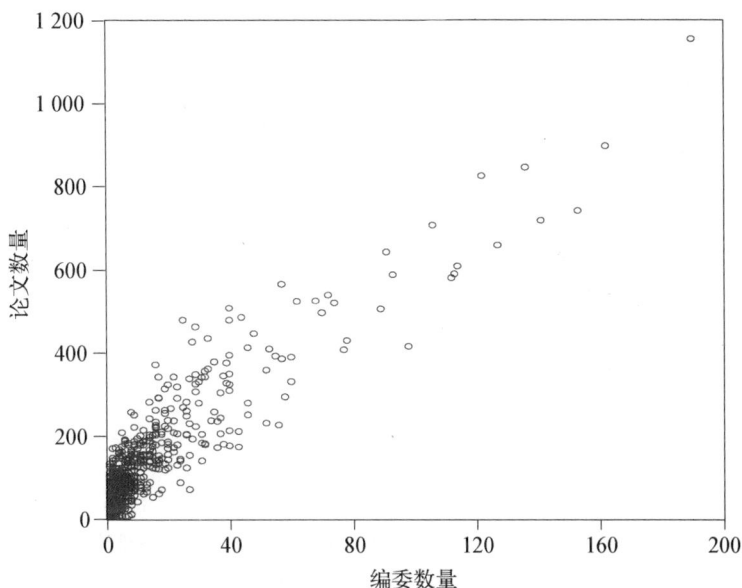

图 6-2　经济学学科大学编委数量与论文数量的相关性

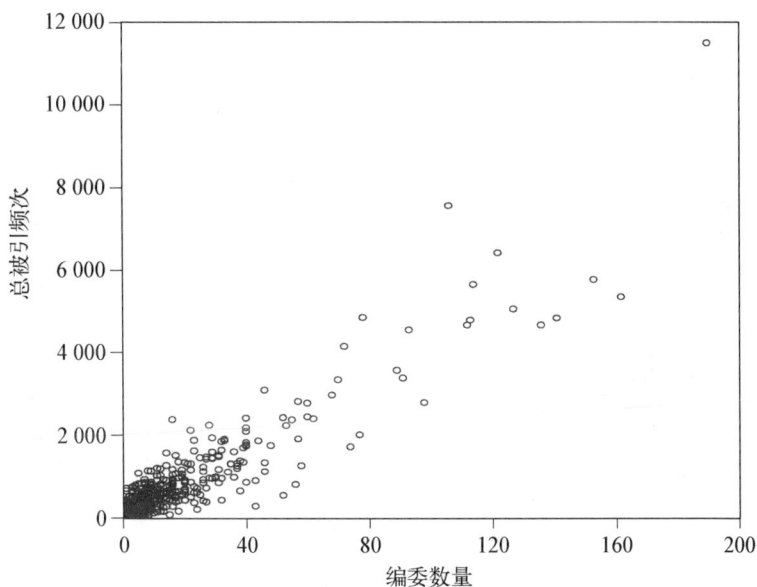

图 6-3　经济学学科大学编委数量与总被引频次的相关性

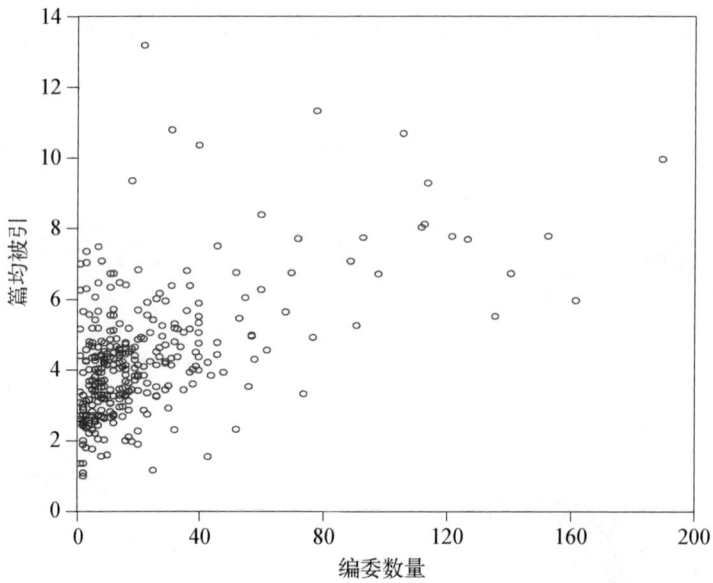

图6-4   经济学学科大学编委数量与篇均被引的相关性

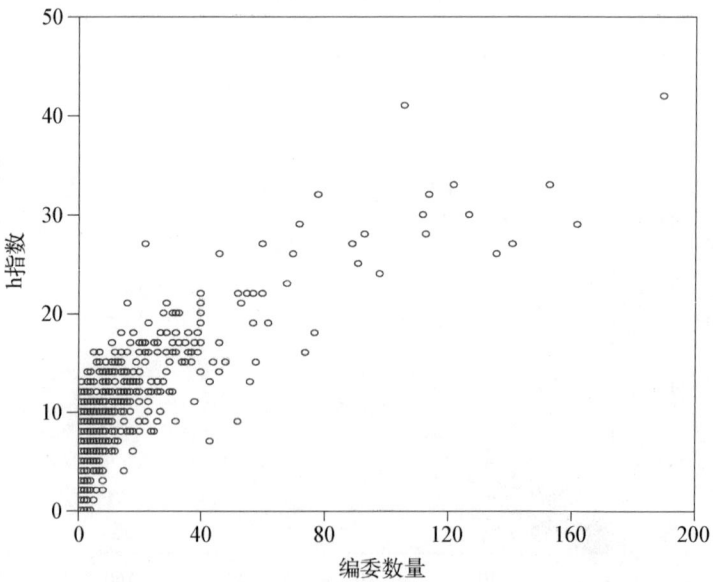

图6-5   经济学学科大学编委数量与h指数的相关性

6.3　经济学学科编委数量不同
数据段大学的分组统计

与化学、计算机学科相类似,这里同样在经济学学科中对大学编委数量按不同数据段进行分组,分别计算每组中大学编委数量的平均值以及各个科研产出指标的平均值,然后根据每组的平均值绘出他们关系的折线图,以期精确分析大学编委数量不同取值范围内其与科研产出关系的特点,给出两者关系的全貌。

在经济学学科中,首先按编委数量由低到高进行排序。同前述化学、计算机学科分组方法类似,这里仍以编委数量 5 人次分为一组。由前述经济学学科编委数量分布可知,经济学学科中编委数量的分布也呈现明显的右偏态,经济学学科编委数量在 40 人次以上的大学较少,如继续按 5 人次进行分组则会出现每组大学过少的情况,因此根据经济学学科编委数量分布的实际情况,将 40—50 人次分为一组,50—60 人次分为一组,60—100 人为一组,100 人次以上为一组,共计 12 组。同样分别计算每组大学编委数量、论文数量、总被引频次、篇均被引、h 指数的平均值(见表 6 - 4),并将编委数量的平均值分别与科研产出 4 个指标的平均值绘制折线图(见图 6 - 6～6 - 9)。

表 6 - 4　经济学学科编委数量不同数据段大学分组统计数据

编委数量 分组	组内编委 数量平均值	组内论文数 平均值	组内总被引 平均值	组内篇均 被引平均值	组内 h 指数 平均值
1—5	1.965	37.654	115.320	2.760	4.761
6—10	7.569	103.793	383.448	3.648	9.426
11—15	12.737	143.930	598.754	3.999	11.404
16—20	17.738	195.786	780.643	4.016	12.476
21—25	23.000	225.688	989.250	4.549	14.188
26—30	27.632	262.316	1 144.632	4.427	15.000
31—35	32.462	275.462	1 323.385	5.055	16.308
36—40	38.647	301.118	1 522.529	5.245	17.471
41—50	45.143	321.429	1 462.571	4.303	15.286

（续　表）

编委数量分组	组内编委数量平均值	组内论文数平均值	组内总被引平均值	组内篇均被引平均值	组内 h 指数平均值
51—60	56.000	357.000	1 944.600	5.285	19.200
60—100	79.273	507.273	3 232.818	6.439	24.273
100 以上	134.182	756.364	6 008.364	7.945	31.909

　　大学编委数量与论文数量的关系如图 6－6 所示,结合表 6－4 来看,两者呈现明显的线性关系:论文数量随着编委数量数据段的上升而上升,折线图整体上非常陡峭。且两者的线性相关程度在编委数量的不同数据段中基本一致。

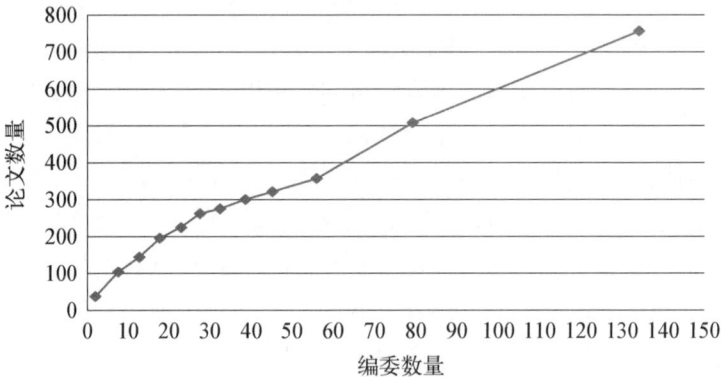

图 6－6　经济学学科大学编委数量与论文数量的分组统计

　　大学编委数量与总被引频次的关系如图 6－7 所示,两者也呈现明显的线性关系,总被引频次随着编委数量数据段的上升而上升,折线图整体上非常陡峭。结合表 6－4,编委数量在由 36—40 人次升到 41—50 人次数据段时,总被引频次略有下降,而在其他数据段中,两者的线性相关程度基本一致。

　　大学编委数量与篇均被引的关系如图 6－8 所示,两者整体上呈现线性关系,但是这种线性相关程度在不同数据段中的表现又不尽相同,编委数量在由 36—40 人次升到 41—50 人次数据段时,篇均被引有明显的下降,在编委数量为 60 人次以下时,两者虽呈现线性关系,但是该折线图不如图 6－6、图 6－7 以及图 6－9 的同一编委数据段陡峭,也说明两者的线性相关程度不如编委数量与论文数量、总被引频次、h 指数的相关程度强,这也与我们前面得到的经济学学科普通最小二乘回归结果相印证:经济学学科中,大学编委数量与篇均被引的相关性相对其他几对关系最弱。

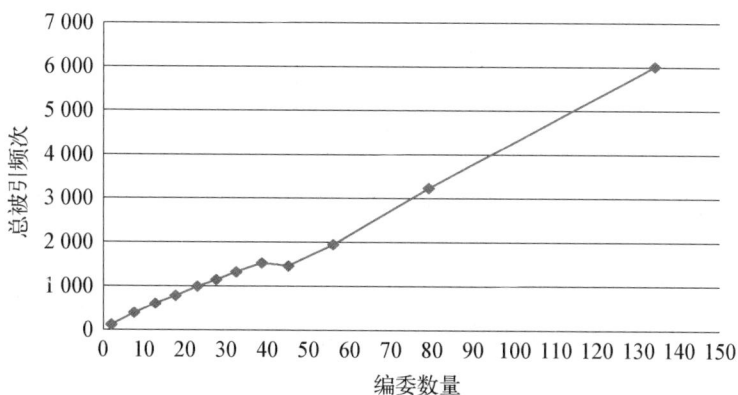

图 6-7　经济学学科大学编委数量与总被引频次的分组统计

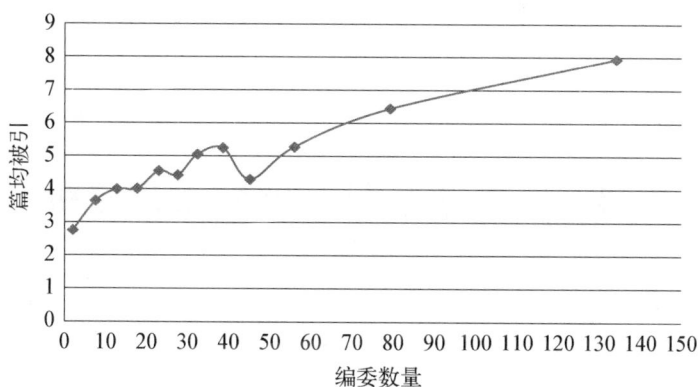

图 6-8　经济学学科大学编委数量与篇均被引的分组统计

　　大学编委数量与 h 指数的关系如图 6-9 所示,两者呈现明显的线性关系,h 指数整体上随着编委数量数据段的上升而上升。除编委数量在由 36—40 人次升到 41—50 人次数据段时,h 指数略有下降外,其他数据段中,两者的线性相关程度基本一致。

　　总的来看,经济学学科中大学编委数量与论文数量、总被引频次、h 指数的相关性较为明显,相关程度在编委数量的不同数据段中基本一致。而大学编委数量与篇均被引的相关程度则在编委数量的不同数据段中有所不同。而上述这两点正好也与经济学普通最小二乘回归结果中"大学编委数量与论文数量、总被引频次、h 指数相关性较高,而与篇均被引相关性较低"有着很好的印证。同时,上述这两点也与化学、计算机学科中的结果表现出相似性。因此,我们将这些共有的特点放在第 7 章与化学、计算机学科中的结果一起进行讨论,这里就不再展

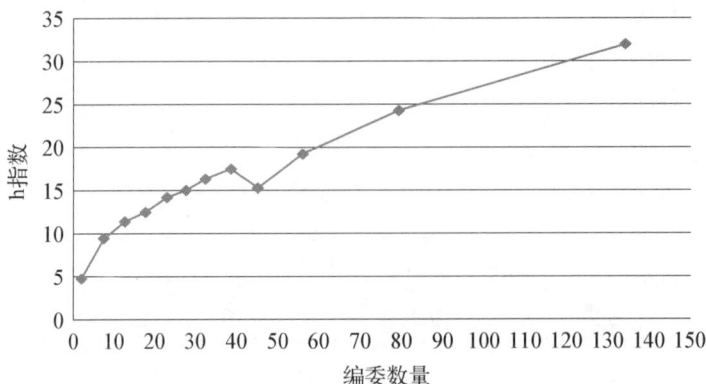

图 6-9 经济学学科大学编委数量与 h 指数的分组统计

开。通过分组统计分析展现了以往研究中观测不到的信息,更加细致全面地刻画了经济学学科中大学编委数量与科研产出两者之间的关系。

6.4 经济学学科分位数回归分析

与前述化学、计算机学科相类似,经济学学科中的普通最小二乘回归主要关注的也是大学编委数量对于科研产出的"平均影响"。普通最小二乘回归仍然不能很好地回答当大学科研产出位于条件分布的不同位置时,编委数量与科研产出的相关性是否会有所不同? 此外,前述经济学学科中的怀特异方差检验证实大学的编委数量与论文数量、总被引频次、h 指数三个回归方程中均存在异方差。异方差的存在也提示我们大学的编委数量与科研产出的相关性在科研产出条件分布的不同位置可能是不同的。根据经济学科中样本数据的特点,我们进一步运用分位数回归方法探究经济学学科中大学编委数量与科研产出的关系,以期获得两者关系的全貌。

这里仍以编委数量作为自变量,论文数量、总被引频次、篇均被引、h 指数分别作为因变量,并将论文数量、总被引频次、篇均被引、h 指数各以 5% 为间隔,分为 19 个分位点。分位数回归结果如表 6-5(5%—50%)和表 6-6(50%—95%)所示。对于每一个分位点,我们提供以下数据:每个分位点下的第一行值为回归系数值,中间一行为标准误差,最后一行为 P 值。我们也提供 R^2 来考察每个分位数回归模型的拟合优度。

表 6-5　经济学学科分位数回归结果 (percentiles 5%～50%)

		5	10	15	20	25	30	35	40	45	50
Panel A: 因变量 (论文数量)											
编委数量		4.462	4.929	5.183	5.310	5.458	5.636	6.133	6.157	6.505	6.753
		0.262	0.172	0.140	0.176	0.243	0.330	0.343	0.306	0.289	0.286
		0.000	0.000	0.000	0.000	0.000	0.000	0.000	0.000	0.000	0.000
常数项		-3.462	-1.929	-0.183	2.690	4.625	7.727	10.795	14.370	16.495	19.247
		0.568	0.589	0.662	0.937	1.064	1.390	1.454	1.565	1.413	2.131
		0.000	0.001	0.783	0.004	0.000	0.000	0.000	0.000	0.000	0.000
R^2		0.319	0.364	0.391	0.409	0.423	0.434	0.449	0.464	0.480	0.493
Panel B: 因变量 (总被引频次)											
编委数量		14.458	22.667	26.909	30.000	33.124	34.356	35.000	37.242	38.667	40.769
		2.830	1.854	1.866	2.077	1.345	1.000	1.487	1.757	1.812	1.763
		0.000	0.000	0.000	0.000	0.000	0.000	0.000	0.000	0.000	0.000
常数项		-17.375	-22.667	-25.909	-28.000	-27.124	-23.356	-18.000	-14.485	-7.667	-2.769
		8.605	2.244	2.501	3.111	2.941	2.727	3.778	5.083	4.606	5.525
		0.044	0.000	0.000	0.000	0.000	0.000	0.000	0.005	0.096	0.616
R^2		0.191	0.284	0.345	0.392	0.433	0.465	0.490	0.514	0.536	0.558

（续　表）

	5	10	15	20	25	30	35	40	45	50
Panel C: 因变量（篇均被引）										
编委数量	0.027	0.024	0.031	0.031	0.031	0.033	0.037	0.037	0.036	0.035
	0.005	0.005	0.005	0.004	0.004	0.005	0.004	0.004	0.004	0.004
	0.000	0.000	0.000	0.000	0.000	0.000	0.000	0.000	0.000	0.000
常数项	1.626	2.242	2.346	2.460	2.616	2.756	2.838	2.994	3.155	3.325
	0.208	0.135	0.072	0.085	0.109	0.113	0.104	0.104	0.127	0.126
	0.000	0.000	0.000	0.000	0.000	0.000	0.000	0.000	0.000	0.000
R^2	0.075	0.098	0.129	0.148	0.148	0.150	0.154	0.159	0.157	0.154
Panel D: 因变量（h 指数）										
编委数量	0.185	0.211	0.222	0.225	0.244	0.252	0.261	0.281	0.297	0.306
	0.015	0.016	0.016	0.019	0.018	0.022	0.022	0.029	0.026	0.019
	0.000	0.000	0.000	0.000	0.000	0.000	0.000	0.000	0.000	0.000
常数项	0.815	0.789	1.778	2.550	2.756	3.243	3.739	3.875	4.405	4.694
	0.207	0.176	0.067	0.341	0.083	0.304	0.133	0.248	0.195	0.132
	0.000	0.000	0.000	0.000	0.000	0.000	0.000	0.000	0.000	0.000
R^2	0.180	0.211	0.222	0.234	0.258	0.266	0.287	0.298	0.322	0.341

注：对每一个分位点，我们提供以下数据：回归系数值，标准误差，P 值以及拟合优度 R^2。其中斜体加粗为在 5% 水平上显著者。

表 6 - 6　经济学学科分位数回归结果（percentiles 50%～95%）

	50	55	60	65	70	75	80	85	90	95
Panel A: 因变量（论文数量）										
编委数量	6.753	6.775	7.160	7.333	8.000	8.429	8.913	9.031	9.400	10.333
	0.286	0.359	0.455	0.548	0.619	0.588	0.521	0.510	0.559	0.841
	0.000	0.000	0.000	0.000	0.000	0.000	0.000	0.000	0.000	0.000
常数项	19.247	25.449	28.520	34.667	39.000	45.286	49.261	61.969	73.800	92.000
	2.131	2.300	2.824	3.347	3.628	3.589	4.083	4.806	4.843	6.152
	0.000	0.000	0.000	0.000	0.000	0.000	0.000	0.000	0.000	0.000
R^2	0.493	0.506	0.519	0.535	0.555	0.576	0.597	0.625	0.663	0.705
Panel B: 因变量（总被引频次）										
编委数量	40.769	42.209	43.333	45.760	48.283	50.038	51.758	55.887	59.636	61.659
	1.763	1.677	2.050	2.378	2.154	2.605	3.262	3.363	3.663	4.879
	0.000	0.000	0.000	0.000	0.000	0.000	0.000	0.000	0.000	0.000
常数项	-2.769	8.373	21.667	29.240	39.717	56.962	83.483	111.113	150.091	236.682
	5.525	6.437	6.784	8.221	9.470	11.288	17.070	19.646	21.412	31.537
	0.616	0.194	0.001	0.000	0.000	0.000	0.000	0.000	0.000	0.000
R^2	0.558	0.579	0.599	0.619	0.641	0.663	0.686	0.713	0.745	0.787

（续　表）

Panel C: 因变量（篇均被引）

	50	55	60	65	70	75	80	85	90	95
编委数量	0.035	0.034	0.033	0.036	0.036	0.035	0.033	0.041	0.036	0.037
	0.004	0.004	0.004	0.004	0.004	0.004	0.005	0.008	0.011	0.015
	0.000	0.000	0.000	0.000	0.000	0.000	0.000	0.000	0.001	0.013
常数项	3.325	3.548	3.724	3.868	3.986	4.145	4.397	4.618	5.142	6.170
	0.126	0.137	0.131	0.119	0.105	0.104	0.173	0.231	0.315	0.379
	0.000	0.000	0.000	0.000	0.000	0.000	0.000	0.000	0.000	0.000
R^2	0.154	0.154	0.159	0.169	0.180	0.191	0.191	0.190	0.181	0.173

Panel D: 因变量（h指数）

	50	55	60	65	70	75	80	85	90	95
编委数量	0.306	0.324	0.333	0.333	0.333	0.333	0.333	0.350	0.355	0.353
	0.019	0.021	0.019	0.017	0.019	0.019	0.022	0.022	0.023	0.036
	0.000	0.000	0.000	0.000	0.000	0.000	0.000	0.000	0.000	0.000
常数项	4.694	4.706	5.333	5.667	6.333	6.667	7.333	7.950	8.645	10.118
	0.132	0.276	0.200	0.191	0.225	0.209	0.242	0.269	0.265	0.531
	0.000	0.000	0.000	0.000	0.000	0.000	0.000	0.000	0.000	0.000
R^2	0.341	0.356	0.373	0.391	0.408	0.429	0.451	0.479	0.508	0.556

注：对每一个分位点，我们提供以下数据：回归系数值，标准误差，P 值以及拟合优度 R^2。其中斜体加粗为在 5% 水平上显著。

表 6 - 5 和表 6 - 6 的结果显示,编委数量对于论文数量的所有回归系数全部为正,在 1% 的显著水平上全部通过显著性检验。且回归系数从 5% 分位点的 4.46 逐渐增加到 95% 分位点的 10.33。在 95% 分位点,回归系数是中位数点的 1.5 倍,是 5% 分位点的 2.3 倍。拟合优度 R^2 也从低分位点到高分位点逐渐增高。这些结果表明,在经济学学科中,当一所大学的论文数量位于条件分布的越高(低)分位点时,编委数量对它的影响系数也越大(小)。

与上述结果类似,编委数量对于总被引频次的所有回归系数也全部为正,在 1% 的显著水平上全部通过显著性检验。且回归系数从 5% 分位点的 14.46 逐渐增加到 95% 分位点的 61.66。在 95% 分位点,回归系数是中位数点的 1.5 倍,是 5% 分位点的 4.3 倍。拟合优度 R^2 也从低分位点到高分位点逐渐增高。这些结果表明,在经济学学科中,当一所大学的总被引频次位于条件分布的越高(低)分位点时,编委数量对它的影响系数也越大(小)。

就编委数量与篇均被引的关系来看,编委数量对于篇均被引的所有回归系数全部为正,且回归系数除在 95% 分位点时在 5% 显著水平上通过显著性检验外,其他分位点的回归系数均在 1% 的显著水平上全部通过显著性检验。回归系数的变动并不明显,特别是在 35% 分位点后,基本上在 0.035 左右波动。拟合优度相对较低,R^2 在 7.5%—19.1% 之间。

就编委数量与 h 指数的关系来看,编委数量对于 h 指数的所有回归系数全部为正,在 1% 的显著水平上全部通过显著性检验。且回归系数从 5% 分位点的 0.19 逐渐增加到 95% 分位点的 0.35。拟合优度 R^2 也从低分位点到高分位点逐渐增高。这些结果表明,在经济学学科中,当一所大学的 h 指数位于条件分布的越高(低)分位点时,编委数量对它的影响系数也越大(小)。

图 6 - 10～6 - 13 刻画了经济学学科中大学编委数量与科研产出(论文数量、总被引频次、篇均被引、h 指数)关系的分位数回归与普通最小二乘回归的对比结果。由这四幅图可以看出,随着分位点的逐渐增高,编委数量对于论文数量、总被引频次、h 指数的回归系数均呈现逐渐增大的趋势,而编委数量对于篇均被引的回归系数则近乎一条平缓的曲线,特别是在 35%—80% 分位点之间。同时,分位数回归结果与普通最小二乘回归结果的对比表明:经济学学科中,编委数量对论文数量、总被引频次、h 指数的回归系数分别在 35% 分位点、55% 分位点、30% 分位点及以上时要高于均值回归的结果,而在上述三个分位点以下时要低于均值回归的结果;也即在上述这三个分位点及以上时,普通最小二乘回归低估了编委数量与他们的关系,而在上述三个分位点以下时,普通最小二乘回归高估了编委数量与他们的关系。编委数量对于篇均被引的回归系数在 30% 分

位点及以下、60%、80%分位点时低于均值回归的结果,在其余分位点都要高于均值回归的结果。由此可见,分位数回归呈现了普通最小二乘回归无法观测到的更加全面完整的信息。

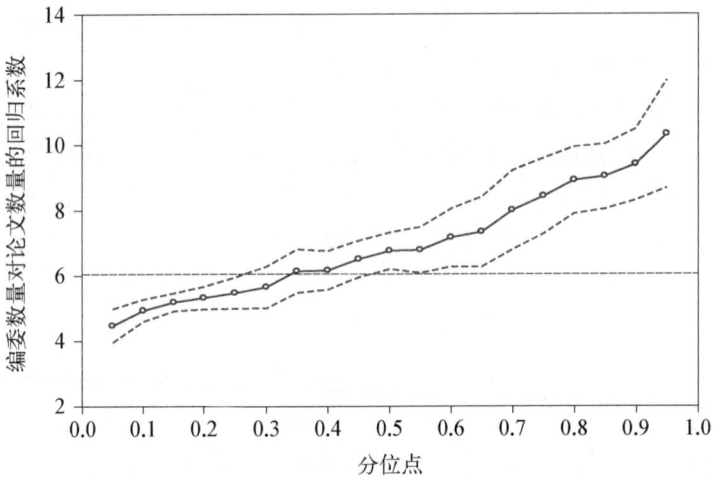

图6-10 经济学学科大学论文数量分位数回归与普通最小二乘回归结果比较
　　注:水平虚线为普通最小二乘回归结果,圆圈曲线为分位数回归结果,曲虚线为其95%置信区间。

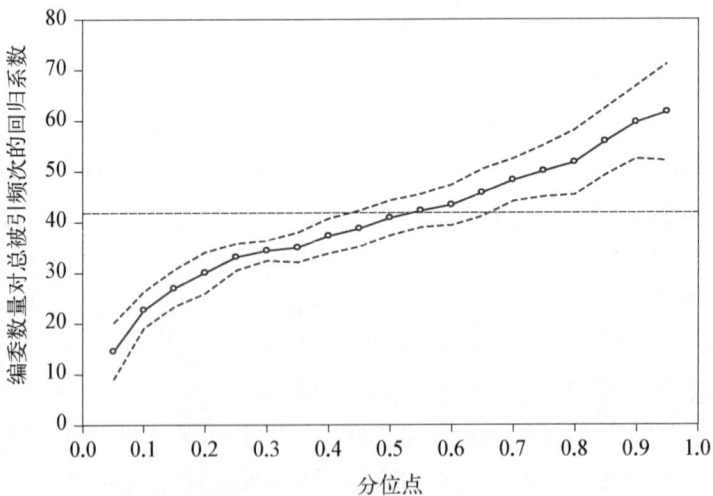

图6-11 经济学学科大学总被引频次分位数回归与普通最小二乘回归结果比较
　　注:水平虚线为普通最小二乘回归结果,圆圈曲线为分位数回归结果,曲虚线为其95%置信区间。

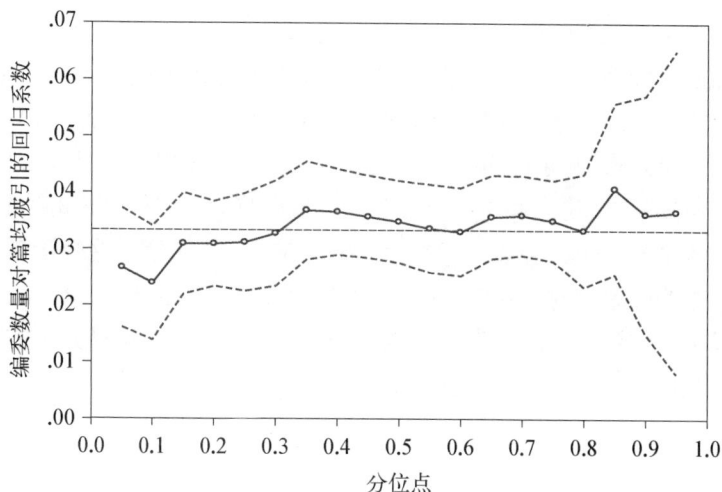

图 6-12　经济学学科大学篇均被引分位数回归与普通最小二乘回归结果比较

注：水平虚线为普通最小二乘回归结果，圆圈曲线为分位数回归结果，曲虚线为其 95％置信区间。

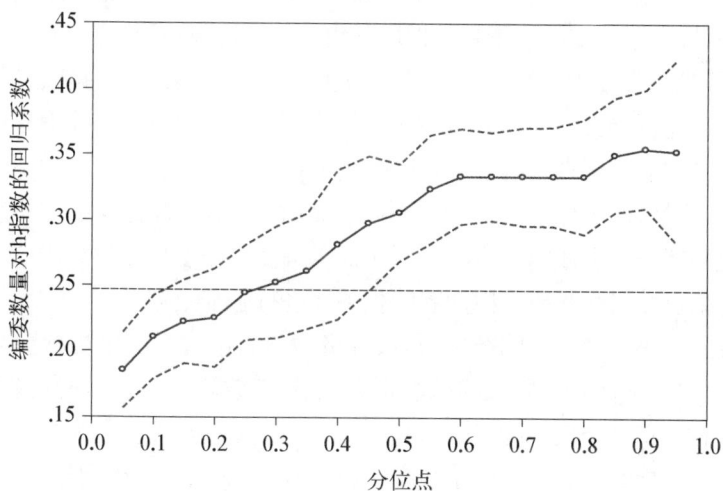

图 6-13　经济学学科大学 h 指数分位数回归与普通最小二乘回归结果比较

注：水平虚线为普通最小二乘回归结果，圆圈曲线为分位数回归结果，曲虚线为其 95％置信区间。

　　总的来看，经济学学科中分位数回归结果呈现这样一种有规律的现象：当一所大学的科研产出指标位于条件分布的越高（低）分位点时，编委数量对这些科研产出指标的影响系数也越大（小）。这与化学、计算机学科中分位数回归结果所呈现的特点基本上是一致的。此前我们已在第 4 章 4.2 节化学学科分位数回归的部分与相关文献进行了对比,并就造成这些文献结果差异的原因进行了分析。而由于经济学学科与化学、计算机学科分位数回归的结果具有相似性,这些对比分析对于经济学学科也是基本适用的,这里就不赘述。此外,从怀特异方差检验的结果来看,大学的编委数量与论文数量、总被引频次、h 指数三个方程中均存在着异方差,说明确实可能存在着其他影响大学科研产出的因素。因此,要分析经济学学科中分位数回归结果背后的原因,就要分析这些遗漏的影响大学科研产出的因素。对于这些影响因素的讨论,我们结合第 4 章化学、第 5 章计算机学科中分位数回归的结果一起放在第 7 章 7.2 节"三学科分位数回归结果的解释"中进行详细论述,这里就不赘述。

本 章 小 结

在本章中,我们在经济学学科中选取 984 所大学为样本,分别运用普通最小二乘回归、按大学编委数量不同数据段分组统计、分位数回归三种方法对这些大学的 SSCI 期刊编委数量与论文数量、总被引频次、篇均被引、h 指数进行相关性实证检验。通过将大学编委数量按不同数据段进行分组统计,精确分析大学编委数量不同取值范围内其与大学科研产出关系的特点;通过分位数回归方法,详细刻画大学科研产出位于条件分布不同位置时,大学的编委数量与科研产出相关性的变动差异。上述两种方法分别从侧重编委的角度与侧重科研产出的角度对大学的编委数量与科研产出两者的相关性进行了细致刻画。

从普通最小二乘回归的结果来看,经济学学科中大学的编委数量与论文数量、兼顾反映论文数量与质量的总被引频次、h 指数均具有显著的正相关性,且相关性较高。特别是大学的编委数量与论文数量、总被引频次的相关性在三个学科中众多指标的相关关系中是最高的,它们对应的回归方程的拟合优度 R^2 分别达到 81.8% 和 86.1%。大学的编委数量与更加突出反映质量的篇均被引也具有显著的正相关性,但是相关性较低。

从按大学编委数量不同数据段分组统计的结果来看,经济学学科中大学编委数量与论文数量、总被引频次、h 指数的相关程度在编委数量的不同数据段中基本一致,而与篇均被引的相关程度则在编委数量的不同数据段中有所不同。上述这一特点也与普通最小二乘回归结果中"大学编委数量与论文数量、总被引频次、h 指数相关性较高,而与篇均被引相关性较低"有着很好的印证。

从分位数回归的结果来看,经济学学科中大学的编委数量与论文数量、总被引频次、篇均被引、h 指数在所有分位点均具有显著的正相关性;且当一所大学的论文数量、总被引频次、h 指数位于条件分布的越高(低)分位点时,编委数量对它们的影响系数也越大(小)。而编委数量对篇均被引的影响系数变动并不明显,特别是在 35%分位点后。

与以往文献相对比,我们在经济学学科中不只对大学的编委数量与论文数量进行了相关性实证检验,同时也将大学编委数量与涉及论文质量的总被引频次、篇均被引、h 指数等科学计量学指标进行了相关性实证检验,并对相关性进行了更为细致的刻画。而由于经济学学科中的相关性结果与化学、计算机学科具有相似性,因此前述在化学学科中与已有相关文献结果的对比分析对于经济学学科也是适用的。

第7章 三学科大学 SCI 期刊编委数量与科研产出相关性的讨论

7.1 三学科大学 SCI 期刊编委数量与科研产出相关性的综合对比分析

7.1.1 三学科大学 SCI 期刊编委数量与科研产出相关性的异同点比较

前面通过运用普通最小二乘回归、分组统计分析、分位数回归等方法分别在化学、计算机、经济学三个学科中对大学的 SCI 期刊编委数量与科研产出的相关性进行了实证检验。我们发现化学、计算机、经济学这三个学科中的实证结果表现出了很多的相似性,且这种相似性在普通最小二乘回归、分组统计分析、分位数回归三种方法中都能很好地相互印证。但是三个学科的实证结果之间也存在着一定程度的不同。下面就分别对这三个学科中的相关性结果进行异同点的对比。

从普通最小二乘回归结果来看,三个学科更多地表现出相同性,其相同点有二:第一,三个学科中,大学编委数量与论文数量、兼顾反映论文数量与质量的总被引频次、h 指数均具有显著的正相关性,且相关性较高。第二,三个学科中,大学编委数量与更加突出反映质量的篇均被引指标也具有显著的正相关性,但是相关性较低。三个学科中也有一些不同之处:第一,经济学学科中大学编委数量与论文数量、总被引频次的相关性在几个相关关系中最高,它们对应的回归方程的拟合优度 R^2 分别达到 81.8% 和 86.1%。第二,尽管三个学科中大学编委数量与篇均被引的相关性均相对较低,但在计算机学科中表现得最为明显,计算机学科中大学编委数量与篇均被引是几个相关关系中最低的,两者回归方程的拟合优度 R^2 仅为 9.5%。

　　从分组统计分析的结果来看,三个学科中依然表现出了更多的相同性,其相同点表现在:第一,三个学科中,大学论文数量、总被引频次、h 指数等科研产出指标均随着编委数量数据段的上升而上升,两者的折线图整体上看均表现得较为陡峭。第二,三个学科中,大学编委数量与论文数量、总被引频次、h 指数的相关程度在编委数量的不同数据段中基本一致,但是与篇均被引的相关程度在编委数量的不同数据段中都有所不同。上述这两点正好也是对普通最小二乘回归结果中"大学编委数量与论文数量、总被引频次、h 指数相关性较高,而与篇均被引相关性较低"的一个很好印证。三个学科中的不同点突出表现在:对于"大学编委数量与篇均被引的相关程度在编委数量的不同数据段中有所不同"这点而言,在计算机中表现得较为明显,当编委数量在 16—55 人次这一数据段时,篇均被引在 3.882—4.512 之间波动。而当编委数量在 55 人次以上时,编委数量与篇均被引则几乎无关。这点也和上述普通最小二乘回归结果中"计算机学科中大学编委数量与篇均被引是几个相关关系中最低的"这点有着很好的印证。

　　从分位数回归的结果来看,三个学科中再次表现出了更多的相同性,其相同点主要有:第一,三个学科中,一所大学所拥有的编委数量与论文数量、总被引频次、篇均被引、h 指数在所有分位点均具有显著的正相关性。第二,三个学科中,当一所大学的论文数量、总被引频次位于条件分布的越高(低)分位点时,编委数量对它们的影响系数也越大(小)。第三,对于 h 指数而言,上述这一现象在化学、经济学学科中也有所表现:化学与经济学学科中,当一所大学的 h 指数位于条件分布的越高(低)分位点时,编委数量对它的影响系数也越大(小)。第四,对于篇均被引指标而言,在化学、计算机学科中也基本表现出随着篇均被引分位点的提高,编委数量对它的影响系数呈现逐渐增大的趋势,但是在三个学科中,编委数量与篇均被引两者的相关性都不是很高,这点也与普通最小二乘回归结果中编委数量与篇均被引的相关性较低有所印证。总的来看,三学科分位数回归结果中,大学的编委数量与科研产出总体上呈现这样一种有规律的现象:当大学的科研产出指标位于条件分布的越高(低)分位点时,大学的编委数量对这些科研产出指标的影响系数也越大(小)。但是三个学科中在具体指标中也有着不同之处,具体表现在:第一,计算机学科中编委数量与篇均被引的相关性仍然是三个学科中最低的,两者在各个分位点对应的回归方程的拟合优度 R^2 仅在 4.5%—8% 之间。第二,对于 h 指数这一指标,计算机学科中编委数量对于位于条件分布低端与高端 h 指数的影响要低于位于条件分布中间端 h 指数的影响。第三,经济学学科中编委数量对篇均被引的影响系数变动并不明显,特别是在 35% 分位点后。

　　现将上述异同点总结为表 7-1。

表 7 - 1   化学、计算机、经济学学科大学编委数量与科研产出相关性的异同点比较

	相　同　点	不　同　点
普通最小二乘回归	1. 编委数量与论文数量、总被引频次、h指数均具有显著的正相关性,且相关性均较高。 2. 编委数量与篇均被引也具有显著的正相关性,但相关性均较低。	1. 经济学学科中编委数量与论文数量、总被引频次的相关性在几个相关关系中最高。 2. 计算机学科中编委数量与篇均被引的相关性在几个相关关系中最低。
分组统计分析	1. 论文数量、总被引频次、h指数均随着编委数量数据段的上升而上升,两者的折线图整体上看均表现得较为陡峭。 2. 编委数量与论文数量、总被引频次、h指数的相关程度在编委数量的不同数据段中基本一致,但是与篇均被引的相关程度在编委数量的不同数据段中都有所不同。	对于"编委数量与篇均被引的相关程度在编委数量的不同数据段中有所不同"这点而言,计算机要较其他两个学科表现得更为明显。
分位数回归	1. 编委数量与论文数量、总被引频次、篇均被引、h指数在所有分位点均具有显著的正相关性。 2. 当一所大学的论文数量、总被引频次位于条件分布的越高(低)分位点时,编委数量对它们的影响系数也越大(小)。 3. 对于h指数而言,上述这一现象在化学、经济学学科中也都有所表现。 4. 对于篇均被引而言,在化学、计算机学科中也基本表现出随着篇均被引分位点的提高,编委数量对它的影响系数呈现逐渐增大的趋势,但是在三个学科中,编委数量与篇均被引两者的相关性都不是很高。	1. 计算机学科中编委数量与篇均被引的相关性仍然是三个学科中最低的。 2. 对于h指数这一指标,计算机学科中编委数量对于位于条件分布低端与高端h指数的影响要低于位于条件分布中间端h指数的影响。 3. 经济学学科中编委数量对篇均被引的影响系数变动并不明显。

7.1.2　三学科大学 SCI 期刊编委数量与科研产出相关性异同点的形成原因分析

　　化学、计算机、经济学三个学科中大学编委数量与科研产出相关性所体现出的相同点可能更容易被我们所理解,大学编委数量与科研产出相关性背后所涉及的

机理(如编委可能基于自身较强的科研产出能力直接为本校贡献了较多高质量的科研产出,以及编委由于掌控学术话语权,来自编委院校的文章可能更容易得到学界认可和发表,具体关于机理的讨论将在第 8 章中展开)在学科间具有互通性。

值得注意的是,三个学科中大学编委数量与篇均被引的相关性均相对较低,且这点在普通最小二乘回归、分组统计分析以及分位数回归中均有所体现,这与我们的预期有所不同。为什么编委数量与更加反映科研产出质量的篇均被引相关性不如其他指标相关性强呢? 篇均被引指标更多地反映了一所大学的篇均影响,更加突出反映一所大学的质量,该指标对于论文数量较少的大学可能更为有利,一些规模较小、论文数量较少的学校可以有着很高的被引频次,例如化学、计算机、经济学三个学科中篇均被引最高的三所大学分别是威斯康辛大学普莱威尔分校(University of Wisconsin Platteville)、波士顿学院(Boston College)、奥尔巴尼医药与健康科学学院(Albany College of Pharmacy and Health Sciences),它们都并非是本学科中人们公认的最顶尖的一流大学,而只是由于拥有较少的论文数但有着很高的被引频次从而占据了篇均被引的榜首。我们为了避免论文数量较少的大学带来这种统计结果上的歪曲,在回归分析时设置了最少发文数量的阀值。然而设置阀值后,三个学科中编委数量与篇均被引的相关性与其他几个指标相比都是相对最低的。那么为什么设置阀值后仍然没有消除这种影响呢,我们设想是否是阀值设置不当所造成的。我们这里也给出了三个学科中编委数量与篇均被引在论文数量取不同阀值(也即论文数量最多的 500—100 所)时的相关系数(见表 7 - 2)。

表 7 - 2　化学、计算机、经济学论文数量不同阀值下编委数量与篇均被引的相关性结果

	化学学科 相关系数	计算机学科 相关系数	经济学学科 相关系数
不设阀值	0.493*	0.181*	0.370*
Top500	0.548*	0.308*	0.519*
Top400	0.563*	0.300*	0.539*
Top300	0.563*	0.321*	0.530*
Top200	0.593*	0.425*	0.553*
Top100	0.540*	0.334*	0.646*

注:Top500—100 表示论文数量最多的 500~100 所大学。化学学科、计算机学科中的 Top500 实际分别为 531 所和 502 所,经济学中的 Top300 实际为 318 所,也即对应三个学科在回归分析时所设置的阀值。* 表示在 1% 水平上显著。

由表 7-2 发现,与没设阀值相比,在设置不同阀值后,编委数量与篇均被引的相关性都有明显的提升。原因就在于我们在设置了一定的阀值后,删除了部分论文数量较少、编委数量较少而篇均被引较高的大学。例如,计算机学科没设阀值的结果与设定论文数量最多的 500 所大学相比,相关系数由原来的 0.181($P=$ 0.000)提高到 0.308($P=$0.000),在这一过程中,我们排除编委数量在 5 人及其以下但是篇均被引在 6 次及其以上的大学就有 78 所。这些学校多是诸如韩国教员大学(Korea National University of Education,篇均被引为 15)、青岛大学(Qingdao University,篇均被引为 13.05)等非计算机学科中的强校,可能由于论文数量少而被引相对较高的缘故,这些学校的篇均被引都很高。再如经济学中没设阀值的结果与设定阀值为论文数量最多的 500 所大学相比,相关系数也由原来的 0.37($P=$ 0.000)提高到 0.519($P=$0.000),在这一过程中,我们也排除了部分论文数量较少,编委数量较少,但是篇均被引较高的大学,其中编委数量在 5 人次及其以下,但是篇均被引在 6 次及其以上的大学有 26 所。这说明我们设置阀值起到了一定的效果。

虽然设置阀值与不设阀值相比起到了一定的效果,但是我们也发现设置不同的阀值对结果的影响总的来看似乎不大,编委数量与篇均被引的相关性并没有随着论文数量阀值的提高而有特别明显的提高,变化不是特别大。设置不同阀值虽起到了一定效果,但是仍然没有达到我们的预期,没有达到像编委数量与论文数量、总被引频次、h 指数等指标相对较高的相关性,我们认为这可能是以下两点原因造成的。

第一,在对论文数量设置阀值的过程中,虽然删除了一些论文数量较少、编委数量较少、篇均被引较高的大学,但是也因此删除了大量论文数量较少、编委数量与篇均被引也都较少的大学,而这些大学对于提高编委数量与篇均被引的相关性,提高回归模型的拟合优度是有帮助的。就如同编委数量与论文数量、总被引频次、h 指数的回归模型数据中,有大量的编委数量与论文数量、总被引频次、h 指数都较少的数据,这些数据和编委数量、论文数量、总被引频次、h 指数都较强的数据结合在一起,数据错落有致,因而回归的拟合优度较高,相关性较强。缺少这些数据可能对编委数量与篇均被引的相关性造成了一定影响。例如三个学科在由不设阀值向设置阀值为论文数量最多的 500 所大学的转换过程中,化学学科剔除了 216 所编委数量在 5 人次及其以下、篇均被引也在 5 次及其以下的大学,经济学中剔除了 327 所编委数量在 5 人次及其以下,篇均被引在 3 次及其以下的大学,而计算机学科中剔除的编委数量在 5 人次及其以下,篇均被引在 3 次及其以下的大学多达 525 所。

随着阀值的提升,总的来看编委数量与篇均被引的相关性的变化不是很大,可能和边际效应有关。每次设置新的阀值后,尽管删除了论文数量相对较少,编委数量较少而篇均被引较多的大学,但是同时也会删除论文数量相对较少,编委数量较少而篇均被引也较少的大学,随着阀值的提升,这两部分删除的大学也都变少,效果也就可能不如由不设阀值到论文数量最多的 500 所大学这一过程表现得明显,因此变化不大。以计算机学科为例,阀值在由论文数量最多的 500 所大学到论文数量最多的 400 所大学转换的过程中,编委数量在 5 人次及其以下,篇均被引在 5 次及以上的大学只有 3 所,而编委数量在 5 人次及其以下,篇均被引在 3 次及以下的大学有 15 所,这两部分数据都明显比由不设阀值到论文数量最多的 500 所大学这一过程中删除的数据要少。而化学学科、计算机学科在取论文数量最多的 200 所大学时,经济学学科在取论文数量最多的 100 所大学时相关系数分别是最高的,可能也在这时他们各自达到了一个比较平衡的状态。

　　第二,与篇均被引指标本身的性质有一定关系。编委数量与篇均被引两个指标之间的性质有所不同,编委数量与学校规模有一定关系,规模大的大学自然编委数量要多一些,因此它和同样反映规模的论文数量、兼顾反映规模与质量的总被引频次、h 指数的相关性要相对较高。而篇均被引指标与规模无关,正如前面提到的,它更多地反映了一所大学的篇均影响,更加突出反映一所大学的质量,且可能对于一些规模较小的大学更为有利。一些规模较小的学校可以有着很高的篇均被引,而一些规模相对较大,发表论文数量较多,在学科中公认的名校的篇均被引也并不一定就很高,编委数量与篇均被引可能因此在对应的关系上有所偏差。我们即使设置阀值可能也无法完全消除这种影响。例如在计算机学科中,卡耐基梅隆大学、德克萨斯大学奥斯汀分校、佐治亚理工学院三所计算机领域中公认的名校的发文数量都很高,三者分别为 1 165,795,1 023 篇,发文量都是位于计算机学科所有样本大学的前 2%,编委数量也都位于前 5 名,但是三校的篇均被引都没有超过 5 次,分别为 3.97,3.96 和 4.81 次。再如经济学学科中规模相对较小的达特茅斯学院和布朗大学,两所学校的发文数量分别只有139 篇和 175 篇,两校的编委数量分别为 31 人和 40 人,这些数据在 2013 年ARWU 经济学学科排名前 200 名大学中并非是最顶尖的,但是两校的篇均被引却分别高达 10.78 和 10.34 次,位于 2013 年 ARWU 经济学学科排名前 200 强中的前 5 位。像上述这些学校就很难靠设置阀值来消除这种规模的影响。另外,篇均被引指标还受引用习惯等因素的影响,一般来说,非英语国家的论文不易得到引用[1],例如化学学科中的名校东京大学、京都大学都是位于 2013 年

① 中国 SCI 论文数世界第二引用次数低于世界平均[J]. 中国科技信息,2012,(20): 17.

ARWU 排名前 20 的高校,他们的编委数量相对较多,而篇均被引同样不高,分别为 11.96,10.52,在论文数量最多的 200 所大学中,也只能分别排在 58 名与 96 名。诸如这些学校我们也是很难靠设置阀值排除的。

我们也在三个学科中将篇均被引这一指标与在世界上有着较大影响力的 ARWU 学科综合排名(2013 年)进行了相关性检验,我们发现化学、计算机、经济学三个学科中,两者的相关系数分别为 $0.543(P=0.000)$,$0.463(P=0.000)$,$0.660(P=0.000)$。可以看到,如果按照 Cozby 对相关强度的划分标准[①],篇均被引这一指标本身与较为权威的 ARWU 学科排名在化学、经济学学科也只有中等程度的相关,在计算机学科中为低度相关,这与三个学科中编委数量与篇均被引在设置阀值后的相关性也非常吻合。因此,如果从这一视角来看,篇均被引与编委数量的相关性不高也较为正常。

此外,是否会存在这样一种可能:编委使得本不应该发表的文章得到发表,从而带来文章较多,而篇均被引不高的现象,进而影响编委数量与篇均被引的相关性。我们认为编委使得本不应该发表的文章得到发表的现象相对来说是比较少的,我们在第 8 章 8.4.3 节结合访谈对编委是否有滥用权力的现象进行了讨论,这里就不赘述。

分组统计分析、分位数回归中的其他几个相同点里,也多是对"大学编委数量与论文数量、总被引频次、h 指数相关性较高,而与篇均被引相关性较低"这一现象的验证,这里也不赘述。而对于分位数回归中"当大学科研产出指标位于条件分布的越高(低)分位点时,大学编委数量对这些科研产出指标的影响系数也越大(小)"这一共同点背后所形成的原因,我们将放在本章 7.2 节中进行讨论。

再来看三个学科中的不同点。首先看普通最小二乘回归里,经济学学科中编委数量与论文数量、总被引频次的指标是几个相关关系中最高的。我们前面在普通最小二乘回归结果与已有文献的对比分析时曾提到由于诸如学科间科研产出发表形式、学科国际化程度等方面的区别,自然科学中的学科可能要比一般的人文社会科学中的学科更能反映编委数量与科研产出数量、质量之间的关系。而经济学学科由于大量应用数理模型,具有偏重"硬科学"的性质,其区别于其他人文社会科学类学科,但是为什么经济学比自然科学的化学、技术科学类的计算机学科中的相关性还要更强呢? 从三个学科中编委数量与论文数量、总被引频次的散点图(见图 4-2,图 4-3,图 5-2,图 5-3,图 6-2,图 6-3)来看,在化学、计算机学科这两个学科中,随着编委数量的增加,论文数量,总被引频次越来

---

① Cozby P C. Methods in Behavioral Research[M]. New York: McGraw-Hill Co, 2008.

越发散,这一特征非常的明显,而从经济学学科中的这两幅散点图来看,拟合的效果要好于化学、计算机学科,发散的特征并不明显。发散的特征说明除编委外,还存在着影响论文数量、总被引频次的其他遗漏变量因素,例如科研政策、科研投入等。我们认为可能正是这些因素使得化学、计算机学科中编委数量与论文数量、总被引频次的相关性要弱于经济学学科中的相关性。而这些无法获取的影响因素也是我们使用分位数回归细致刻画编委数量与科研产出关系的原因,我们也因此在本章 7.2 节三学科分位数回归结果的解释中,对经济学学科这一与化学、计算机中的不同点进行详细分析。

此外,三个学科中另外一个不同点是计算机学科中的编委数量与篇均被引的相关性是三学科中几个指标相关关系中最低的,这点在普通最小二乘回归、分组统计分析、分位数回归中都有所相互印证(如分组统计分析中的不同点,分位数回归中的第一点不同)。我们猜想这可能和我们的研究设计中没有考虑到计算机学科中会议论文也占有重要的地位这一独有的计算机文化现象有一定关系。对于计算机学科而言,会议论文占有着非常重要的地位。自 20 世纪五六十年代以来,计算机学科作为一门新兴学科在过去的几十年里得到了飞速迅猛的发展,新技术新成果涌现不断,而计算机学术会议为新成果、新技术的快速发表提供了重要平台,会议论文出版周期短的特点满足了新技术成果快速发表的需要。学者 Kling 和 McKim 指出"计算机科学家们通常将会议论文视作与期刊论文同等重要的形式,这点是和自然科学有所不同的"[1]。一些学者也都认为在计算机学科中,会议论文至少是和期刊论文同等重要的[2-4]。而在我们的研究中并没有统计计算机会议论文这一重要形式,计算机学科中只基于期刊论文的篇均被引可能没能很好反映出样本大学的真实质量,从而歪曲了编委数量与篇均被引的真实关系。因此除了前面我们提到篇均被引指标本身的特性外,计算机学科中篇均被引与编委数量的关系较其他两个学科更低可能也与没有考虑会议论文有着一定关系。一些实证研究也表明,会议论文有着重要的影响力,考虑会

① Kling R, & McKim G. Scholarly communication and the continuum of electronic publishing[J]. Journal of the American Society for Information Science and Technology, 1999, 50(10), 890 - 906.
② Goodrum A A, McCain K W, Lawrence S, et al. Scholarly publishing in the Internet age: A citation analysis of computer science literature[J]. Information Processing and Management, 2001, 37, 661 - 675.
③ Visser M S, & Moed H F. Developing bibliometric indicators of research performance in computer science[C]. Proceedings of the 10th international conference of the international society for scientometrics and informetrics (ISSI 2005), 2005: 275 - 279.
④ Bar-Ilan J. Web of Science with the Conference Proceedings Citation Indexes: The case of computer science[J]. Scientometrics, 2010, 83(3), 809 - 824.

议论文与否对于最终的评价结果是不同的。例如 Bar-Ilan 的研究表明尽管计算机学科中高被引科学家的绝大多数高被引论文都是期刊论文,但是这些论文里有超过 40% 的被引频次来自会议论文,考虑会议论文的情况下对科学家的被引频次有着重要影响[1]。Wainer 等人利用 2006 年国际计算机协会(Association for Computing Machinery,以下简称 ACM)出版的包括期刊、会议在内的计算机论文为样本,发现这些论文中 40% 的参考文献来自会议论文,30% 来自期刊论文;对于那些被引频次在 10 次以上的论文,41% 为会议论文,16% 为期刊论文[2]。其他如 Lisee 等人,裴世保和夏玉良等人的研究也都通过实证表明计算机会议论文在引文评价方面扮演着重要角色[3-4]。此外,尽管计算机学科中会议论文再投期刊也是该学科中的惯例,但是从已有的一些实证研究来看,会议论文中继续扩展为期刊论文的比例并不高[5-7],例如在 Bar-Ilan 的研究中,这一比例仅为 25%。我们选取的期刊论文也因此可能仍然不能很好地完全覆盖与代替会议论文。

最后来看分位数回归中的后两个不同点(由于第一点不同是对计算机学科编委数量与篇均被引相关性最低这一现象的验证,我们已在上面进行讨论,这里就不赘述)。计算机学科中,编委数量对 h 指数的影响并未随着分位点的提高而提高,而是表现出"编委数量对于位于条件分布低端与高端 h 指数的影响要低于位于条件分布中间端 h 指数的影响"这样一个特点。而经济学学科中,编委数量对篇均被引的影响系数变动并不明显,也未表现出三个学科中编委数量与其他科研产出指标的共性规律。解释这两点似乎较为困难,我们猜想首先可能还是与指标的特性有关,更偏重反映规模的编委数量与更突出反映质量的篇均被引指标可能不易形成规律,而这点可能在经济学中表现得更为明显。而 h 指数也是兼顾反映数量与质量类的指标,且可能更偏重质量,更加体现科研质量的价值

[1] Bar-Ilan J. Web of Science with the Conference Proceedings Citation Indexes: The case of computer science[J]. Scientometrics, 2010, 83(3), 809-824.
[2] Wainer J, de Oliveira H P, & Anido R. Patterns of bibliographic references in the acm published papers[J]. Information Processing & Management, 2011, 47(1), 135-142.
[3] Lisee C, Lariviere V, & Archembault E. Conference proceedings as a source of scientific information[J]. Journal of the American Society for Information Science and Technology, 2008, 59(11), 1776-1784.
[4] 裴世保,夏玉良.计算机学科会议论文重要性分析与探讨[J].科技管理研究,2013,(8):241-245.
[5] Bar-Ilan J. Web of Science with the Conference Proceedings Citation Indexes: The case of computer science[J]. Scientometrics, 2010, 83(3), 809-824.
[6] Eckmann M, Rocha A, & Wainer J. Relationship between high quality journals and conferences in computer vision[J]. Scientometrics, 2012, 90(2), 617-630.
[7] Wainer J, & Valle E. What happens to computer science research after it is published? Tracking CS research lines[J]. Journal of the American Society for Information Science and Technology, 2013, 64(6), 1104-1111.

取向①,与编委数量的规模性有所差异,同时在我们没有收集会议论文的情况下,计算机学科中编委数量与 h 指数的规律可能没有很好地体现出来。

7.2　三学科分位数回归结果的解释

在上一节里我们对化学、计算机、经济学三个学科中的分位数回归结果进行了异同点的总结比较,也得出了一些有意思的结果。总的来看,除部分学科中的部分指标外,三个学科中大学编委数量与科研产出总体上呈现这样一种现象:当一所大学的科研产出指标位于条件分布的越高(低)分位点时,编委数量对这些科研产出指标的影响系数也越大(小)。那么为什么呈现出这样的结果呢? 我们在上一节的对比分析中并没有对此展开讨论。

正如在前面第 3 章研究方法部分所介绍的,我们使用分位数回归方法正是考虑到一些遗漏的变量可能影响着大学科研产出的条件分布,在大学科研产出条件分布的不同位置,大学编委数量对科研产出的影响可能是不同的,我们分位数回归的结果也确实很好地证实了这一点。此外,从图 4-2,图 5-2 等几张散点图来看,随着编委数量的增多,科研产出越来越发散,这也是异方差的典型特征,说明确实可能存在着其他影响大学科研产出的因素。要分析不同分位点的不同结果,就要分析这些遗漏的影响大学科研产出的因素。我们认为造成“当大学的科研产出指标位于条件分布的越高(低)分位点时,大学编委数量对这些科研产出指标的影响系数也越大(小)”这一结果的原因可能是以下几个因素的影响:编委自身科研水平的差异、科研投入的影响、科研政策的影响。下面分述之。

7.2.1　编委自身科研水平的差异

如果将编委视作一种投入的话,我们并没有对编委这一因素本身进行区分。不同的编委,他们自身的科研产出水平可能有很大差异,即使大学投入相同的编委数量,但是因为编委自身的科研产出水平的不同,他们对科研产出的影响也会

---

① 金碧辉,Rousseau Ronald. R 指数、AR 指数: h 指数功能扩展的补充指标[J]. 科学观察, 2007,2(3): 1-8.

有所不同。我们在计算机学科小样本的探索性分析中发现编委对于一所大学的论文数量、被引频次有着一定程度的贡献(见第 8 章 8.2.1 节),但是不同的编委对本校科研产出的贡献可能是不同的。编委的科研产出水平越高,越能为本校贡献更多的论文和被引频次,此外,根据 Merton"强者越强,弱者越弱"的马太效应原理,这些更为优秀的学者可能更容易发表文章、更容易获得更多的被引频次[1-3],他们也可能招到更为优秀的博士生,与其指导合作共同产出更多更优秀的科研成果。因此,我们的一个猜想是,一所大学拥有越多科研产出水平较高(低)的编委,该校越有可能位于科研产出条件分布的高(低)分位点。

7.2.2 科研投入的影响

科研投入是影响科研产出非常重要的变量,一般来说,科研投入又可分为科研经费的投入与科研人力的投入两个方面。Griliches 就曾在 20 世纪 70 年代提出知识生产函数的概念,其将科研产出的过程看作是研发资本投入与人力投入的函数,该知识生产函数模型也成为后来分析科研投入产出的重要框架和研究工具[4]。国内外围绕科研投入与产出的关系开展了较为丰富的研究,大部分的研究结果表明,科研投入对科研产出有着显著的正向影响:Trieschmann 和 Dennis 选取美国顶尖商学院为样本,发现教师数量、正教授的比例等投入变量对最终的科研产出数量有着显著的正向影响[5]。Hausman 等人运用计数模型研究发现 R&D 人员和经费投入与专利产出之间存在显著的因果数量关系[6]。谢亚兰以 ARWU 综合排名百强中的美国大学为样本,研究发现美国一流大学科研经费投入与产出之间具有高度的相关性,相关系数在 0.7 以上,且私立大学的相关性更是高达 0.9[7]。朱军文运用近 30 年的数据,发现我国 R&D 经费、基础研究经费、全国 R&D 经费支出占 GDP 比例的提高与我国 SCI 论文数量的增长

① Merton R K. The Matthew effect in science[J]. Science, 1968, 159(3810), 56 - 63.
② Medoff M H. Evidence of a Harvard and Chicago Matthew effect [J]. Journal of Economic Methodology, 2006, 13(4), 485 - 506.
③ Tol R S J. The Matthew Effect defined and tested for the 100 most prolific economists[J]. Journal of the American Society for Information Science and Technology, 2009, 60(2), 420 - 426.
④ Griliches Z. Issues in assessing the contribution of R&D to productivity growth[J]. Bell Journal of Economics, 1979, 10(1), 92 - 116.
⑤ Trieschmann J S, & Dennis A R. Serving multiple constituencies in business schools M.B.A. program versus research performance[J]. Academy of Management, 2000, 43(6), 1130 - 1136.
⑥ Hausman J, Hall B H, & Griliches Z. Econometric models for count data with application to the patents R&D relationship[J]. Econometrical, 1984, 52(4), 909 - 938.
⑦ 谢亚兰. 美国世界一流大学科研经费投入与产出相关性实证研究[J]. 高教探索,2008(5):51 - 54.

方向一致,我国在校博士生数量变化趋势与 SCI 论文数量变化趋势具有明显的一致性[①]。吴杨和苏竣选取 1991—2008 年的数据,发现我国大学基础研究的投入以及人均投入与科研产出均有着较强的相关性[②]。刘莉聚焦于日本人文社会科学领域,发现日本的 SSCI 论文数量与硕士学位授予数、博士学位授予数、研究人员数、科研经费有着显著的正向关系[③]。俞立平选取国内 702 所大学为样本,发现科研人员全时当量、课题经费、非课题经费对于这些大学的人文社会科学成果均有着显著的正向影响,三个变量的贡献依次递减[④]。此外,还有一些研究也表明科研投入对科研产出有着显著的正向影响[⑤-⑨]。

　　由于限于大学具体某一学科中的科研投入数据较难获得,我们没有把科研投入这一影响大学科研产出的重要变量纳入到模型中,因此可能造成了大学编委数量与科研产出的关系在科研产出的不同条件分位点的结果有所不同。以图 4 - 10 为例,即使一些大学同样拥有 40 位编委,但是这些大学的科研投入是不同的,显然投入越多的大学论文数量可能会更多,越有可能位于高分位点回归线 R1 附近,即科研投入越多的大学越有可能位于科研产出条件分布的高分位点。反之亦然。因此,大学间科研投入的不同可能是造成大学编委数量与科研产出的关系在科研产出的不同条件分位点的结果有所不同的原因之一,科研投入较多(少)的大学越有可能位于科研产出条件分布的高(低)分位点。

　　我们在本章 7.1 节中进行三个学科相关性的异同点比较分析时,发现经济学学科编委数量与论文数量、总被引频次的相关性在几个相关关系中是最强的,我们也提到这种学科间的差异可能与科研投入与科研政策两个因素有关。这里我们首先从科研投入的角度来分析(科研政策的讨论放在下一小节 7.2.3 节

① 朱军文. 基于 SCIE 论文的我国研究型大学基础研究产出表现研究:1978—2007[D]. 上海:上海交通大学,2009.
② 吴杨,苏竣. 高校基础研究投入与产出的相关性分析:1991—2008[J]. 高等教育研究,2011,32(3):39 - 45.
③ 刘莉. 改革开放三十年我国大陆 SSCI 论文定量研究——兼论社会科学研究国际化[D]. 上海:上海交通大学,2009.
④ 俞立平. 中国高校人文社科投入要素的贡献研究[J]. 北京理工大学学报(社会科学版),2012,14(5):32 - 38.
⑤ Moon H S, & Lee J D. A fuzzy set theory approach to national composite S&T indices[J]. Scientometrics, 2005, 64(1), 67 - 83.
⑥ 赵正洲,王鹏. 高等农业院校科研投入——产出的定量研究[J]. 科技进步与对策,2005,22(2):145 - 147.
⑦ 岳洪江. 我国社会科学研究投入产出绩效研究[J]. 科技进步与对策,2008,25(6):138 - 141.
⑧ 吴杨,何光荣,何晋秋. 高校科研投入与产出的相关性分析:1991—2008[J]. 清华大学教育研究,2011,32(4):104 - 112.
⑨ 俞立平,彭长生. 高校人文社科投入与产出互动关系研究——基于 PVAR 模型的估计[J]. 科研管理,2013,34(11):147 - 153.

中)。正如在前面第 4 章 4.2、4.4 节中所提到的,自然科学与人文社会科学有着很大的不同,自然科学中的某些规律也许在人文社会科学中并不适用。例如,对于经济学来说,该学科对科研经费等投入的依赖性也许不如自然科学、技术科学强,经济学不需要像自然科学、技术科学中昂贵的仪器设备,有限的经费可能也能做出一流的研究。在经济管理领域,Trieschmann 和 Dennis 的研究发现教师数量、正教授的比例等涉及科研人力投入的变量对美国顶尖商学院的科研产出数量有着显著的正向影响,而研究经费则没有通过统计显著性检验[1]。国内岳洪江、俞立平等人的研究也发现在人文社会科学领域内,科研人力投入对人文社会科学科研产出的影响要比科研经费更大[2-4]。因此,我们猜想可能是由于化学、计算机学科比经济学学科更容易受到科研经费的影响,反映在散点图上的表现就是化学、计算机两个学科编委数量与论文数量,总被引频次等指标的散点较经济学更为发散,拟合优度较低,而经济学受经费影响较小,数据点发散程度小,拟合优度较高,从而相关性更高。

7.2.3 科研政策的影响

科研政策也是影响一所大学科研产出的重要因素之一,可能也会影响大学编委数量与科研产出的分位数回归结果。由前面图 4-10 的示意图中可以看出,随着编委数量的增加,科研产出愈加发散,越在高分位点,编委数量对科研产出拟合的回归线会越陡峭,也即编委数量对科研产出的回归系数也越大,而这一特征在化学、计算机这两个理工科中表现得更加明显。我们结合具体数据发现化学、计算机学科中位于论文数量、总被引频次较高分位点的大学很多是来自中国的高校。例如化学学科中,位于论文数量、总被引频次、h 指数较高分位点的浙江大学,虽然只有 18 人次的编委,但是科研产出数量、总被引频次、h 指数分别达到 4 870,44 208,59,三项产出指标远高于编委同为 18 人次的汉诺威大学、密苏里大学—哥伦比亚。拥有 40 人次编委的南京大学的论文数量、总被引频次、h 指数也分别达到 4 253,44 635,65,在论文数量、总被引频次方面也远高于

① Trieschmann J S, & Dennis A R. Serving multiple constituencies in business schools M. B. A. program versus research performance[J]. Academy of Management, 2000, 43(6), 1130-1136.
② 岳洪江. 我国社会科学研究投入产出绩效研究[J]. 科技进步与对策,2008,25(6):138-141.
③ 俞立平. 中国高校人文社科投入要素的贡献研究[J]. 北京理工大学学报(社会科学版),2012,14(5):32-38.
④ 俞立平,彭长生. 高校人文社科投入与产出互动关系研究——基于 PVAR 模型的估计[J]. 科研管理,2013,34(11):147-153.

编委同为 40 人次的佛罗伦萨大学和墨尔本大学。类似的位于论文数量、总被引频次较高分位点的中国大学还有南开大学、复旦大学、吉林大学、清华大学、北京大学等。计算机学科中位于论文数、总被引频次较高分位点的大学同样有很多来自中国,例如有清华大学、浙江大学、上海交通大学、华中科技大学、哈尔滨工业大学、大连理工大学等。

　　自 20 世纪 80 年代末期南京大学开始实行对发表 SCI 论文进行奖励的政策以来,国内众多研究型大学纷纷效仿。90 年代中期以来,奖励发表 SCI 论文的政策也同博士生毕业条件联系起来,我国国内的研究型大学纷纷出台规定,理工类博士毕业生必须发表一定数量的 SCI 论文才能毕业(各学校以及具体各个学科对论文数量的要求不同,有的学科还对发表刊物的影响因子进行了规定)。至今,发表一定数量的 SCI 论文仍然是我国很多研究型大学理工类博士毕业的硬性要求之一。同时,根据朱军文的研究发现,自改革开放 30 年来,我国 SCI 论文数量的增长与博士生数量的增长有着明显的一致性[①]。根据教育部最新数据的统计,截至 2013 年,我国在校博士生的数量已经接近 30 万人,位居世界第一[②]。SCI 论文奖励的政策、博士生发表 SCI 论文的硬性规定政策以及我国研究型大学拥有大量的博士生几者相结合,可能是这些因素促使我国化学、计算机学科中的这些研究型大学位于论文数量、总被引频次的较高分位点。

　　与化学、计算机学科形成对比的是,从经济学学科中的样本数据来看,国内一些拥有经济学国家重点学科的强校如南开大学、武汉大学、华中科技大学等以及其他一些国内名校如上海交通大学、中国科学技术大学、中国农业大学等都并未分布在论文数量、总被引频次的较高分位点,这点与化学、计算机学科中论文数量、总被引频次的高分位点上聚集大量中国大学有着较为明显的不同。一般来说,我国社会科学类博士生并没有强制发表 SSCI 论文的硬性规定政策。

　　因此,相关的科研政策可能也是造成大学编委数量与科研产出的关系在科研产出的不同条件分位点有所不同的原因之一。上述例子也表明有可能是科研政策的差异使得经济学学科中大学编委数量与论文数量、总被引频次的散点要较化学、计算机学科中更为收敛,从而拟合得更好,相关性更高。而博士生作为一种重要的科研人力资源投入也很好地印证了我们前面关于科研投入越高的大学越可能位于高分位点的猜想。

①　朱军文. 基于 SCIE 论文的我国研究型大学基础研究产出表现研究:1978—2007[D]. 上海:上海交通大学,2009.
②　中华人民共和国教育部. 各级各类学历教育学生情况[EB/OL]. http://www.moe.gov.cn/publicfiles/business/htmlfiles/moe/s8493/201412/181593.html,2014-12-15.

本 章 小 结

本章对化学、计算机、经济学三个学科中大学 SCI 期刊编委数量与科研产出的相关性结果进行了对比分析,对三个学科中实证结果的异同点进行了总结,并分析了形成这些异同点的原因。我们发现三个学科中的实证结果更多地表现出了相似性:三个学科中,大学的编委数量与论文数量、兼顾反映论文数量与质量的总被引频次、h 指数均具有显著的正相关性,且相关性较高;三学科中大学的编委数量与更加突出反映质量的篇均被引也具有显著的正相关性,但是相关性较低。而这一特点在分组统计、分位数回归结果中都有所印证。大学的 SCI 期刊编委数量与篇均被引相关性较低的原因可能有二:一方面,为避免发文数量较少的大学带来统计结果上的歪曲,对大学 SCI 期刊编委数量与篇均被引进行回归分析时设置了最少发文数量的阀值,但设阀值后不可避免地删除了部分对提高编委数量与篇均被引相关性有帮助的大学数据。另一方面,可能与编委数量、篇均被引指标自身的性质有关:编委数量与大学规模有一定关系,而篇均被引与大学规模无关,即使设置阀值仍然无法完全消除这种规模上的影响。计算机学科中大学的编委数量与篇均被引的相关性是三学科中几个指标相关关系中最低的,这点在普通最小二乘回归、分组统计分析、分位数回归中也都有所相互印证。我们猜想这可能和我们的研究设计中没有考虑到计算机学科中会议论文也占有着重要地位这一独有的计算机文化现象有一定关系。

三学科中,除部分学科中的部分指标外,大学的编委数量与科研产出的分位数回归结果总体上呈现这样一种现象:当大学的科研产出指标位于条件分布的越高(低)分位点时,大学的编委数量对这些科研产出指标的影响系数也越大(小)。我们认为这可能与编委自身科研水平、科研投入、科研政策等因素有着一定的关系。一所大学拥有越多科研产出水平较高(低)的编委,该校越有可能位于科研产出条件分布的高(低)分位点;科研投入较多(少)的大学越有可能位于科研产出条件分布的高(低)分位点;而各大学在科研政策上的差异可能也是造成大学编委数量与科研产出的相关性在科研产出的不同条件分位点有所不同的原因。经济学学科与理工类学科在科研投入、科研政策等方面的差异可能也是形成"经济学学科中大学编委数量与论文数量、总被引频次相关性要比化学、计算机学科中更强"的原因,我们在分位数回归结果解释的部分对此一并进行了讨论。

第 8 章 大学 SCI 期刊编委数量与科研产出的因果关系研究

8.1 大学 SCI 期刊编委数量与科研产出因果关系的理论分析

我们前面通过运用普通最小二乘回归、分组统计分析、分位数回归等方法分别在化学、计算机、经济学三个学科中对大学的编委数量与科研产出的相关性进行了实证检验并对三个学科的实证结果进行了对比分析。普通最小二乘回归结果表明,无论是化学、计算机,还是经济学学科中,大学的编委数量与论文数量、兼顾反映论文数量与质量的总被引频次、h 指数均具有显著的正相关性,且相关性较高。三学科中大学的编委数量与更加突出反映质量的篇均被引指标也具有显著的正相关性,但是相关性较低。三学科中分组统计分析与分位数回归的结果对于普通最小二乘回归中"大学编委数量与论文数量、总被引频次、h 指数相关性较高,而与篇均被引相关性较低"的结果都有所印证。

需要注意的是,前述结果得到的都只是大学编委数量与科研产出的相关关系,数字上的相关性并不意味着两者背后的因果关系。但是这并不妨碍我们对隐藏在两者背后的因果机制进行分析和讨论。我们试分别从科研产出影响编委数量的方向上以及编委数量影响科研产出的方向上分析这两者背后可能的因果机制。

首先从科研产出影响编委数量的方向上看。理论上来说,编委资格的获取正是基于他们自身较高的科研产出水平,有着较强科研产出发表记录的人才有资格当选为编委。因此,从个人层面上看,学者自身的科研产出水平影响着编委资格的获取,由此推广到学校层面,一所大学科研产出的数量与质量越高,这里面所蕴含的编委数量越多的机率也应该越大,这可能是一所大学科研产出影响编委数量这一方向上的作用机理。

　　尽管目前还没有见到关于"大学科研产出是大学编委数量的原因"这一问题实证检验方面的报道,也较少有研究在个人层面专门针对编委任职前的科研产出情况进行实证(例如 Williams 和 Rodgers[1] 的研究发现 *The Accounting Review* 中的编委成员在任职编委职位前都在这一顶尖期刊上发表过论文)。但是仍然有相当一部分研究表明编委有着较强的科研产出发表记录,从而也间接表明编委的当选可能是基于他们自身较高的科研产出水平(Valle 和 Schultz[2] 就认为编委借助编委资格获得更多的科研产出这种可能性是很小的,有着较强的发文记录更多的是基于编委自身较高的科研产出水平)。例如前述在纳米领域[3]、会计学领域[4]、财政学领域[5]、图书馆与情报学领域[6]等的实证研究。

　　再从编委数量影响科研产出的方向上看,一所大学的编委数量影响本校科研产出的机制可能有两点。

　　第一,编委们可能基于自身较高的科研产出水平直接为本校贡献了较多高质量的科研产出。正如我们刚在前面"科研产出影响编委数量"这一方向上分析的,理论上说,编委资格的获取正是基于自身较高的学术成就,编委们通常都有着较高的科研产出水平,因此反过来,编委也可能会通过自身较高的科研产出水平为本校贡献较多高质量的科研产出,这实际上同一个问题的两个方面。目前虽然没有见到直接关于编委对一所大学科研产出数量与质量贡献大小的研究,但是通过前文一些关于编委具有较高科研产出水平的文献报道,我们猜测编委可能基于自身较高的科研产出水平为本校贡献了较多高质量的科研产出。

　　第二,编委可能通过掌控学术话语权而对一所大学的科研产出有着重要的

① Williams P F, & Rodgers J L. The accounting review and the production of accounting knowledge [J]. Critical Perspectives on Accounting, 1995, 6(3), 263 - 287.

② Valle M, & Schultz K. The etiology of top-tier publications in management: A status attainment perspective on academic career success[J]. Career Development International, 2011, 16 (3), 220 - 237.

③ Braun T, Zsindely S, Diospatonyi I, et al. Gatekeeper index versus impact factor of science journals [J]. Scientometrics, 2007, 71(3), 541 - 543.

④ Beattie V A, & Ryan J R. Performance indices and related measures of journal perception in accounting[J]. British Accounting Review, 1989, 21(3), 267 - 278.

⑤ Hardin W G, Liano K, Chan K C, et al. Finance editorial board membership and research productivity[J]. Review of Quantitative Finance and Accounting, 2008, 31(3), 225 - 240.

⑥ Willett P. The characteristics of journal editorial boards in library and information science[J]. International Journal of Knowledge Content Development & Technology, 2013, 3(1), 5 - 17.

影响。被喻为学术期刊守门人的编委扮演着学术话语权控制者的重要角色,他们把握着本学科研究的热点,制定着期刊中学术评价的标准,决定着期刊文章的发表与否,保障着期刊出版文章的最终质量,引领着整个学界的研究方向等。上述这些本身也都被认为是学术话语权表现的重要形式[1-2]。而与编委有着相同学术背景的作者(如来自相同院校或相同的毕业院校)可能与编委有着相同或类似的学术观点,有着共同关注的研究问题、研究方向。同时,在研究方法、研究范式上等方面也可能有着相同的偏好。基于这种研究问题、研究方向、学术观点、研究范式上的偏好与认同,来自编委院校作者的文章可能更容易得到学界上的认可也因此可能更容易发表。学者 Garcia-Carpintero 等人[3]就曾指出"控制学术期刊是增加科研产出能见度(visibility)的一种途径,一国编委数量的增多并不直接意味着该国科研产出的一定增多,但是存在着增加该国科研产出数量的可能性"。

尽管目前还没有见到直接研究编委由于研究问题、学术观点、研究范式上的偏好等这些掌控学术话语权的原因而使本校作者的文章更容易发表的报道,但是有一些学者从侧面间接的角度对于相关类似的问题进行了研究,例如文献综述中介绍的 Williams 和 Rodgers[4]、Bates 等人[5]、许森源[6]以及 Brogaard 等人[7]的研究。

至此,根据上述对大学编委数量与科研产出因果机制的分析,我们可以提出两点假设。

假设 1:编委可能基于自身较高的科研产出水平直接为本校贡献了较多高质量的科研产出。

假设 2:编委由于掌控学术话语权的原因,来自编委院校学者的文章更容易得到学界的认可和发表。

① 郑杭生. 学术话语权与中国社会学发展[J]. 中国社会科学,2011,(2):27-34.
② 胡钦太. 中国学术话语权的立体化构建[J]. 学术月刊,2013,45(3):5-13.
③ Garcia-Carpintero E, Granadino B, & Plaza L M. The representation of nationalities on the editorial boards of international journals and the promotion of the scientific output of the same countries[J]. Scientometrics, 2010, 84(3), 799-811.
④ Williams P F, & Rodgers J L. The accounting review and the production of accounting knowledge [J]. Critical Perspectives on Accounting, 1995, 6(3), 263-287.
⑤ Bates H L, Waldrup B E, Shea V J, et al. Accounting editorial board membership and research output[J]. Journal of Business & Economics Research, 2011, 9(3), 39-46.
⑥ 许森源. 市场竞争、同侪监督与投机行为:经济论文丛刊及中国财务学刊编辑者出版及偏好行为之比较[D]. 台中:朝阳科技大学,2002.
⑦ Brogaard J, Engelberg J, & Parsons C A. Networks and productivity: Causal evidence from editor rotations[J]. Journal of Financial Economics, 2014, 111, 251-270.

　　这里需要说明的是,从科研产出影响编委数量的方向上看,学者自身的科研产出水平影响着编委资格的获取,一所大学科研产出的数量与质量越高,这里面所蕴含的编委数量越多的机率也应该越大,然而在学校层面上,我们对此并不容易直接进行验证,而是转而从编委为本校科研产出数量与质量的贡献上进行考察,正如我们上面所提到的,这实际是同一问题的两个方面。

　　下面8.2节中我们在计算机学科中选用截面小样本数据分别对这两点假设进行验证。

8.2　大学 SCI 期刊编委数量与科研产出因果关系在计算机学科中的案例验证

8.2.1　编委对本校科研产出贡献的案例验证

　　假设 1 认为编委可能基于自身较高的科研产出水平直接为本校贡献了较多高质量的科研产出。如果假设 1 成立的话,那么我们认为可能会有这样的结果:一所大学编委们的发文数量、总被引频次占该校所有论文、总被引频次的比例要高于编委占该校所有发文作者的比例;此外,编委们的篇均被引要高于该校所有发文作者的篇均被引。为了验证这一点,同时考虑到数据的可获取性,我们在计算机学科中运用小样本深入到编委个人层面做了一次探索性研究,具体的研究步骤如下:

　　第一步,首先运用立意抽样的方法选取编委数量最多的 5 所大学、拥有平均值的 5 所大学和数量最少的 5 所大学组成我们的小样本。为了避免编委数量过少带来的研究误差,在挑选编委数量最少的 5 所大学时,我们人为主观地设定一个阈值:最少的编委数量为 10 名。由于编委数量为 10 的大学拥有 29 所,我们运用简单随机抽样的方法在这 29 所大学中借助 www.random.org/nform.html 网页上的随机数生成器,随机抽取了 5 所大学。此外,编委数量最多的大学由于并列的原因,实际上有 6 所大学。设定最小编委数量的阈值后,编委数量的平均值为 27,实际有 4 所大学拥有 27 名编委,因此,最终我们的小样本中实际包含 15 所大学。立意抽样的方法作为一种非概率抽样的方法具有一定的局限性,但是我们选择立意抽样的方法主要是基于以下两点考虑。首先,使用小样本分析的主要目的在于探究大学编委数量和科研产出背后可能的因果机制,而非在编委个人层面研究、总结概括这种规律。其次,在编委的个人层面搜集与处理数据非常繁琐复杂,即使搜集处理一所大学的编委数据也要耗费大量的时间。基于以上两点考虑,我们选择了较为方便的立意抽样方法,该方法简单方便、不受样本数量限制等特点可能更适合我们这个探索性研究。

第二步,为了获得上述 15 所样本大学编委的科研产出数据,我们在科睿唯安 Web of Science 数据库高级检索栏中通过创建高级检索式的方式获取。下面以获取悉尼大学编委的科研产出数据为例说明之,我们在高级检索栏中创建了下述检索式: WC＝(COMPUTER SCIENCE ARTIFICIAL INTELLIGENCE OR COMPUTER SCIENCE CYBERNETICS OR COMPUTER SCIENCE HARDWARE ARCHITECTURE OR COMPUTER SCIENCE INFORMATION SYSTEMS OR COMPUTER SCIENCE INTERDISCIPLINARY APPLICATIONS OR COMPUTER SCIENCE SOFTWARE ENGINEERING OR COMPUTER SCIENCE THEORY METHODS) AND OG＝(University of Sydney) AND AU＝(Zomaya A* or Jamalipour A* or Dong A* or Feng DD or Feng David or Durrant H* or Small JC or Small John or Gero JC or Gero John or Cannon John or Cannon JJ or Kay J* or Riemer K* or Liu li or Takatsuka M* or Leong P * or Calvo R* or Steele R* or Armfield S* or Sukkarieh S* or Chawla S* or Peiris S*)。其中 WC 表示学科,OG 表示机构名称,AU 表示作者,上述检索式的含义是获取悉尼大学这些作者(也即悉尼大学中的编委)在所有计算机开头的 7 个学科中所有发表的文章。文章发表的时间段和获取大学科研产出时一样,依然是限定在 2008—2012 年这一时间段。对于一些较为普通的名字,如 Liu li 或者 Wang R 等,我们通过结合学校名称,检索查询这些人的个人网站等方法以判断文章是否属于该作者,并排除无关的文章。然后通过点击“创建引文报告”这一功能获取悉尼大学这些编委的论文数量、总被引频次、篇均被引这三项数据。其他 14 所样本大学编委的科研产出数据也由此方法获得。

第三步,由于 Web of Science 数据库中的引文数据不断更新,我们重新获取了 15 所样本大学每所大学的论文数量、总被引频次、篇均被引这三项科研产出的数据,为的是与 15 所样本大学编委的科研产出数据能有一致的引文时间窗口。获取方法同第 3 章 3.1.2 节。获取该项数据后,我们计算编委的发文数量、总被引频次占该校所有论文数量、总被引频次的比例。

第四步,将 Web of Science 数据库中每所样本大学在计算机学科中 2008—2012 年发表的所有文章下载到 Excel 表格中,根据作者地址信息栏里的学校地址信息统计每所样本大学所有发表文章的作者数量,在这一过程要排除重复的同一作者,由此我们获得了每所样本大学的发文作者数。由于之前我们已经搜集了每所大学的编委数量,因此我们这里计算每所样本大学编委数量占该校所有作者数量的比例。

最终,我们按以上步骤获取了本次探索性研究中所需的所有数据,上述所有步骤中数据的获取时间为 2014 年 12 月。表 8-1 给出了这一探索性研究的结果。

表 8-1 的第 3 列、第 4 列分别给出了每所样本大学编委的发文数量、总被引频次占该所大学所有发文数量、总被引频次的比例,第 5 列给出了每所样本大学编委占该所大学所有作者的比例。我们发现所有的样本大学编委的发文数量、总被引频次占该所大学所有论文数量、总被引频次的比例均要明显高于编委占该所大学发文作者的比例。且平均来看,前两项的比例分别是编委占所有发文作者比例的 4.6 倍和 4.8 倍。

表 8-1 计算机学科 15 所样本大学编委对本校科研产出的贡献

大 学 名 称	编委数量	编委发文占该校所有论文数量的比例（%）	编委们的总被引占该校所有论文总被引的比例（%）	编委占该校所有发文作者的比例（%）	编委们的篇均被引	所有发文作者的篇均被引
卡耐基梅隆大学	168	40.61	40.89	12.36	8.05	7.99
佐治亚理工学院	116	35.13	33.30	8.32	8.69	9.17
麻省理工学院	114	17.94	17.97	6.61	17.4	17.37
新加坡国立大学	114	35.49	40.34	7.48	9.45	8.31
德克萨斯大学奥斯汀分校	113	37.50	46.40	9.84	10.43	8.43
斯坦福大学	113	24.40	20.72	6.82	11	12.95
莱斯大学	27	32.10	25.59	8.43	11.15	13.99
悉尼大学	27	24.21	24.54	5.08	7.23	7.14
新泽西理工学院	27	43.75	51.87	9.83	11.3	9.53
延世大学	27	26.05	28.37	3.83	5.86	5.38
巴里大学	10	38.64	33.55	9.28	4.56	5.25

（续　表）

大 学 名 称	编委数量	编委发文占该校所有论文数的比例（％）	编委们的总被引占该校所有论文总被引的比例（％）	编委占该校所有发文作者的比例（％）	编委们的篇均被引	所有发文作者的篇均被引
圭尔夫大学	10	43.31	49.05	7.41	7.49	6.61
曼彻斯特城市大学	10	22.81	17.54	11.11	4.62	6
中国科学技术大学	10	11.07	8.48	1.31	6.93	9.05
智利大学	10	27.66	45.94	4.62	9.74	5.86

　　然而就篇均被引来看，每所样本大学的情况并不相同：有 9 所样本大学编委的篇均被引要高于该校所有发文作者的篇均被引，而其他 6 所大学编委的篇均被引则要低于该校所有发文作者的篇均被引（见表 8－1 的第 6、7 列）。但是总的来看，编委的篇均被引与所有作者的篇均被引相差不大，除了莱斯大学、中国科学技术大学，还有智利大学外，其他所有样本大学两者差的绝对值不超过 2。

　　总的来看，就计算机学科小样本而言，一所大学的编委对本校的论文数量、总被引频次有着一定程度的贡献，但是对篇均被引的贡献并不明显。假设 1 只有部分成立。而这也很好地反映了前述普通最小二乘回归、分组统计分析、分位数回归所展现的结果：一所大学的编委数量与论文数量、总被引频次有着较强的相关性，而与篇均被引的相关性较低。我们同时也不禁追问，为什么编委对于一所大学篇均被引的贡献不明显？

　　我们对比中国科学技术信息研究所（以下简称中信所）统计的数据发现，中国 2004—2014 年计算机学科中论文的篇均被引为 3.54 次（引文时间窗口为 10 年，篇均被引也即 2004—2014 年的论文在这 10 年间的被引除以这 10 年的论文数），而相对影响为 0.72（相对影响为我国论文的篇均被引与世界平均水平的比值）[①]，我们由此推算出计算机学科 SCI 论文篇均被引的世界平均水平为 4.92。而我们 15 所样本大学中有 13 所大学的编委的篇均被引要高于 4.92 这一平均水平，另外两所大学巴里大学与曼彻斯特城市大学也较为接近这一水平，分别为

───────────

① 中国科学技术信息研究所. 2014 年中国科技论文统计结果［EB/OL］. http：//blog. sciencenet. cn/blog－1557－830986. html, 2014－09－26.

4.56 和 4.62。此外,此次我们小样本研究中的篇均被引是在 2008—2012 年发表的论文在截止到 2014 年 12 月份时所获得的总被引基础上统计出的,我们的引文时间窗口要低于中信所 10 年的引文时间窗口。显然引文时间窗口越长,总被引频次越多,篇均被引也越高,在此种情况下,15 所样本大学编委的篇均被引仍然高于或接近于世界平均水平,因此,我们不能轻易得出编委科研产出水平不高的结论。SCI 数据库收录的期刊都是经过严格挑选,在世界上有着权威影响力的期刊,能在这些期刊上发表文章的作者,本身水平也都很高,在我们收集编委数据的探索过程中,就发现一些作者尽管没有当选计算机学科领域内的编委,但是他们也是一些相关学科如应用数学、电气与电子工程等学科领域的编委,这些人同样也是很优秀的学者(同理,在计算机学科期刊中当选的编委同样可能是应用数学、电气电子工程领域内的专家,他们可能在应用数学、电气电子工程领域内有着较高的篇均被引)。因此,非计算机学科编委的作者可能同样有着很高的科研产出水平。此外,作为编委要承担大量的编委工作,如负责审稿、参加编委会议等,这也意味着要占用学者们的科研时间,基于这些考虑,一些有着很高篇均被引的学者可能没有担任编委[1]-[2]。因此,可能是非编委作者也有着较高的科研产出水平而使得本次计算机学科小样本实证中编委的篇均被引贡献显得不那么突出。

8.2.2　编委掌控学术话语权对高校科研产出影响的案例验证

假设 2 认为由于编委掌控学术话语权的原因,来自编委院校学者的文章更容易得到学界的认可和发表。如果假设 2 成立的话,可能会有这样的结果:一本期刊中,来自与编委相同机构的文章数量占该刊所有文章数量的比例要高于该本期刊中拥有编委的机构数量占所有在该刊发表过文章的机构数量的比例(也即一本期刊中超比例地刊载了来自编委院校的文章)。为了验证这一点,我们同样在计算机学科中运用小样本在期刊层面进行了一次探索性研究,具体的研究步骤如下:

第一步:首先根据 2011 年 JCR 的影响因子,分别在"computer science"开头的 7 个学科中,选取每个学科影响因子排名前 5 名的期刊作为本次探索性研

[1]　Chan K C, & Fok R C. Membership on editorial boards and finance department rankings[J]. Journal of Financial Research, 2003, 26(3), 405 - 420.

[2]　Chan K C, Fung H G, & Lai P. Membership of editorial boards and rankings of schools with international business orientation[J]. Journal of International Business Studies, 2005, 36(4), 452 - 469.

究的小样本。由于部分期刊属于多个学科或者缺少编委信息，因此，最终由 24 本期刊组成了小样本。

第二步：为了获取一本期刊中来自与编委相同机构的文章数量占该刊所有文章数量的比例，首先在科睿唯安 Web of Science 数据库的高级检索栏里创建检索式以获取一本期刊中来自与编委相同机构的文章数量，下面以期刊 *Journal of the Acm* 说明之。我们在高级检索栏中创建了如下检索式：SO＝ Journal of the ACM and OG ＝ (University of California San Diego or University of California Santa Cruz or Carnegie Mellon University or Stanford University or Tel Aviv University or University of Illinois Urbana-Champaign or RWTH Aachen University or Ecole Polytechnique Federale de Lausanne or University of California Berkeley or University of Rochester or Harvard University or Purdue University or California Institute of Technology or Cornell University or Brown University or University of Waterloo or Microsoft or INRIA or Intel Corporation or Institute of Science & Technology － Austria or Google Incorporated or Max Planck Society or AT&T or Institute for Advanced Study － USA)。其中 SO、OG 分别表示期刊名称、机构名称。OG 后面的括号中包含了 *Journal of the Acm* 中所有编委的隶属机构。该段检索式的含义是获取 *Journal of the Acm* 中来自与编委相同机构的文章数。接下来，再次创建如下检索式以获取 *Journal of the Acm* 中所有文章的数量：SO＝ Journal of the ACM。时间窗口依然限定在 2008—2012 年。在获取了 *Journal of the Acm* 中来自与编委相同机构的文章数与该刊发表的所有文章的数量后，我们计算前者占后者的比例。其他 23 本样本期刊的该项比例也按此方法获取。

第三步：获取一本期刊中拥有编委的机构数量占所有在该刊发表过文章的机构数量的比例。在第二步中，在获取每本期刊所发表的所有文章数后，我们通过点击"分析结果"按钮获得所有发文机构的列表，我们对所有发表过文章的机构数量进行计数。同时，我们也统计每本样本期刊中拥有编委的机构数量。在获得上述两项数据后，我们计算每本样本期刊拥有编委的机构数量占所有在该刊发表过文章的机构数量的比例。

至此，我们按以上步骤获取了本次探索性研究中所需的所有数据。上述所有步骤中数据的获取时间为 2014 年 12 月。表 8－2 给出了本次探索性研究的结果。

表 8 - 2　计算机学科中来自与编委相同机构的文章占该刊所有文章的比例 VS.
拥有编委的机构数量占该刊所有发表过文章的机构数量的比例

期 刊 名 称	来自与编委相同机构的文章数量占该刊所有文章数量的比例		拥有编委的机构数量占该刊所有发表过文章的机构数量的比例	
	n	%	n	%
ACM COMPUT SURV	12	12.63	14	8.05
ACM T GRAPHIC	465	50.65	32	9.41
BIOL CYBERN	88	29.63	29	7.84
ENTERP INF SYST-UK	46	43.81	61	40.40
FOUND COMPUT MATH	27	21.77	11	6.63
IEEE ACM T NETWORK	380	53.98	46	19.57
IEEE COMMUN SURV TUT	53	31.74	71	29.83
IEEE INTERNET COMPUT	58	22.22	28	11.11
IEEE NETWORK	28	14.43	23	9.16
IEEE T EVOLUT COMPUT	95	34.55	37	10.85
IEEE T FUZZY SYST	199	38.12	41	9.72
IEEE T HAPTICS	50	40.00	16	8.70
IEEE T MED IMAGING	454	52.18	52	17.05
IEEE T NEURAL NETWOR	205	28.59	54	20.85
IEEE T PATTERN ANAL	345	37.42	46	15.81
IEEE T VIS COMPUT GR	239	25.16	22	8.00
IEEE WIREL COMMUN	90	29.03	30	8.13
INT J NEURAL SYST	30	16.39	30	11.90
J ACM	69	47.59	25	15.15
J CHEM INF MODEL	202	15.91	16	3.70
J STAT SOFTW	108	32.63	54	14.96
MED IMAGE ANAL	244	66.67	55	12.67
MIS QUART	137	68.16	51	19.32
SIAM J IMAGING SCI	87	43.07	35	13.67

　　由表 8 - 2 我们发现,每本样本期刊中,来自与编委相同机构的文章数量占该刊所有文章数量的比例都要明显高于该本期刊中拥有编委的机构数量占所有在该刊发表过文章的机构数量的比例。且平均来看,前者的比例平均是后者比例的近 3 倍。由我们小样本的探索性研究结果来看,假设 2 似乎也得到了支持。

　　然而探究假设 2 是一件较为复杂的研究,可能需要有着更加严密的研究方案设计。期刊超过一定比例地刊载来自编委相同院校的文章可能是由于多种原因引起的,例如来自编委院校的文章本身质量就要高于没有编委院校的文章,而与前面我们提到的作者与编委的研究方向、学术观点、研究范式上的偏好相一致等话语权因素可能没有太大关系。我们的研究与许森源、Bates、Williams 和 Rodgers 等人的研究结果具有相似性,这些研究同样也没能很好地回答上述这一较难解释的问题。例如许森源选取《台湾经济评论》1987—2001 年这 14 年中的数据信息,通过对比下面两个指标来判断期刊是否超比例地采用来自与主编相同院校文章的现象:一是该刊来自与主编相同机构的文章数占该刊所有文章数,二是来自与主编相同机构的作者数占该刊所有发表文章的作者数,如果前者超过后者且有显著差异则认为期刊超比例地采用了来自与主编相同机构的文章,其设计思路与我们这次的小样本研究思路是相似的,其实证结果也表明在《台湾经济评论》中存在超比例地采用来自与主编相同机构的文章的现象①。然而作者由此认为该刊存在着投机行为,我们认为得出这一结论是没有依据的,他们并没有对这些文章诸如引用频次等反应科研质量的方面进行检验,超比例地采用来自与主编相同机构的文章可能是因为这些文章本身质量或者影响力就很高,而与是否投机可能没有关系。同理,前述文献综述中提到的 Williams 和 Rodgers②、Bates 等人③的研究也都不足以说明是由于编委掌控学术话语权的原因而使得这些文章更容易得到学界的认可和发表。

　　与这些研究以及我们的这次小样本探索性研究不同的是来自 Brogaard 等人的一次研究。Brogaard 等人考虑了编委是否在任职期间这一因素。他们选取 30 本经济学和财政学重要期刊上的 50 000 篇文章为样本,发现编委在任职

①　许森源. 市场竞争、同侪监督与投机行为:经济论文丛刊及中国财务学刊编辑者出版及偏好行为之比较[D]. 台中:朝阳科技大学,2002.

②　Williams P F, & Rodgers J L. The accounting review and the production of accounting knowledge [J]. Critical Perspectives on Accounting, 1995, 6(3), 263 - 287.

③　Bates H L, Waldrup B E, Shea V J, et al. Accounting editorial board membership and research output[J]. Journal of Business & Economics Research, 2011, 9(3), 39 - 46.

期间,其同事发表在编委任职期刊上的数量要比编委非任职期间更多①。其结果似乎比没有考虑任职前后的研究更有说服力,其结果似乎更能体现编委的"偏爱"。但是他们的研究也发现这些与编委相同院校的文章有着较高的质量,其被引频次要比没有这种院校背景关系的作者的文章高出 5%—25%。对此,可能的解释也有两种,一种是编委的学术话语权发挥了作用:可能由于编委任职期间其对本学科研究热点、研究选题、研究方向的把握等这些话语权因素的存在,与编委相似研究热点、研究选题的本校师生的文章可能容易发表也因此更具影响力。而另一种解释是来自与编委相同院校的文章就只是自身单纯的质量高、影响力高,而与编委对本学科研究热点、研究方向的把握等学术话语权因素没有太大关系。因此如何设计更加严密的研究方案可能需要今后进一步深入研究。

至此,我们在计算机学科中运用截面小样本数据探索得到了一些有意思的结果,但是由于样本数量及截面数据性质的限制,且局限于计算机学科,我们对于大学编委数量与科研产出因果机制的分析能否扩展到更具一般性的结论,还有待进一步探讨。下一节我们在化学学科中,选取时间序列的数据,对大学编委数量与科研产出因果关系的问题进行进一步的研究。

8.3 化学学科大学 SCI 期刊编委数量与论文数量的格兰杰因果检验

这一节中,我们运用时间序列数据,对 20 所样本大学拥有的编委数量与论文数量进行格兰杰因果检验。

正如前面研究方法部分提到的,一套完整的格兰杰因果检验包括单位根检验、协整检验以及格兰杰因果关系的检验。进行因果关系检验的前提要求是两序列是平稳或协整的,否则会出现"伪回归"的问题。20 所大学完整的格兰杰因果检验的结果见表 8-3。这里用 I(0) 表示序列平稳,I(1) 表示一阶单整(见表 8-3 的第 3、4 列),"√"表示两序列是协整的(见表 8-3 中的第 5 列)。

---

① Brogaard J, Engelberg J, & Parsons C A. Networks and productivity: Causal evidence from editor rotations[J]. Journal of Financial Economics, 2014, 111, 251-270.

表 8 - 3　化学学科 20 所大学的编委数量与论文数量的格兰杰因果检验结果

化学排名	大　学	EB	PUB	是否协整	EB→PUB	PUB→EB	滞后期（年）
1	加州大学伯克利分校	I(0)	I(1)		/	/	/
2	哈佛大学	I(0)	I(1)		/	/	/
3	斯坦福大学	I(1)	I(1)	✓	7.354**(0.015)	0.026(0.875)	1
					3.571*(0.058)	0.543(0.593)	2
					4.066**(0.040)	0.627(0.614)	3
					4.342**(0.044)	0.217(0.921)	4
					6.858**(0.043)	1.119(0.470)	5
4	西北大学(美国)	I(1)	I(0)		/	/	/
5	剑桥大学	I(0)	I(1)		/	/	/
6	麻省理工学院	I(0)	I(1)		/	/	/
7	加州理工学院	I(0)	I(1)		/	/	/
8	苏黎世联邦理工学院	I(1)	I(0)		/	/	/
9	京都大学	I(1)	I(1)	✓	1.705(0.229)	1.227(0.350)	3
10	加州大学洛杉矶分校	I(0)	I(0)		5.806**(0.028)	1.870(0.190)	1
					5.944**(0.015)	1.679(0.225)	2
					2.879*(0.089)	0.873(0.487)	3
11	宾夕法尼亚大学	I(0)	I(1)		/	/	/
12	耶鲁大学	I(1)	I(1)		/	/	/

（续　表）

化学排名	大　学	EB	PUB	是否协整	EB→PUB	PUB→EB	滞后期（年）
13	加州大学圣塔芭芭拉分校	I(0)	I(1)		/	/	/
14	牛津大学	I(0)	I(1)		/	/	/
15	哥伦比亚大学	I(1)	I(0)		/	/	/
16	慕尼黑工业大学	I(1)	I(1)				
17	斯特拉斯堡大学	I(0)	I(0)		2.329 (0.217)	54.730*** (0.001)	5
18	莱斯大学	I(0)	I(1)		/	/	/
19	加州大学圣地亚哥分校	I(0)	I(1)		/	/	/
20	东京大学	I(0)	I(0)		3.797 (0.110)	0.469 (0.786)	5

注：EB、PUB 分别表示编委数量和论文数量。表中第 1 列为各检验大学在 2014 年 ARWU 化学学科中的排名。第 3、4 列分别描述编委数量与论文数量两序列变量的平稳性，如果序列平稳则用 I(0) 表示，如果序列经 n 阶差分平稳，则用 I(n) 表示。第 5 列对具有协整关系的两序列用 ✓ 表示。第 6、7 列为格兰杰因果关系检验的 F 统计量，括号内为对应的相伴概率 P 值，***，**，* 分别表示在 1%，5%，10% 的水平上显著。第 8 列为滞后期。对于检验出因果关系的大学，我们给出了所有具有因果关系的滞后期结果，而对于 1—5 期中都没有发现有因果关系的大学，我们仅给出了根据赤池信息准则确定的最优滞后期的结果。

　　单纯从数学建模的角度看，一般来说，第 3 章 3.4.2 节中格兰杰因果检验模型式(5)、(6)中选取的滞后阶数越长越能反映模型的完整动态特征，但是滞后阶数过长也会带来模型自由度减少的问题，两者应达到一个平衡。从实际出版周期来看，美国化学会文章的发表周期约为 4—8 个月[①]，从编委作为一种科研人力投入影响科研产出的角度看，有学者选择 1—3 年的滞后期[②]，而编委基于自身较高的科研产出水平当选编委的时间则没有一个确切的时间标准。综合以上众多因素考虑，这里为谨慎起见，同时借鉴俞立平和彭长生的方法[③]，我们选择滞后 1—5 年分别进行了检验。

---

① 中国科学技术协会学术部.国外科技社团期刊运行机制与发展环境[M].北京：中国科学技术出版社，2007.

② 俞立平.不同科研经费投入与产出互动关系的实证研究——基于面板数据及面板 VAR 模型的估计[J].科研管理，2013，34(10)：94－102.

③ 俞立平，彭长生.高校人文社科投入与产出互动关系研究——基于 PVAR 模型的估计[J].科研管理，2013，34(11)：147－153.

表 8-3 中第 6、7 列为格兰杰因果关系检验的 F 统计量,括号内为对应的相伴概率 P 值,第 8 列为对应的滞后期。对于检验出具有因果关系的大学,我们这里给出了所有具有因果关系的滞后期结果,而对于 1—5 期中都没有发现因果关系的大学,我们仅给出了根据赤池信息准则确定的最优滞后期的结果。

结果表明,20 所大学中仅有 3 所大学检验出具有某一方向上的格兰杰因果关系:斯坦福大学在滞后 1—5 期时,编委数量均是论文数量的格兰杰原因;加州大学洛杉矶分校在滞后 1、2、3 期时,编委数量是论文数量的格兰杰原因;斯特拉斯堡大学在滞后 5 期时,论文数量是编委数量的格兰杰原因。

需要特别注意的是,尽管我们检验出加州大学洛杉矶分校在滞后 1、2、3 期时编委数量是论文数量的格兰杰原因,但根据第 3 章 3.4.2 节格兰杰因果检验模型式(6)对该校建立回归预测方程后,我们发现(见表 8-4):该校在滞后 1 期的回归预测方程中,前 1 期的编委数量 X_{t-1} 的系数在 5% 的显著水平上显著为负;而在滞后 2 期的回归预测方程中,前 1 期的编委数量 X_{t-1} 与前 2 期的编委数量 X_{t-2} 的系数也均在 5% 的显著水平上显著为负,这表明如果用这两个回归方程对加州大学洛杉矶分校的论文数量进行预测的话,随着前 1、2 期编委数量的增多,本期论文数量将会降低,这显然与实际意义不符。

表 8-4　加州大学洛杉矶分校基于格兰杰因果检验模型建立的回归预测方程

滞后期 (年)	回归预测方程
1	$Y_t = 80.363 + 0.413Y_{t-1} - 3.503X_{t-1}$ 　　　(*0.003*)　(*0.044*)　(*0.028*)
2	$Y_t = 146.158 + 0.158Y_{t-1} - 0.077Y_{t-2} - 3.753X_{t-1} - 4.093X_{t-2}$ 　　　(*0.002*)　(0.523)　　(0.719)　　(*0.021*)　　(*0.043*)
3	$Y_t = 149.528 + 0.157Y_{t-1} + 0.012Y_{t-2} - 0.138Y_{t-3} - 3.448X_{t-1} - 4.345X_{t-2} + 0.037X_{t-3}$ 　　　(0.053)　(0.634)　　(0.969)　　(0.588)　　(0.070)　　(0.079)　　(0.988)

注:X 为编委数量,Y 为论文数量。括号里为回归系数对应的相伴概率 P 值,斜体加粗为在 5% 水平上显著。

由上综合来看,20 所大学的编委数量与论文数量之间的因果关系并不明显,这与我们所预期的大学的编委数量与论文数量应互为因果关系的结果是不相符的。需要注意的是,尽管因果关系不明显,但是这并不代表两者没有因果关系,我们认为检验的结果没有形成预期的因果关系的原因可能有以下两点:

第一,所检验大学每年编委数量的变化不是很大,例如麻省理工学院最低的年份有编委 6 人次,最高的年份拥有编委 11 人次,再如牛津大学最低的年份有编委 2 人次,最高的年份有编委 4 人次(具体 20 所大学每年的编委数量及论文数量见附录 4),相比截面数据而言,时间序列中每年变化不大的编委数量就不容易和变化更为明显的论文数量有着很好的对应,因此也就不容易检验出两者的因果关系。这点在我们的格兰杰因果检验过程中反映得非常明显:20 所大学中有 15 所大学本身就不满足序列同阶平稳或协整的条件,其中又有多达 10 所大学属于编委数量序列本身是平稳的,而论文数量序列在进行 1 阶差分后才达到平稳,也即这些大学每年编委数量变化不大,而论文数量是有一定趋势变化的。

且每所大学从 1998 年到 2017 年一共有 20 年的数据,样本量相对较小,这样就使得这一现象表现得更加明显。对比前面第 4—6 章中基于大样本量截面数据所做的普通最小二乘回归与分位数回归,两类回归中,化学等三个学科中大学的编委数量与论文数量都具有显著的正向相关关系,且回归方程的拟合优度较高,原因可能就在于所选的样本大学有 1 000 所之多,不同层次大学之间的编委数量、论文数量有着明显的不同,数据高低错落有致,这样编委数量与论文数量就能很好地对应,模型能够拟合得很好。

俞立平和彭长生同样运用格兰杰因果检验方法在人文社会科学领域中对中国大学的科研经费、科研人员全时当量、科研人员数与科研产出进行了格兰杰因果关系检验,研究结果表明,在滞后 1—3 期时,科研经费、科研人员全时当量与科研产出互为因果,科研人员数是科研产出的格兰杰原因,在滞后 1 期时,科研产出是科研人员数的格兰杰原因[①]。该研究中的科研人员全时当量与科研人员数量与我们的编委数量也比较相似,但是其研究结果却表现出明显的因果关系,造成我们的研究结果与俞立平和彭长生的研究结果不同的原因可能就源于我们这里提出的第一点原因。在俞立平和彭长生的研究中,他们将 2004—2008 年里中国 587 所大学的科研产出、科研经费、科研人员数量等作为样本数据,各变量中包括 587 所大学在这 5 年里每一年的数据,也即变量中不仅包括了时间序列的数据又包括了这 587 所大学在每一年的横截面数据。将截面数据引入基于时间序列的格兰杰因果检验模型中是否合适值得商榷,这里并不对此展开讨论,而587 所大学截面的数据更容易把科研人员数量、科研产出的大小变动情况反映出来,更容易使得大小不同的科研人员数量、科研产出能够很好地对应起来,这

---

① 俞立平,彭长生.高校人文社科投入与产出互动关系研究——基于 PVAR 模型的估计[J].科研管理,2013,34(11):147-153.

可能是造成我们的结果与俞立平的研究结果不同的原因。

第二,大学的编委数量与论文数量之间的关系可能不是一种"刚性"的因果关系,即两者中,一方的增多或减少不一定就带来另一方明显的增多或减少,两者之间的因果作用可能不是那么强,无论是编委数量还是论文数量,影响他们的是众多因素综合作用的结果,编委数量或论文数量只是影响因素之一。从编委数量影响论文数量的方向上看,编委数量增加 1 个或 2 个并不一定就带来科研产出的一定增多,我们选取的大学都是世界上化学学科领域中非常顶尖的大学,每年编委数量增加或减少也许对这些大学的影响不大。而正如前面 7.2 节分位数回归讨论部分所分析的,科研经费的投入、科研政策等都是影响科研产出的因素,而编委作为话语权因素,相比科研经费这些刚性因素而言,可能没有那么大的作用。从论文数量影响编委数量的方向上看,编委虽然自身比较高产,是非常优秀的科学家,但是影响编委当选的因素也是众多的,比如编委由于要承担大量的审稿工作,考虑到占用大量的科研时间,一些优秀的科学家往往选择不担任编委[①],而地域因素、审稿经验等也可能是获取编委职位的因素,因此一所大学论文数量的增多,不一定就一定使编委数量也增多。关于大学编委数量与科研产出的因果关系我们下节结合访谈还会再做讨论。

8.4　大学 SCI 期刊编委数量与科研产出因果关系及相关编委制度的访谈及分析讨论

上一节中,我们在化学学科中对部分大学的编委数量与论文数量进行了格兰杰因果检验,这一节我们对大学编委数量与科研产出之间的因果关系及相关的编委制度结合部分化学学科中的个案及访谈进行进一步的分析讨论。

访谈主要包括 6 个方面的问题,除最后一个兜底的问题,其他 5 个方面的问题可以概括为:

- 编委是否都参与稿件的评审
- 编委是否有学术话语权的影响
- 编委是否有滥用编委权力的现象

①　Chan K C, & Fok R C. Membership on editorial boards and finance department rankings[J]. Journal of Financial Research, 2003, 26(3), 405 - 420.

- 编委是否有较强的发文被引记录及编委遴选的标准
- 大学编委数量与科研产出之间是否存在着因果关系

其中第 1 个问题是编委产生学术话语权影响的前提条件,如果编委不参与稿件的评审,也就起不到学术守门人 gatekeeper 的作用。第 2,4 两个问题对应前面 8.1 节中所假设的大学编委数量与科研产出关系背后所蕴含的两点因果作用机制。对于第 3 个问题,虽然本身不是学术话语权的表现,但是由于也和编委的权力有关,所以我们把它放在第 2 个问题后面。在第 4 个问题中,我们也对相关的编委遴选机制进行了访谈。第 5 个问题我们在宏观整体上就大学编委数量与科研产出之间的因果关系对编委们进行访谈。

下文就按访谈的这 5 个方面并结合一些个案进行分析讨论。下文引号("")中的内容为直引受访者的话。而对于第 6 个兜底的问题的访谈,我们融合在上述 5 个方面进行分析讨论。

8.4.1　编委是否都参与稿件的评审

编委参与稿件的评审是编委作为守门人对学界产生影响力的重要条件。那么一本期刊中的编委是否都参与稿件的评审呢? 回答这个问题首先要明确不同编委的角色。编委按其不同职务通常可以分为三类: 主编类,如 editor-in-chief, chief editor 等,副主编类,如 associate editor-in-chief, deputy editor, area editor, regional editor 等,普通编委成员类,如 advisory editorial board, board member, editorial advisory board member, editorial board member, international editorial board 等。三类编委在出版中的权力与职责有着很大的不同,现将他们的权力与职责总结如下。

一般来说,主编是一本期刊的灵魂人物,把握着期刊的办刊方向,对最终出版的文章质量负有重要责任,其领导着日常编委会的各项活动,如组织召开编委会议、约稿、组稿、对投稿文章进行初审、联系分派审稿人审稿、负责审稿人与作者之间的沟通,搭起审稿人与作者之间的桥梁。主编还有着非常重要的一项权力,那就是通常情况下,主编对论文的录取与否有着最终决定权。副主编主要负责协助主编的各项工作,分担主编的上述各种工作。另外,一些期刊的副主编还专门对某一区域或某一研究方向的稿件负责。普通编委成员扮演的角色较多,职责较杂。如扮演审稿人的角色帮助期刊评审稿件,其评审意见是决定论文能否被录用的重要依据;为期刊推荐合适的审稿人;为期刊推荐优秀文章;接受期刊主编约稿,为期刊撰写具有前沿性质的原创论文、高质量的研究综述;充当顾问角色,为期刊的发展提供各类咨询建议等等。从审稿流程上来看,在内审阶段,主编或副主编在收到稿件后会对文章进行初审,决定是否退稿或送外审,通过初审的文章,主编或副主编会邀请联系外部审稿人(有的是本刊普通编委成员,有的是编委会成员以外的本领域其他优秀的专家)审理稿件(在内审阶段,每本期刊情况会有不同,有的是主编、副主编负责,有的是编辑助理负责)。审稿人审理稿件后,主编或副主编会根据审稿人的审稿意见给出录用(accept)、小修(minor revision)、大修(major revision)、退稿(reject)等决定,一些期刊对于一些文章的最终录用与否要召开编委会来讨论决定。一般说来,主编对文章的录取与否有着最终决定权。

从访谈的结果来看,16 名接受邮件访谈的编委中,有 7 人明确回答所有的编委(包括上述主编、副主编、普通编委)都是要参与稿件的评审的,有 1 人回答他猜想是这样的,他举例自己就要负责审稿。有 6 位编委虽没有明确回答是或否,但是对副主编、普通编委的角色进行了如我们上述总结的区分,例如:其中一位编委提到"我作为期刊的 associate editor 时,我负责挑选审稿人,并基于审稿人的评审意见给出最后录用与否的决定,而作为 editorial board member 时,我经常要评审稿件,也经常对一些审稿意见有冲突的稿件进行评审",另一位编委也提到"editor 和 associate editor 通常不负责稿件的具体评审,而 editorial advisory board members 是作为 reviewer 评审稿件的,但只有 editor 和 associate editor 对最后文章的录取与否做出最终决策"。可见,受访的绝大多数编委都没有否认编委都要参与稿件的评审。

然而,也有少数的编委给出了否定的答案,有一位编委明确地回答"不是",他指出"editor board members 通常是在期刊举办的会议上给 editors, associate editor 意见"。而另一位编委指出"editorial board member 只是偶尔被召集裁决一些比较难以处理的决策问题"。特别地,与这一受访问题相关的是,有 2 位编委在回答第 6 个兜底问题时指出"editorial board member 主要只是挂名的","相比 editor 与 associate editor, editor board member 没有那么重要, editor board member 中有很多人加入编委会更多地是为了提高显示度,而实际为期刊所做的贡献较少"。

综合我们前述对不同编委角色的权力与职责的总结以及访谈的结果,我们认为,一般来说,编委都是要参与稿件评审的,特别是主编与副主编的权力较大,他们在初审以及最后文章的录用与否方面有着决定权,发挥着重要作用。而普通编委通常也会负责稿件的具体评审,但是在编委会中发挥的作用可能没有主编和副主编大。

　　与此相关联的一个问题是,从国内一些文献的报道来看,国内的编委似乎挂名的现象较为普遍,远没有发挥国外编委在审稿、期刊建设方面的作用,对于这一现象,有大量的文献报道,例如:《中国科协科技期刊发展报告(2014)》课题组通过对一些与中国科技期刊有长期合作关系的国外著名出版机构如斯普林格、爱思唯尔、科睿唯安、威利等进行问卷访谈调查发现,这些与国外有合作关系的中国期刊的主编、普通编委们所发挥的作用远不如国外期刊,存在编委会虚设的现象,虽然编委都已取得过很高的学术成就,但是不参与期刊的建设[1]。有着长期学术出版管理经验的科学网知名博主李霞在其博文中指出,国外 SCI 期刊编委会是干实事的机构,有负责审稿的重任,而对于有必要"挂名"的,通常是为期刊做出创刊贡献的名誉主编等,这些人"挂"得"明目张胆",通常是直接指明他们是名誉主编(Honorary Editor-in-Chief),这点和国内挂名的编委会有着很大不同[2]。《清华大学学报》编辑部的李丽和张凤连指出,国内部分科技期刊,特别是大学学报将编委会作为一种荣誉机构,编委的职责就是每年参加一两次编委会会议,有的编委甚至任期内从未到会,而国外编委则要承担审稿或推荐审稿人等一些编委职能[3]。此外,其他很多文献也都提到国外期刊非常注重主编、副主编、普通编委们的作用,他们各司其职,这些编委都是一边做科研,一边承担审稿等任务,没有挂名现象,而国内很多期刊的编委则更像是一种荣誉称号[4-10]。

　　因此,我们猜想,尽管访谈中也有少数国外编委提到他们所任职的国外期刊存在编委挂名的现象,但是可能相比国内期刊,国外的 SCI 期刊的编委们要承担更多的责任,挂名的现象可能相对而言较少,特别是主编、副主编发挥的作用更大。

8.4.2　编委是否有学术话语权的影响

　　对于编委是否有学术话语权的影响,我们曾在本章 8.1 节提出假设 2:"编

①　中国科学技术协会.中国科协科技期刊发展报告(2014)[M].北京:中国科学技术出版社,2014.
②　李霞.出版问答(XXXII);SCI 期刊编辑头衔知多少? [EB/OL]. http://blog.sciencenet.cn/blog-4600-553240.html, 2012-03-20.
③　李丽,张凤连.学术质量把关的重要环节:充分发挥编委的作用[J].科技与出版,2003,(5):6-8.
④　肖宏.英国科技期刊编辑与出版掠影[J].中国科技期刊研究,2000,11(6):419-420.
⑤　陈朝晖,谢明子.如何正确发挥科技期刊编委会的作用[J].编辑学报,2007,19(3):205-206.
⑥　王亚秋,陈峰,王家暖,等.强化编委职能　实现科技期刊可持续发展[J].编辑学报,2011,23(3):244-245.
⑦　姜春林,张立伟,刘盛博.图书情报学期刊"连锁编委"的社会网络分析[J].情报学报,2014,33(5):481-490.
⑧　张立伟,姜春林,刘盛博,等.学术期刊核心编委群体识别和测度——以管理学 CSSCI 期刊为例[J].中国科技期刊研究,2014,25(10):1224-1231.
⑨　中国科学技术协会.中国科协科技期刊发展报告(2014)[M].北京:中国科学技术出版社,2014.
⑩　嵇少丞.编委应该为学术期刊做些什么? [EB/OL]. http://www.sciencenets.com/blog-3-359.html, 2015-05-22.

委由于掌控学术话语权的原因,来自编委院校的文章更容易得到学界认可和发表",并在计算机学科中运用小样本发现部分期刊存在超比例地刊载来自编委院校文章的现象,然而,超比例地刊载来自编委院校文章的现象可能是多种原因引起的,可能和话语权的因素无关。如果有时间序列数据,能够对比期刊中有编委任职时和没有编委任职时本校发表的论文数量是否有所不同,可能更有说服力。

这里我们聚焦于 JACS 这本化学学科中顶尖的综合类期刊进行一组个案检验。旨在检验期刊中有编委任职时和没有编委任职时,本校每年所发表的论文数量是否会有显著不同。

之所以选择 JACS 这本刊物除考虑到它是化学学科中的顶尖综合期刊外,还考虑到该刊自 2002 年后每年出版的论文数(包括 Article 和 Review)在 3 000 篇左右,较为稳定,这样就容易比较一所大学在本校编委是否任职的不同期间所发论文数是否有差异(化学学科另外一本综合类的著名刊物 AC - IE 虽然在 2003 年由原来的每年 24 期变为每年的 48 期,然而该刊自 2003 年后每年出版的论文数呈现逐年递增的趋势,选择该刊就不容易比较大学在本校编委是否任职的不同期间所发论文数是否有显著差异)。本次个案检验中发表论文数量的样本区间也因此选择2002—2014 年这一 12 年的时间段①。考虑到美国化学会论文的出版周期大约在4—8 个月②,这里论文数量的滞后期选择为 1 年。由于发表论文数量的时间限定在 2002 年以后,判断是否有编委的年份我们从 2001 年开始考察。

我们前面在进行格兰杰因果检验时,选取了 2014 年 ARWU 化学学科排名前 20 名的大学作为检验的对象,这里我们在前 20 名的大学中选择了斯坦福大学、京都大学、哥伦比亚大学、东京大学 4 所大学作为本次个案检验的对象。之所以选择这 4 所大学,主要是考虑这些大学在 2001 年以后,有编委的年份与没有编委的年份大体平衡,且有编委年份与没有编委的年份均相对较多,两者都各自达到 6 年,这样就便于我们比较这些大学有编委年份发表的论文数与没有编委年份发表的论文数是否不同,便于我们对两者的均值进行统计检验。我们在Web of Science 中获取了这 4 所大学在 2002—2014 年中历年在 JACS 上所发表的论文数量数据,检索方法同第 3 章 3.1.4 节,这里就不赘述。

表 8-5 给出了检验的结果。我们对斯坦福大学这 4 所大学在 JACS 期刊中有编委任职时和没有编委任职时每年发表的论文数量平均值进行 t 检验,结果表明 4 所大学有编委任职时和没有编委任职时每年发表论文数量的平均值均

---

① 需要说明的是,进行本次个案研究的时间为 2015 年,因此数据截止到 2014 年。
② 中国科学技术协会学术部.国外科技社团期刊运行机制与发展环境[M].北京:中国科学技术出版社,2007.

没有显著差异,显著性概率均大于0.1,都没有通过统计显著性检验。且斯坦福大学、东京大学两所大学没有编委任职时每年发表的论文数量平均值还要略高于有编委任职时的平均值。

表8-5 4所大学有编委任职时与没有编委任职时
本校及编委每年发表论文数量均值对比

大学或编委	每年发表论文数量平均值对比			
Panel A:大学	有编委任职时	无编委任职时	t值	显著性
斯坦福大学	54.50($n=6$)	55.33($n=6$)	-0.291	0.777
京都大学	73.83($n=6$)	65.50($n=6$)	1.642	0.132
哥伦比亚大学	36.00($n=6$)	32.83($n=6$)	1.039	0.323
东京大学	67.50($n=6$)	69.67($n=6$)	-0.301	0.769
Panel B:编委	编委任职时	非任职时	t值	显著性
Ann E. Mcdermott	2.33($n=3$)	0.56($n=9$)	/	/
Eiichi Nakamura	6.75($n=4$)	5.75($n=8$)	/	/
Hiroshi Sugiyama	3.75($n=4$)	2.75($n=8$)	/	/
Jack Norton	0.33($n=3$)	1.00($n=9$)	/	/
Kyoko Nozaki	3.67($n=6$)	1.50($n=6$)	2.892	0.02*
Paul A. Wender	2.83($n=6$)	1.67($n=6$)	1.423	0.185
Yasuhiro Aoyama	0.00($n=3$)	1.11($n=9$)	/	/

注:n为编委任职的年份数。* 表示在5%的水平上显著。

此外,我们也统计了这4所大学在2001年以后在JACS任职的编委(一共有7位)在任职期间与非任职期间每年在JACS上发表论文数量的平均值(见表8-5)。统计的区间同样是2002—2014年一共12年的数据。检索方法同本章8.2.1节。由于7位编委中多数编委任职期间为3年或4年,任职期间相对较短,我们这里没有对所有编委任职时与非任职时每年发表论文数量的均值进行t检验,而只对Kyoko Nozaki、Paul A. Wender这两位任职时间达到6年的编委进行了检验。t检验结果表明,Paul A. Wender在他任职编委期间每年发表论文数量的均值与非任职期间每年发表论文数量的均值没有显著差异,而Kyoko Nozaki每年发表论文数量的均值在任职时与非任职时则有显著差异,其任职时发表论文数量的均值要大于非任职时的均值(3.67对1.5,$t=2.89$,$p<0.05$)。而其他5位编委里,除Ann E. Mcdermott外,其他4位编委任职时和非任职时发表论文数量的均值相差并不大,其中Yasuhiro Aoyama和Jack Norton

两位编委在非任职期间发表论文数量的均值还要大于任职期间的均值。

从个案检验的结果总的来看,4 所样本大学在本校编委任职期间和非任职期间每年发表的论文数量没有显著差异,多数编委在任职期间每年发表的论文数量与非任职期间每年发表的论文数量也没有明显的差异。这里我们再结合访谈来看一下受访编委对编委是否具有学术话语权的影响这一问题如何看待。

在 16 位受访的编委里,有 10 位编委对于编委是否有学术话语权的影响给出了否定的答案或认为很小。有 1 位编委认为这个问题很复杂,需要具体问题具体分析。还有 5 位编委,他们认为编委对于期刊所刊载文章主题选择有着一定影响,例如他们中有人提到:"编委们对于期刊文章主题的选择确实有着影响,这是他们在编委会议上的主要任务";"我们要确保我们的期刊在所有的领域要有相应的编委成员,我们吸引一些在我们稿源不好的研究领域里的学者加入编委会以期我们能够在这些领域能得到建议","每本期刊都需要确定研究的主题方向,这些比较主观,而主编与副主编对于确定期刊方向、发表文章的风格类型有着影响"。这5 位编委中有一位编委明确指明存在学术话语权的影响,他认为正是因为有这种影响,他所在的期刊才会雇佣不同研究领域的副主编,以期能够涵盖化学学科中的不同研究领域。总的来看,访谈里多数受访编委认为编委的学术话语权很小或没有,但也有部分编委认为编委对于期刊刊载文章的主题有着一定影响。

结合格兰杰因果检验、本小节的个案和访谈的结果,关于编委是否有学术话语权影响的问题,我们分析可能是这样一种情况:即学界可能确实存在这样一种学术话语权的影响,比如把握着学科中的热点领域,确定期刊所刊载文章的研究主题,把握着论文的评价标准,可能对某类研究问题、学术观点、研究范式等有所偏好。但是这类学术话语权的因素对于文章最后发表的影响可能是有限的,或者说不是影响一所大学科研产出最重要的因素。一方面,我们不能完全否认这种学术话语权因素的存在。从前面我们的文献梳理中来看,一些学者也都承认有这种学术话语权的影响[1-4]。从访谈的结果以及我们前述对编委职责所进

---

① Braun T, & Diospatonyi I. The counting of core journal gatekeepers as science indicators really counts. The scientific scope of action and strength of nations[J]. Scientometrics, 2005, 62(3), 297 - 319.

② Brinn T, & Jones M J. The composition of editorial boards in accounting: A UK perspective[J]. Accounting, Auditing & Accountability Journal, 2008, 21(1), 5 - 35.

③ Ozbilgin M. "International" human resource management: Academic parochialism in editorial boards of the "top"22 journals on international human resource management[J]. Personnel Review, 2004, 33(2): 205 - 221.

④ Feldman D C. Building and maintaining a strong editorial board and cadre of ad hoc re-viewers[M]// Baruch Y, Konrad A M, Aguinins H, et al. Opening the black box of editorship. New York: Palgrave Macmillan, 2008: 68 - 74.

行的梳理来看,编委也要负责确定期刊的办刊方向、所刊文章的研究领域,而这些本身也都是学术话语权的表现形式[①-②]。另一方面,学术话语权对一所大学科研产出的影响不应过分夸大,学术话语权的影响可能是有限的,只是影响一所大学科研产出中的一个因素。这从格兰杰因果检验、本小节的个案以及访谈里都对此有所印证。文章的发表与否更多的还是取决于文章本身的创新性,文章本身质量的高低。而一所大学的科研产出数量与质量也受前述 7.2 节中提到的科研经费、人力投入、科研政策等的多方面因素的影响。我们继而由此推测,8.2.2 小节在计算机学科的小样本实证中,期刊超比例地刊载来自编委院校文章的现象可能更多地是因为这些学校本身科研实力较强,文章本身质量较高,可能受这种学术话语权的影响相对较小。

8.4.3　编委是否有滥用编委权力的现象

需要注意的是,我们认为编委可能存在学术话语权的影响,但是这并不等同于编委滥用手中的权力帮助本来不应该发表的文章得到发表、不等同于编委的学术不端行为。我们更加强调编委这种对于学界的影响力,如前述编委对研究热点与方向的把握、制定文章评价标准等话语权因素的作用。

在前述个案中,我们发现 Kyoko Nozaki 和 Ann E. Mcdermott 两位学者在担任 JACS 编委期间在该刊的发文数量要明显多于他们非任职期间在该刊的发文数量,这里我们并不能将这一现象简单归于学术不端的行为。一方面,编委自己投稿到 JACS 的文章要由其他没有利益关系的其他编委处理和评审[③],另一方面,我们通过在 Web of Science 上检索这两位学者在任职期间在 JACS 的发文情况,发现这两位学者在此期间发表的论文的被引频次本身都不低,例如 Kyoko Nozaki 在 2009 年 JACS 上作为通讯作者发表的 "Catalytic Hydrogenation of Carbon Dioxide Using Ir(III)-Pincer Complexes" 一文,截至 2015 年 8 月 9 日,该文被引频次已达到 251 次,属高被引论文。从一些研究报道来看,编委在任职期间在任职的期刊上发表一定数量的高质量论文以及推荐一些高质量的论文本身可视作对期刊的一种贡献,特别是一些来

①　郑杭生.学术话语权与中国社会学发展[J].中国社会科学,2011,(2):27-34.
②　胡钦太.中国学术话语权的立体化构建[J].学术月刊,2013,45(3):5-13.
③　American Chemical Society. Ethical Guidelines to Publication of Chemical Research [EB/OL]. http://pubs.acs.org/userimages/ContentEditor/1218054468605/ethics.pdf, 2015-08-06.

自知名学者的文章①-②。像化学学科中著名的综述类期刊 *Chemical Reviews* 就占有较高的约稿比例,这也是这本期刊的特色之一③。学者 Laband 和 Piette 就认为编委与作者相同院校的背景能为编委发现高质量的文章提供重要渠道,编委的这种偏好行为有利于提高学术知识市场的效率④。在访谈中,也有受访的编委提及"编委会推荐同事写一些综述类文章接受主编的审查,但这并不是编委们滥用手中的权力";"主编或副主编寻找能反映令人兴奋的新的研究领域并邀请这些领域的作者发文是他们作为主编或副主编所要扮演的角色"。因此,学界中学术话语权的影响并不等同于编委滥用手中的权力,不等同于使本不该发表的文章得到发表。

　　而对于编委是否存在滥用编委权力,使本不该发表的文章发表的现象,从访谈结果看,16 位受访编委中,有 12 人认为不存在这种现象,1 人回答不知道存不存在这种现象,在余下的 3 人中,1 人认为存在这种可能,但是不会经常发生,至少他自己任职的期刊上不存在这种现象,1 人认为可能有,但是他自己不会做这样的事,1 人认为可能会有个别这样的现象存在。总的来看,受访的绝大多数编委认为不存在这种现象。

　　我们认为在 SCI 期刊中滥用编委权力的现象应该是很少的。首先,从审稿制度上看,国外 SCI 期刊通常在审稿制度的建设上都相对较为完善,很重视学术出版规范的建设。以前述样本中美国化学会旗下的期刊为例,编委们是不能处理或评审与自己利益相关的稿件的,比如来自本校同事或自己研究生的文章,编委自己的文章要交由没有利益相关的其他编委处理,这些都在美国化学会的出版规范手册中写明⑤,因此在制度上保障了编委不能滥用权力。其次,期刊文章最终会刊登出来,会受到同行和读者的监督,如果编委滥用手中的权力帮助本校不值得发表的文章发表,那么期刊可能会因此失去读者,学者可能也不会再往该刊投稿。再次,编委通常都有着较好的发文被引记录,他们本身有能力在这些期刊上发表文章,通常也没有必要滥用手中的权力使自己的文章发表,如果滥用手中的权力,也会在学界影响自身的声誉。对于上述这三点,在访谈中,也

①　沈美芳. 编委推荐制: 保证期刊论文学术水平的一种举措[J]. 编辑学报,2008,20(4): 338 - 340.

②　丁佐奇,郑晓南,吴晓明. 从编委的高发文和高被引分析看药学期刊编委的贡献[C]. 中国高校学术出版(IV)——中国高校科技期刊研究会第 15 次年会论文集,2011: 47 - 49.

③　中国科学技术协会学术部. 国外科技社团期刊运行机制与发展环境[M]. 北京: 中国科学技术出版社,2007.

④　Laband D N, & Piette M J. Favoritism versus search for good papers: Empirical evidence regarding the behavior of journal editors[J]. Journal of Political Economy, 1994, 102, 194 - 203.

⑤　American Chemical Society. Ethical Guidelines to Publication of Chemical Research [EB/OL]. http: //pubs. acs. org/userimages/ContentEditor/1218054468605/ethics. pdf, 2015 - 08 - 06.

都有被访编委们提及。其中有位受访编委还提到自己当选编委后对于可发可不发的文章宁肯不发表,因为更重视自己的声誉。我们的解释也符合Merton 提出的科学界的普遍主义原则①。试想学术期刊的发展已经历了大约有 350 多年的历史,现在仍然运行得很好,如果编委靠滥用手中的权力而使本校学者不该发表的文章得到发表成为主流现象,学者们可能也就不再会阅读学术期刊的文章,没有学者进行投稿,很难想象学术期刊还能够很好地运行下去。

8.4.4　编委是否有较强的发文被引记录及编委遴选的标准

关于编委是否有较强的发文与被引记录这一问题,从访谈的结果来看,16位受访编委中,除 1 位编委回答的是不清楚,其他 15 位编委都认为在他们所任职的期刊中的编委有着较强的发文和被引记录。这也和学界的主流观点以及我们在本章 8.1 节因果机制理论分析的部分所设想的相一致,同时,前述计算机学科中小样本的实证结果"一所大学的编委对本校的论文数量、总被引频次有着一定程度的贡献"对此也有所印证。

我们认为,编委具有较强的发文和被引记录或者说具有较高的科研产出水平可能是学界的主流现象,前述文献综述中的一些文献也都对编委有着较高的科研产出水平有所证明。且期刊越好,编委的学术水平也应该是越高的,关于这点,Braun 等②,Pagel 和 Hudetz③ 等人的研究也都对此有所证实。

尽管编委有着较强的发文被引记录或者说有着较高的科研产出水平可能是学界的主流现象,但是每本期刊的情况可能会不一样,可能也会有部分期刊的编委水平不如人们期待的那样高,这也正如一些文献所证实的,例如前述来自社会学领域的一些实证④-⑤。与此相关的是,如同前面我们提到很多国内编委挂名

---

① Merton R K. The normative structure of science[M]//Storer N. The sociology of science: Theoretical and empirical investigations. Chicago: University of Chicago Press, 1973: 267 – 278.

② Braun T, Zsindely S, Diospatonyi I, et al. Gatekeeper index versus impact factor of science journals [J]. Scientometrics, 2007, 71(3), 541 – 543.

③ Pagel P S, & Hudetz J A. Bibliometric analysis of anaesthesia journal editorial board members: correlation between journal impact factor and the median h-index of its board members[J]. British Journal of Anaesthesia, 2011, 107(3), 357 – 361.

④ Pardeck J T. Are social work journal editorial boards competent: Some disquieting data with implications for research on social work practice[J]. Research on Social Work Practice, 1992, 2(4), 487 – 496.

⑤ Pardeck J T, & Meinert R G. Scholarly achievements of the social work editorial board and consulting editors: A commentary[J]. Research on Social Work Practice, 1999, 9(1), 86 – 91.

但不审稿一样,一些文献也有关于我国部分国内编委长期脱离科研一线,科研水平不高的报道[①][②]。科学网著名博主武夷山曾在科学网上转载介绍过 Braun 等人关于测算反映编委科研产出水平的"守门人指数"的这项研究,对于国外编委有着较高的守门人指数的结果,武夷山在评论中写道"在中国,有些期刊编委的名头很大,但是不处在科研的一线,如果测算这些国内期刊的守门人指数,估计惨不忍睹"[③]。在访谈中,一位受访编委提到"如果编委从专业领域退下来的话,他们将不会再担任编委,我们只想聘请学术活跃的研究人员",这点可能是国内期刊编委和国外优秀 SCI 期刊不同的一点。

关于编委的遴选标准,我们认为编委具有较强的发文被引记录或者说具有较高的科研产出水平是最基础的标准,是当选编委的前提条件。正如前述文献综述中所指出的:"拥有较强的发文和被引记录是成为编委候选人的最明显特征"[④]。Brinn 和 Jones 曾选取世界上主要的 56 本会计学期刊,就影响编委当选的因素对 159 名编委进行问卷调查(该研究列出众多影响编委当选的因素,对众因素设置 5 级量表,从 1 分的强烈不同意到 5 分的强烈同意,让受访编委对这些影响编委当选因素的同意程度打分),结果表明,编委的发文记录这一因素是同意率最高的,达到 98.2%(包括强烈同意和同意两项),平均得分为 4.46[⑤]。从访谈的结果看,16 位受访编委中,除 1 位回答不清楚外,其余 15 位编委中有 10 位编委在编委的遴选标准中提及发文被引等这些学术上的因素,事实上,由于我们邮件中将编委是否有较强的发文被引记录和编委的遴选标准放在了一个大问题中,15 位编委中的其他 5 位编委也可能是由于前面回答了编委有较强的发文被引记录,而在编委的遴选标准中只列了其他因素,因为在那 10 位编委中就有部分编委将"编委是否具有较强的发文被引记录"与"编委的遴选标准"混在一起作答,而没有把这两个问题完全分开回答。

编委具有较强的发文被引记录或者说具有较高的科研产出水平应该是成为编委的前提条件,而影响编委的当选可能还要受其他多个因素的影响,当选编委是多方综合因素作用的结果。除编委要具有较强的发文被引记录,较高的科研

① 武夷山. 期刊"把门人"应该有水平,但他们确实有水平吗?[EB/OL]. http：//blog. sciencenet. cn/blog - 1557 - 501833. html, 2011 - 10 - 28.
② 林松青,张海峰. 发挥科技期刊编委的作用与对策[J]. 编辑学报,2013,34(12)：51 - 59.
③ 武夷山. 期刊"把门人"应该有水平,但他们确实有水平吗?[EB/OL]. http：//blog. sciencenet. cn/blog - 1557 - 501833. html, 2011 - 10 - 28.
④ Rynes S L. Getting on board with AMJ：Balancing quality and innovation in the review process[J]. Academy of Management Journal, 2006, 49(6), 1097 - 1102.
⑤ Brinn T, & Jones M J. Editorial boards in accounting：The power and the glory[J]. Accounting Forum, 2007, 31(1), 1 - 25.

产出水平这一标准外,我们这里结合访谈以及部分文献也对当选编委的其他标准做一个梳理总结。我们认为可能还有下列标准影响编委的当选:学者的名望;学者的研究领域;学者地理分布的平衡;审稿经验;为期刊做过的贡献;作为编委的意愿与积极态度等。下面分述之。

在接受访谈的 16 名编委中,有 7 名编委提到了学者的名望或类似名望的词。这是除较强的发文被引记录外,提及次数最多的标准,而这也和上述 Brinn 和 Jones 的调查结果相吻合,在他们的研究中,学者的名望作为影响编委当选因素的同意率也是位于第二位,排在发文记录的后面[①]。有名望的编委可能对于期刊的发展有着重要影响:例如有名望的编委有利于吸引优质的稿源。特别是对于新创办的期刊可能更是如此,*National Science Review* 这本刊物可能就是一个很好的例子,该刊于 2014 年初创,第二年就被 SCI 收录,该刊的编辑以及科学网知名博主孟津谈到了强大的编委阵容在这里面的贡献[②]。

学者的研究领域与学者的地理分布因素各被提到 3 次。例如,受访编委们提到,“如果期刊想涵盖某些主题领域,那就需要这些方向的专家,需要寻找能胜任这些领域的人”,“化学与生物化学包含如此多的领域,我们需要这些领域的专家”,“有时也要考虑地理方面的平衡”,“挑选编委基于研究兴趣的领域,地理因素等,需要达到一个平衡”等。而评审经验和为本期刊做过贡献各被提到过 2 次和 1 次,例如,一位编委提到“我是因为为该刊之前撰写过多篇综述性文章而被选入编委会的”。

尽管“作为编委的意愿与积极态度”这一标准没有被访的编委们提及,但是我们认为这也是很重要的因素,在前文中我们也多次提及,由于作为编委也要承担大量的工作,会占用科研的时间,因此一些够编委资格的人可能没有担任编委。相比编委的学术名气,积极审稿、组稿、参与期刊的建设这些同样是很重要的因素,特别是针对很多国内期刊的编委只“挂名”,而不积极参与期刊建设的情况,可能积极参与稿件的评审对于部分国内期刊而言要比编委的名气更为重要。而我们受访的编委并没有提及积极态度,可能也和国外编委“挂名”的现象较少有关,国外的期刊编委可能更多地将编委审稿等工作视作一种分内的职责和工作,这点可能和国内有所不同。

此外,在受访的编委中,有 4 人提到主编要负责挑选编委,主编会听取副主

---

① Brinn T, & Jones M J. Editorial boards in accounting: The power and the glory[J]. Accounting Forum, 2007, 31(1), 1-25.

② 孟津. 文章发表和刊物被 SCI 的速度[EB/OL]. http://blog.sciencenet.cn/blog - 4699 - 911878. html, 2015 - 08 - 10.

编和现任其他编委的意见,根据他们提供的信息和建议去挑选编委。我们认为主编挑选编委本身不是遴选编委的标准,主编也要遵循上述提到的各项编委遴选标准,正如一位编委所说:"对于挑选副主编和编委会成员,主编有着很大的自由决定权,通常会听取现任编委们的意见,而这些也要经过严格的筛选,在评审经验、拥有较高的学术地位(例如很强的发文被引记录)等方面都要达到很高的标准"。与主编的相识与否本身不是遴选编委的标准,但是也有可能是当选编委的一个影响因素。对于此,岩土领域的著名学者王善勇在其科学网的博文"如何成为国际著名期刊编委"一文中提到主编通常会找比较熟悉的学者,而通过多为期刊审稿,多参加学术会议等方式与主编交流可以和主编成为较为熟悉的朋友,他也将此作为除编委学术水平、审稿经验、作为编委的意愿外的一个当选编委的因素。他在博文中也提到自己也是按照这些点才成功当选为岩土领域中国际著名期刊 *Soils and Foundations* 的编委的①。

　　既然主编会根据一些副主编及其他编委们的意见去挑选编委,那这里面就涉及一个问题:这里面是否有复杂的人际关系,是否会有学术利益集团的争斗。对于这个问题,受访的编委中有 6 人回答了这个问题。其中有 4 人回答没有这种情况(4 人中有 1 人认为如果有也是极少数的情况),1 人回答在他担任编委前不认识该刊任何其他的主编与副主编成员。而余下的 1 人则回答复杂的人际关系存在于人类生活中的任何方面,但是他没有提及是否有学术利益集团的争斗。我们猜想人际关系的因素可能是存在的,比如上述主编去挑选编委的过程,不可避免地要涉及人际关系,但是正如我们上面分析的,主编去挑选编委也要按照诸如编委是否具有较强的发文被引记录,是否拥有较高的学术声誉等标准进行挑选,而不是单纯地只靠人际关系。人际关系并不等同于主编权力的滥用,不等同于学术利益集团的争斗等复杂的人际关系,我们认为主编滥用权力依靠个人关系让本不应该当选的学者当选编委以及学术利益集团的争斗这种学术不端的现象发生在 SCI 期刊中的现象应该是比较少的,特别是在顶尖期刊中。正如类似我们前面在编委是否有滥用权力这部分的讨论中所分析的,如果学术利益集团的争斗是影响遴选期刊编委的主要因素,是学术界的主流现象,那么学术期刊很可能也就无法长期生存下去。

8.4.5　大学编委数量与科研产出之间是否存在着因果关系

　　对于大学的编委数量与科研产出之间的因果关系问题,我们前面对两者背

---

① 王善勇. 如何成为国际著名期刊编委[EB/OL]. http://blog.sciencenet.cn/blog-692836-860042.html, 2015-01-16.

后所形成的因果机制进行了理论分析,并在计算机学科中通过小样本的截面数据对假设的因果机制进行了验证。同时,我们也在化学学科中选取时间序列数据,对部分大学的编委数量与论文数量进行了格兰杰因果关系检验。本部分我们先给出访谈的结果。

从访谈的结果看,16位受访编委中,有10位明确表示大学的编委数量与科研产出之间没有因果关系或不一定是因果关系,在这10人中,有4人提到尽管不是因果关系,但是两者可能有着相关关系,例如受访编委们提到"好的学校自然会吸引优秀的学者,而这些优秀的学者很可能会担任编委";"两者不是因果关系,但是有统计上的相关性"。除上述10人外,有3位受访编委没有明确回答是否有因果关系,而是直接回答两者存在着相关关系,他们和上述4位指出有相关关系的受访编委类似,也都提到"好的学校自然有很多科研产出较高的学者,而这些学者通常也都是编委"。除上述13人外,在余下的3人中,有2位编委提到在个人层面上,学者的个人产出会影响其个人是否会成为编委,但是学校本身不是影响编委当选的因素,另外一人则表示"大学的编委数量与科研产出之间存在因果关系,两者是一种积极的协调作用,两者互相带动"。

总的来看,受访编委中,只有1人明确表示大学的编委数量与科研产出之间有因果关系,2人认为在个人层面上学者的个人科研产出情况会影响编委的当选,多数编委(10人)则认为两者没有因果关系,有7人认为两者存在相关关系。由访谈结果看,大学的编委数量与科研产出两者之间的因果关系不是很明显,而更多的是一种相关关系。这一结果也和前面格兰杰因果关系检验和大样本截面数据的回归结果相印证。正如我们在格兰杰因果关系检验部分所分析的,大学的编委数量与科研产出不是一种"刚性"的因果关系,不是一所大学的编委数量增多了,科研产出数量与质量就一定增多,也不是科研产出数量与质量增加,就一定有编委的增多。大样本截面数据中"大学编委数量与论文数量、总被引频次、h指数都具有显著的正相关性,且相关性较高"的实证结果可能也印证了部分受访编委"好的学校自然拥有较多优秀的科研人员,这些人通常也是编委"的观点。因为在大样本截面数据中,我们的样本大学有1 000所之多,不同档次的学校自然拥有的编委数量不同,数据高低错落有致,这样编委数量与论文数量、总被引频次等指标就能很好地对应,模型能够拟合得很好。

再继而从前面我们提出的因果作用机制进行剖析。从编委作为守门人掌控学术话语权的角度看,正如我们前面所分析的,编委的话语权对于一所大学科研产出的影响尽管可能存在,但是影响可能较小,科研产出是多方面作用的结果,会受科研经费、人力的投入、科研政策等多方面的影响。而编委作为守门人——

学术话语权的掌控者,是区别于其他科研人力投入的标志,因此,我们猜想多数受访编委在回答大学的编委数量与科研产出之间是否存在因果关系这一问题时认为两者没有因果关系,可能也多是从编委作为守门人掌控学术话语权的视角进行的考虑。从这一角度看,两者的因果关系可能并不明显。

　　而再从学者基于自身较高的科研产出水平当选为编委的角度看。从个人层面讲,个人首先要达到一定的科研产出水平才能当选为编委,个人拥有较高的科研产出水平出现于当选编委之前,个人较强的科研产出水平应当是个人当选编委的"因"。关于这些我们前面也从文献、访谈等多个方面进行了论证。由此上升到学校层面,一所大学科研产出的数量与质量越高,这里面所蕴含的编委数量越多的机率也应该越大,与之相对应的是,编委基于自身较高的科研产出水平也能为本校贡献一定数量高质量的科研产出,因此大学的编委数量与科研产出在这一角度上可能互为因果关系。计算机学科小样本实证的结果也表明一所大学的编委对本校的论文数量与总被引频次有着一定程度的贡献。

　　综上,大学的编委数量与科研产出的因果关系可能更多的是基于编委自身科研产出水平的高低这一作用机制,而受编委掌控学术话语权这一作用机制的影响要小。

本 章 小 结

　　本章中我们对大学 SCI 编委数量与科研产出背后可能的因果关系进行了探究。我们首先对两者之间可能的因果作用机理进行了理论分析:从科研产出影响编委数量的方向上看,在个人层面上,学者自身的科研产出水平影响着编委资格的获取,由此推广到学校层面,一所大学科研产出的数量与质量越高,这里面所蕴含的编委数量越多的机率也应该越大。从编委数量影响科研产出的方向上看,一所大学编委数量影响科研产出的机制可能有两点。第一,编委们可能基于自身较高的科研产出水平直接为本校贡献了较多高质量的科研产出。第二,编委可能通过掌控学术话语权而对一所大学的科研产出有所影响。计算机学科小样本实证研究表明一所大学的编委对本校的论文数量、总被引频次有着一定程度的贡献,但是对篇均被引的贡献并不明显;期刊中存在超过一定比例地刊载来自编委院校文章的现象。

　　我们也基于时间序列数据并运用格兰杰因果关系检验方法在化学学科中对

20所顶尖大学的编委数量与论文数量指标进行了格兰杰因果关系检验。数字上的检验结果表明,20所大学中仅有3所大学检验出具有某一方向上的格兰杰因果关系:斯坦福大学在滞后1—5期时,编委数量均是论文数量的格兰杰原因;加州大学洛杉矶分校在滞后1、2、3期时,编委数量是论文数量的格兰杰原因;斯特拉斯堡大学在滞后5期时,论文数量是编委数量的格兰杰原因。其中加州大学洛杉矶分校的编委数量与论文数量呈反比,显然与实际意义不符。综合来看,20所大学的编委数量与论文数量之间的因果关系并不明显。没能形成预期因果关系的原因可能有二,一是所检验大学每年编委数量的变化不是很大,时间序列中每年变化不大的编委数量不容易和变化更为明显的论文数量形成很好的对应;二是编委数量与论文数量两者可能不是一种"刚性"的因果关系,一方的增多或减少不一定就带来另一方明显的增多或减少。

结合对部分化学顶尖期刊编委的访谈结果以及化学、计算机学科中的个案结果对大学的编委数量与科研产出的因果作用机制进行进一步的剖析:从编委作为学术话语权掌控者影响大学科研产出的角度看,编委的话语权对于一所大学科研产出的影响尽管可能存在,但是影响可能较小。这在访谈结果、化学学科个案中都有所相互印证。而从学者基于自身较高的科研产出水平当选为编委的角度看,编委个人通常都具有较高的科研产出水平,相关文献及访谈结果对此也都有所印证,进而从前述机理分析,一所大学科研产出的数量与质量越高,这里面所蕴含的编委数量越多的机率也应越大,相应地,编委基于自身较高的科研产出水平也能为本校贡献一定数量高质量的科研产出,因此大学的编委数量与科研产出在这一角度上可能互为因果关系。前述计算机学科小样本实证的结果也表明一所大学的编委对本校的论文数量与总被引频次有着一定程度的贡献。综上,一所大学的编委数量与科研产出的因果关系可能更多的是基于编委自身科研产出水平的高低这一作用机制,而受编委掌控学术话语权这一作用机制的影响要小。

第9章 大学 SCI 期刊编委数量与学科水平的相关性研究
——基于 ARWU 学科排名世界 200 强大学的分析

　　一所大学学科水平的主要标志体现在卓越的人才以及高水平的科研成果两个方面[①]。一方面,SCI 期刊编委是本领域享有较高声誉的学术精英,是一所大学的重要人才;另一方面,通过前面几章的分析我们也发现一所大学的 SCI 期刊编委数量与本校的科研产出数量、质量都有着紧密的联系,而计算机学科小样本的实证也表明编委对本校的论文数量、总被引频次都有着一定程度的贡献。因此,SCI 期刊编委可能是影响一所大学学科水平的重要因素。在我国一流大学与国外那些拥有世界一流学科的大学还存在明显差距的背景下,分析大学的 SCI 期刊编委数量与学科水平的相关性也有着重要的现实意义。

　　尽管学界对于学科水平在概念理解上可能会存在一定差异,但是不可否认的是,一所大学的学科水平可借由学科排名的各个计量学指标来反映,那些拥有世界一流学科的大学也都在世界主流的学科排行榜中有着很好的体现。遵循此思路,同时从实证操作的角度出发,我们以在国际上有着较大影响力的 ARWU 学科排名的部分指标作为计量学科水平的依据,将 2013 年 ARWU 化学、计算机、经济学学科排名前 200 强的大学作为本章大学 SCI 期刊编委数量与学科水平相关性研究的样本对象,分析这些大学所拥有的 SCI 期刊编委数量与代表着这些大学学科水平的 ARWU 学科排名得分、HiCi 学者数、高质量论文比例、论文数量、总被引频次、篇均被引、h 指数等计量学指标的相关性。

---

① 程莹,刘念才.我国名牌大学学科领域离世界一流有多远[J].高等教育研究,2007,28(10):1-8.

9.1　SCI 期刊编委在学科排名世界 200 强大学中的分布

对化学、计算机、经济学中 ARWU 学科排名世界 200 强大学所拥有的编委数量的分布进行考察,可以使我们首先对这些著名大学在这三个学科中学术话语力量的分布特点有所初步了解,同时也为下一步分析这些大学的编委数量与反映这些大学学科水平的 ARWU 学科排名得分及其他科学计量学指标的相关性奠定一定基础,具有一定的研究意义。

我们按照前述研究方法获取了 ARWU 化学、计算机、经济学学科排名 200 强大学的编委数量数据。三个学科中编委数量的分布如图 9-1~9-3 所示,由这三幅图可以明显地看出,无论是化学、计算机,还是经济学,三个学科中编委数量均呈现右偏分布的特征。表 9-1 给出了这三个学科编委数量分布的描述性统计。三个学科中,编委数量的平均值分别为 25.8,35.6,29.5,而中位数值分别为 20,29.5,19,平均值均大于中位数值,具有一定的拖尾现象。结合具体每个学科的统计分布数据来看:化学学科中编委数量集中分布在 5—45 人次之间,共计 169 所大学,计算机学科中编委数量主要集中分布在 0—60 人次之间,

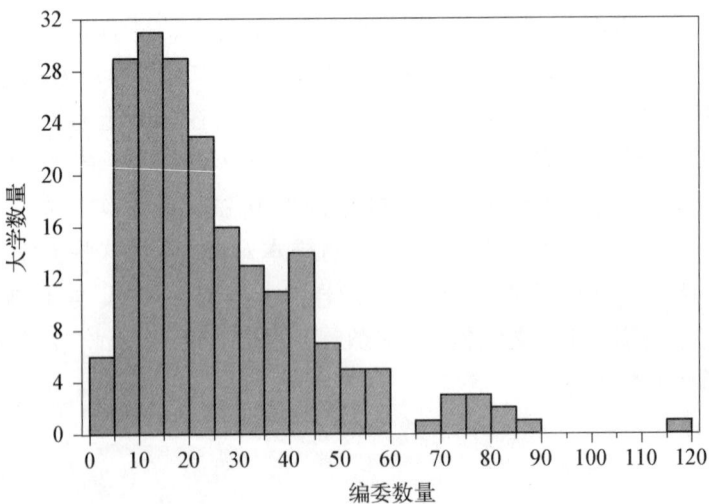

图 9-1　化学学科世界 200 强大学编委数量分布图

共计 171 所大学,经济学学科中编委数量主要集中分布在 0—45 人次之间,共计 164 所大学。计算机学科编委数量无论是平均值还是中位数值均要高于化学与经济学学科,而化学与经济学学科间的平均值及中位数值都相差不大,经济学学科平均值要高于化学学科,但是中位数值要略低于化学学科,经济学学科中编委数量分布的拖尾现象更加明显。此外,三个学科中,经济学学科中的编委数量的最大值最大,为 190 人次,计算机学科次之,为 168 人次,化学学科则为 118 人

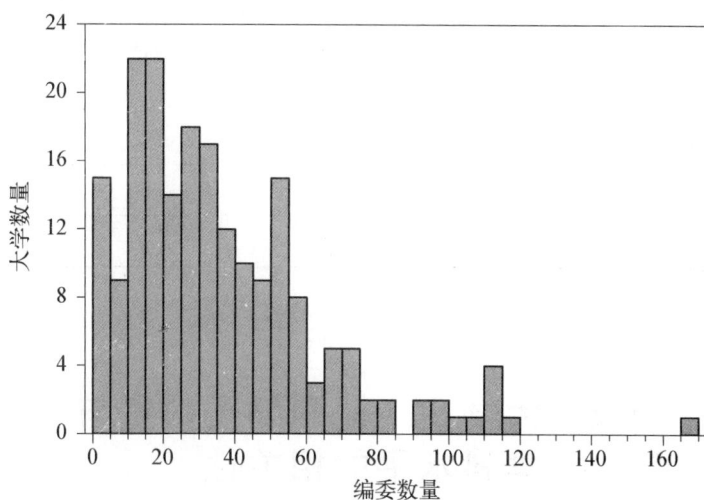

图 9-2　计算机学科世界 200 强大学编委数量分布图

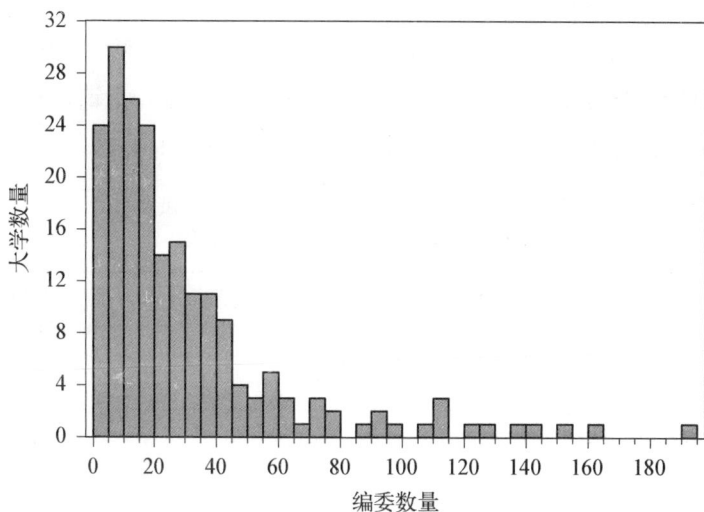

图 9-3　经济学学科世界 200 强大学编委数量分布图

次,三者都与第二名的学校拉开了一定距离。经济学学科中编委数量超过 100人次的学校有 11 所,计算机学科 8 所,化学学科仅有 1 所学校超过 100 人次。由上可见,三个学科中编委数量的分布虽然都具有右偏拖尾的现象,但在具体分布特点上也有所不同。

表 9-1　化学、计算机、经济学学科世界 200 强大学编委数量描述性统计

编委数量	化学	计算机	经济学
最大值	118	168	190
最小值	2	0	0
极差	116	168	190
平均值	25.8	35.6	29.5
中位数	20.0	29.5	19

9.2　大学 SCI 期刊编委数量与学科水平的相关性

我们运用皮尔逊相关系数法定量计算 ARWU 化学、计算机、经济学学科排名世界 200 强大学的编委数量与能够反映这些大学学科水平的 ARWU 学科排名得分、HiCi 学者数、高质量论文比、论文数量、总被引频次、篇均被引、h 指数等科学计量学指标的相关性。表 9-2 给出了相关性的结果。

表 9-2　化学、计算机、经济学学科世界 200 强大学的编委数量与学科水平的相关性结果

	化学学科相关系数	计算机学科相关系数	经济学学科相关系数
ARWU	0.681**	0.665**	0.845**
HiCi 学者数	0.468**	0.446**	0.737**
高质量论文比	0.317**	0.158*	0.211**
论文数量	0.437**	0.672**	0.909**

（续　表）

	化学学科 相关系数	计算机学科 相关系数	经济学学科 相关系数
总被引频次	0.638 **	0.689 **	0.911 **
篇均被引	0.440 **	0.255 **	0.535 **
h 指数	0.622 **	0.631 **	0.850 **

注：ARWU 代表 ARWU 学科排名得分数据。** , * 分别表示在 1%,5%的水平上显著。

我们这里遵循 Cozby 对相关性强度的划分标准[①]，将相关性强度划分为如下标准：0.8—1.0 为高度相关，0.5—0.79 为中等程度的相关，0.3—0.49 为低度相关，0—0.29 为极低相关或不相关。

由表 9 - 2 可以看出，无论化学、计算机还是经济学，这些学科中 200 强大学的编委数量与反映这些大学学科水平的科学计量学指标均具有非常显著的正向相关关系，除计算机学科中编委数量与高质量论文比的相关系数在 5%的显著性水平上显著外，其他相关系数均在 1%的显著性水平上显著。但是各个学科中，编委数量与各个指标的相关性程度又各有不同。编委数量与 ARWU 学科排名得分、总被引频次、h 指数这三个指标的相关性相对较高：在经济学学科中，编委数量与这些指标均达到高度相关，其中与总被引频次的相关系数高达 0.911，化学与计算机学科中也表现出中等程度的相关性，相关系数均在 0.6 以上。编委数量与论文数量的相关性在不同学科中呈现多样性：经济学学科中表现为高度相关，相关系数高达 0.909，计算机学科中表现为中等程度相关，而化学学科中则表现为低度相关。经济学中编委数量与论文数量、总被引频次表现为高度相关也与前面大样本量的实证结果相印证。相对于经济学和计算机学科而言，化学学科中编委数量与论文数量的相关性没有我们期盼得像前面大样本量结果里表现得明显，一方面可能是由于样本量减少所带来的相关性自然下降的问题，另一方面可能是本身处于化学学科中高端位置大学的编委数量与论文数量的相关性不高。编委数量与 HiCi 学者数指标除经济学学科中表现为中等程度相关外，其他两个学科中则表现为低度相关。编委数量与篇均被引、高质量论文比这两个指标的相关性较低，特别是与后者的相关性要更低。对于编委数量与篇均被引指标，化学、计算机、经济学中的相关性程度分别为低度相关、极低相关，中等程度相关，计算机学科仍然是三个学科中最低的，这也与我们前面大

① Cozby P C. Methods in Behavioral Research[M]. New York: McGraw-Hill Co, 2008.

样本量的实证结果有所印证。而对于编委数量与高质量论文比指标,化学、计算机、经济学中的相关性程度分别为低度相关,极低相关,极低相关,计算机学科中编委数量与高质量论文比的相关系数仅为 0.158,在经济学学科中也只有 0.211。

总的来看,编委数量与兼顾反映科研产出数量与质量的总被引频次、h 指数,反映学科综合实力的 ARWU 学科排名得分的相关性相对较高,特别是在经济学科中表现得更为明显。编委数量与反映单纯的论文数量、反映世界级学术精英人才的 HiCi 学者数相关性在三个学科中又各有不同。而编委数量与更突出反映科研产出质量的指标篇均被引和高质量论文比相关性较低。

为了细致刻画学科排名世界 200 强大学的编委数量与学科水平的相关性,进一步将 200 强大学分为两组:1—100 名的大学为一组,101—200 名的大学为一组。我们在三个学科中分别对两组大学的编委数量与代表这些大学学科水平的各项计量学指标进行相关性分析。表 9-3 给出了分组后的相关性结果。

表 9-3 化学、计算机、经济学学科世界 200 强大学分组后的
编委数量与学科水平的相关性结果

	化学学科 相关系数		计算机学科 相关系数		经济学学科 相关系数	
	1—100 组	101—200 组	1—100 组	101—200 组	1—100 组	101—200 组
ARWU	0.616**	0.078	0.556**	0.161	0.850**	0.436**
HiCi 学者数	0.400**	−0.272**	0.259**	−0.040	0.714**	0.164
高质量论文比	0.245*	0.228*	−0.011	−0.164	0.103	−0.398**
论文数量	0.467**	0.247*	0.667**	0.382**	0.924**	0.788**
总被引频次	0.619**	0.410**	0.643**	0.339**	0.913**	0.691**
篇均被引	0.289**	0.397**	0.114	−0.009	0.510**	0.075
h 指数	0.581**	0.446**	0.613**	0.207*	0.866**	0.580**

注:ARWU 代表 ARWU 学科排名得分数据。**,*分别表示在 1%,5%的水平上显著。

我们发现分组后的相关性有以下三个特点。第一,分组后的相关性特点与前述未分组前的相关性特点基本一致,例如编委数量与兼顾反映科研产出数量与质量的总被引频次、h 指数的相关性较高,与更加突出反映质量的篇均被引、高质量论文比的相关性较低。第二,虽然前述相关性的特点基本保持不变,但是总的来看,分组后,前后两组的相关性基本上均有不同程度的下降,这也是样本

量减小后带来的自然结果。而经济学中部分指标也有例外,经济学中编委数量与 ARWU 学科排名得分、论文数量、总被引频次、h 指数几个指标在 1—100 名组里相关系数几乎依然保持不变,甚至稍有提高,也反映出在处于经济学学科 1—100 名的大学的编委数量与反映学科水平的各个指标有着极强的相关性。第三,总的来看,分组后,位于 101—200 组大学的相关系数要普遍低于 1—100 组大学的相关系数,且在有的指标上统计结果已经不再显著。这一现象在化学、计算机、经济学中也都适用。例如,化学、计算机学科中 101—200 名组大学的编委数量与 ARWU 学科排名得分的相关性没有通过统计显著性检验,而经济学科中 101—200 组大学的编委数量与 ARWU 学科排名得分的相关性也要低于 1—100 名这一组的大学。

　　除上述特点外,还有几个特例。例如,化学学科中,编委数量与 HiCi 学者数的相关性在 101—200 名组里的相关性为显著的负相关关系,我们认为这与 101—200 名大学中 HiCi 学者数指标有大量的 0 值有关(0 值数量为 79 个,占到了近 80%),与此相佐证的是,计算机、经济学学科中 101—200 名的大学也存在大量的 0 值(0 值数量分别为 80,88),这两个学科中,编委数量与 HiCi 学者数指标的相关性均没有通过统计检验。由于大量的 0 值可能扭曲了编委数量与 HiCi 学者数之间真实的相关关系。此外,经济学学科中,101—200 名组的大学的编委数量与高质量论文比呈现显著的负相关关系。可能的原因是,高质量论文比指标是更突出反映质量类的指标,该指标对于论文数量较少的大学较为有利,虽然 ARWU 学科排名在计算该项指标时对于论文数量的底线设置了一个阀值(论文数需高于该学科论文数最多三所大学平均值的 10%),但是可能仍然无法完全排除这种影响,而编委数量更偏重反映一所大学的规模,两类指标的性质有所不同,两者在经济学学科中未分组前就属于极低的相关性,分组后由于样本截断又会带来相关性程度的降低,可能是这些原因扭曲了两者真实的相关关系,造成两者反而出现显著负相关的现象。

9.3　结果分析与讨论

　　本章前面两节中,我们对 ARWU 化学、计算机、经济学学科排名前 200 强大学的 SCI 期刊编委数量与代表着这些大学学科水平的 ARWU 学科排名得分、HiCi 学者数、高质量论文比例、论文数量、总被引频次、篇均被引、h 指数等指标进行了相关性实证检验。

结果表明,化学、计算机、经济学三学科中 200 强大学的 SCI 期刊编委数量与代表这些大学学科水平的各个计量学指标均具有显著的正相关性,然而相关程度又不尽相同。总的来看,编委数量与兼顾反映科研产出数量与质量的总被引频次、h 指数,反映学科综合实力的 ARWU 学科排名得分相关性相对较高:在化学与计算机学科中均具有中等程度以上的相关,在经济学科中高度相关。编委数量与论文数量、反映世界级学术精英人才的 HiCi 学者数相关性在三个学科中各有不同。而三学科中,编委数量与更加突出反映科研产出质量的篇均被引和高质量论文比指标相关性较低。此外,我们还进一步将 200 强大学分为1—100 名与 101—200 名两组大学分别进行相关性分析。分组后的相关性结果与未分组前的相关性特点基本一致。分组后,由于样本量减少等原因,分组后的两组大学的相关性程度总的来看都有所下降,但 1—100 名组大学的相关性要高于 101—200 名组的大学。

对于论文数量、总被引频次、篇均被引、h 指数等几个科研产出类指标,前面7—8 章中已经进行了较多的讨论。ARWU 学科排名 200 强大学的编委数量与这些科研产出类指标的相关性与大样本中的相关性结果基本类似,例如经济学学科 200 强大学的编委数量与论文数量、总被引频次的相关性在几个相关关系中是最高的,而三学科中 200 强大学的编委数量与篇均被引的相关性较低,且在计算机学科中是最低的,这些都与前面大样本量的结果基本一致,我们在前面也都对此进行了较多的讨论,因此这里就不赘述。这里主要就编委数量与 ARWU 学科排名得分、HiCi 学者数以及高质量论文比的相关性进行讨论。

9.3.1　编委数量与 ARWU 学科排名得分相关性的讨论

首先看编委数量与标志着学科综合实力的 ARWU 学科排名得分的关系。我们认为编委数量与 ARWU 学科排名得分能够形成显著的正相关关系可能反映了编委与学科综合实力两者之间良好的互动关系。一方面,学科综合实力越强的大学可能越容易吸引编委这种学术精英人才的加盟,这些大学拥有的编委人才可能也越多。另一方面,编委反过来也可能会影响一所大学的学科水平。一所大学学科水平的主要标志体现在拥有卓越的人才以及高水平的科研成果两个方面。期刊编委作为本学科领域内享有较高声誉的学术精英人才加盟一所大学,本身就是对该所大学在该学科拥有的学术人才方面的贡献,而编委对于科研产出的影响,前面我们在第 8 章中对此进行了较多的讨论,我们认为编委可能会基于自身较高的科研产出水平为本校本学科贡献一定数量高质量的科研产出，计算机学科中的小样本案例验证也表明一所大学的编委对本校的论文数量与总被引频次有着一定程度的贡献。

另外，从指标设置的角度来看，ARWU 学科排名本身是以学术表现为基础的排名体系，本身包含反映科研产出数量或质量的 SCI 论文数、HiCi 学者数、高质量论文比三个指标，三项指标共占有 75% 的权重。而编委数量指标也被认为是科研产出、学术表现类的指标[1-2]，只是更加反映科研产出的前置因素。虽然编委数量与上述三个科研产出类指标在具体的相关性上会有所不同，但是从指标设置的性质上来看，他们具有相似性，都属于科研产出类的指标，这可能也是编委数量与 ARWU 学科排名得分形成显著正相关的原因。

经济学学科中编委数量与 ARWU 学科排名得分的相关性要高于化学、计算机学科中的结果，可能也与 ARWU 排名这种基于学术表现，偏重反映科研产出的性质有一定关系。前面第 7 章 7.2 节中我们分别从科研投入、科研政策的角度分析了经济学学科编委数量与论文数量、总被引频次的相关性比化学、计算机学科更高的原因，ARWU 学科排名由于也是基于学术表现，注重反映科研产出，因此这些原因对于解释三学科编委数量与 ARWU 学科排名相关性的类似结果也同样试用，因此这里也不再赘述。

编委数量与 ARWU 学科排名得分虽然具有显著的正向相关关系，但是在化学、计算机学科里中等程度的相关也说明两者在内涵上并不完全一致，编委数量只是反映了学科水平的一个方面，而 ARWU 学科排名更加综合，更加全面地反映学科水平。ARWU 学科排名除包含 SCI 论文数、高质量论文比、HiCi 学者数等科研产出类指标外，同时还包括获诺贝尔奖、图灵奖的校友数量、教师数量等反映高端人才培养质量与教师质量的指标。诺贝尔奖、计算机学科中的图灵奖都是本学科领域内最具权威的科学奖项，获奖者都是在本学科领域内做出了世界级开创贡献的顶尖科学家，而编委虽然也是学术精英人才，但是显然与诺奖校友、教师还无法相比。而编委数量与 HiCi 学者数、高质量论文比的相关性也不尽相同。我们也将在下面 9.3.2、9.3.3 两小节中对这两个指标进行讨论。

[1] Musambira G W, & Hastings S O. Editorial board membership as scholarly productivity: An analysis of selected ICA and NCA journals 1997 – 2006[J]. The Review of Communication, 2008, 8(4), 356 – 373.
[2] Frey B S, & Rost K. Do rankings reflect research quality? [J]. Journal of Applied Economics, 2010, 13(1), 1 – 38.

　　此外,以往也有一些研究对大学编委数量与学科综合排名进行了相关性研究[1]-[4]。这些研究多集中于经济与管理领域。在仅有的涉及理工农医等学科领域的一次研究中,Braun 等人并没有单独列出其研究的 12 个学科领域中具体每个学科的院校排名情况,因此人们并不清楚具体每个学科领域内的编委数量与学科综合排名的相关关系[5]。与这些研究不同的是,我们在自然科学中的化学、技术科学中的计算机学科中对大学编委数量与这两个学科的综合排名进行了实证检验,结果也表明这两个学科中编委数量与学科综合排名具有显著的正相关性,且有着中等程度以上的相关。这在以前的研究中是没有报道的。

　　而就以往 Frey 和 Rost 以及邵娅芬等两次同样在经济学学科中的实证研究来看,他们的实证结果也与我们在经济学学科中的结果有着不同之处,而这两次研究同样也都将 ARWU 排名作为相关性分析的参照,因此我们的研究与这两次研究也更具可比性,下面来逐一分析。Frey 和 Rost[6] 选取 115 本经济学期刊作为研究样本,按编委数量进行学科排名,并将排名与 ARWU 大学综合排名中前 100 名的大学进行对比,比较两者榜单的重合程度,结果发现很多在编委排名中较高的大学并未出现在 ARWU 大学综合排名的前 100 名中,并由此认为基于编委数量的排名与基于科研产出表现的各类排名相关性较低。这与我们经济学中编委数量与 ARWU 学科排名高度相关的实证结果是不同的,造成两项研究不同的原因可能有以下两点。首先 Frey 和 Rost 研究的一个缺陷是选取 ARWU 大学综合排名而非具体的 ARWU 经济学学科排名作为与经济学学科编委数量的比较对象,这在逻辑上是说不通的,作者自己也在研究中提到了这点,而由此得出的相关性结论也许并不合理。另外,从研究方法上看,Frey 和 Rost 只是通过简单地比较两个榜单的重合院校来判断相关程度,这种方法较为主观,且不易从整体上把握两者的相关程度,而我们的研究通过计算皮尔逊相关系数这一更加定量化的方法来考察两者的相关程度,更加客观精确。因此,比较

[1]　Braun T, Diospatonyi I, Zador E, et al. Journal gatekeepers indicator-based top universities of the world, of Europe and of 29 countries — A pilot study[J]. Scientometrics, 2007, 71(2), 155 – 178.

[2]　Burgess T F, & Shaw N E. Editorial board membership of management and business journals: A social network analysis study of the financial times 40[J]. British Journal of Management, 2010, 21(3), 627 – 648.

[3]　Frey B S, & Rost K. Do rankings reflect research quality? [J]. Journal of Applied Economics, 2010, 13(1), 1 – 38.

[4]　邵娅芬. 经济学科的国际学术话语权研究[D]. 上海:上海交通大学,2011.

[5]　Braun T, Diospatonyi I, Zador E, et al. Journal gatekeepers indicator-based top universities of the world, of Europe and of 29 countries — A pilot study[J]. Scientometrics, 2007, 71(2), 155 – 178.

[6]　Frey B S, & Rost K. Do rankings reflect research quality? [J]. Journal of Applied Economics, 2010, 13(1), 1 – 38.

对象以及计量相关性方法上的不同可能是造成我们的研究结果与 Frey 和 Rost 的研究结果不同的主要原因。

有意思的是,邵娅芬也是基于经济学学科 SSCI 期刊选取编委的样本,也与 ARWU 经济学学科排名进行了相关分析,但是两者的相关系数为 0.627,仅为中度相关[1],与我们研究中相关系数 0.845 这一高度相关的结果有所不同。从样本量上看,邵亚芬的样本量有 126 所大学,而我们的样本量为 200 所大学,尽管如前面第 4 章 4.2 节中所分析的那样,样本量的大小与统计学上的相关性强弱是有着密切联系的,样本量的减少可能会使相关性有所降低。但是从我们分组的统计结果来看,ARWU 经济学学科排名 1—100 名大学的编委数量与 ARWU 学科排名得分仍然高度相关,因此我们认为在经济学学科中可能不是由于样本量的原因导致我们与邵娅芬的研究结果不同。由于邵娅芬的研究中并没有完整公布其编委排名的数据(该研究只公布了分别按主编、副主编、普通编委人数排名靠在最前面的 20 所左右大学的编委排名信息),从有限的信息来看,我们认为造成我们的研究结果与邵娅芬不同的原因可能在于:从数据处理的角度看,我们遵循 Gibbons 和 Fish 的统计方法[2],将隶属于多个大学的编委按他所在的大学分别计 1,例如一个编委隶属于两所不同的大学,则这两所大学都计 1 人次,按邵的统计方法,这两所大学则分别计为 0.5 人次。而 ARWU 学科排名在公布的研究方法中,并没有提到将作者的隶属单位做邵娅芬那样的特殊处理[3],所以可能我们的数据处理方法和 ARWU 学科排名的数据处理方法更为一致,因此相关性也更强一些。这点可能是导致我们的研究与邵娅芬的研究结果有所不同的原因。

9.3.2　编委数量与 HiCi 学者数相关性的讨论

编委数量与 HiCi 学者数在经济学学科中表现为中等程度的相关,在化学、计算机学科中表现为低度相关。编委数量与 HiCi 学者数在三个学科中都没能形成高度相关的原因可能在于 HiCi 学者是比编委更加高端的学术精英人次,HiCi 学者人数相比编委人数要少,HiCi 学者可能多是期刊编委,但是反之则不

---

[1]　邵娅芬. 经济学科的国际学术话语权研究[D]. 上海:上海交通大学,2011.
[2]　Gibbons J D, & Fish M. Rankings of economics faculties and representation on editorial boards of top journals[J]. Journal of Economic Education, 1991, 22(4), 361 - 366.
[3]　上海交通大学世界一流大学研究中心. 2013 年世界大学学科排名方法 [EB/OL]. http://www.shanghairanking.com/ARWU - SUBJECT - Methodology - 2013. html, 2014 - 07 - 05.

成立。HiCi 学者是由科睿唯安公司基于论文被引位于该领域全球前 1% 而构建出的科学家榜单,能够当选 HiCi 学者意味着其成果对该学科发展有着重大贡献,可以说是世界级的学术精英人才,而编委这一群体的平均水平可能与之还有一定差距。由 2014 年科睿唯安出版的最新 HiCi 学者名单我们发现,化学、计算机、经济学与商学三个学科中的 HiCi 学者分别为 198 人,117 人,95 人[①],而这远远少于三个学科中编委的数量。因此可以这样说,HiCi 学者通常可能都是期刊的编委,但是反之则不成立。一些拥有编委较多的学校,如化学学科中的北京大学、清华大学、首尔国立大学、昆士兰大学、慕尼黑大学、墨尔本大学、台湾大学、圣母大学等,计算机学科中的新加坡国立大学、南洋理工大学、清华大学、伦敦大学学院等,经济学学科中的澳大利亚国立大学、多伦多大学、蒂尔堡大学等就比较缺少 HiCi 学者这种世界级的学术精英人才。而这一现象反映在 ARWU 的 HiCi 学者数得分中,表现为 ARWU 学科综合排名 100 名以后的学校会出现大量的 0 值,这些大量的 0 值可能使得编委数量与 HiCi 学者数指标没有形成高度相关。

此外,三个学科中都没能形成高度相关的原因可能还与 HiCi 学者数这一指标的区分度有一定关系。通过数据我们发现,化学学科、计算机学科中 HiCi 学者数得分数据相同的学校非常多,例如化学学科 HiCi 学者数得分同为 51.6 的有 20 个,得分同为 36.5 的有多达 49 个,计算机学科中得分同为 49.5 的有 12 个,得分同为 35 的有 12 个,得分同为 24.7 的有 33 个,经济学学科中得分同为 25.6 的有 12 个,同为 18.1 的有 45 个。HiCi 学者数指标并没有将这些学校很好地区分开,如果反映到散点图上就是使这些学校不能与他们对应的编委数量数据很好地拟合成一条直线,从而影响相关性的程度。

经济学学科中编委数量与 HiCi 学者数的相关性程度要高于化学、计算机学科中的结果,相关系数为 0.737,这和化学、计算机学科是不同的。我们认为造成这一结果差异的原因仍然与 HiCi 学者数指标的区分度有关。尽管经济学学科中 HiCi 学者数得分同为 25.6 的有 12 个,同为 18.1 的学校有 45 个,当然还有很多的 0 值,但是这些主要分布在该指标数据的低端。而化学、计算机学科中不只低端有大量 0 值,而在该指标的中高端都有大量相同的数据,如上面我们所列出的化学、计算机学科 HiCi 学者数得分相同的例子,如果反映到散点图上就是在化学、计算机学科 HiCi 学者数指标的低端、中高端都不能很好地把这些学

---

① Clarivate Analytics. Highly cited researchers[EB/OL]. http://highlycited.com/archive_june.htm, 2014 - 07 - 15.

校与其对应的编委数据很好地区分开,不能很好地拟合出直线,从而造成化学、计算机学科中的相关性不如经济学学科中的高。

9.3.3　编委数量与高质量论文比相关性的讨论

　　编委数量与反映科研产出质量的高质量论文比指标相关性较低:在化学学科中表现为低度相关,在计算机、经济学学科中表现为极低相关。而这也与同样反映科研产出质量或影响力的篇均被引指标的情况相类似,我们在前面第 7 章 7.1.2 小节中对编委数量与篇均被引相关性较低的原因进行了较为详细的讨论,我们认为编委数量与高质量论文比相关性较低的原因与之具有相似性。编委数量是更偏重规模类的指标,它与同样涉及规模类的指标如论文数量、总被引频次、h 指数以及反映学科综合实力的 ARWU 学科排名得分相关性相对较高正说明了这一点。而高质量论文比与篇均被引类似,它与大学的规模无关,而是更注重反映一所大学的质量,一些规模相对较小,综合实力可能并不突出的学校也可以在高质量论文比指标上有着很高的得分,且可能对于那些规模较小的大学更为有利。ARWU 学科排名在设置高质量论文比指标时,对所发的论文数量设定了一个最低的阀值,即论文数需高于该学科论文数最多三所大学平均值的 10%,但是可能即使设置了该阀值,仍然无法完全消除这种影响。例如计算机学科中一些综合实力排在 50 名及以后的大学如波恩大学、波士顿大学、萨里大学、布朗大学、新泽西理工学院等仍然可以位于高质量论文比的前 10 名。经济学中的高质量论文比的第一名也不是综合实力最强的哈佛大学,而是规模相对较小综合排名位列第 38 位的达特茅斯学院,哈佛大学在高质量论文比这一指标上只能排名第 25 位,其他诸如德克萨斯基督教大学、凯泽西保留地大学、弗尼吉亚大学、伦敦商学院等综合实力位于 50 名及其以后的大学也都位于经济学高质量论文比的前 10 名。因此,编委数量指标与高质量论文比在指标性质、内涵上的不同可能是造成两者相关性较低的主要原因。

本　章　小　结

　　被喻为国际学术期刊"守门人"的 SCI 期刊编委在大学的学科建设中可能扮演着重要角色,他们可能是影响一所大学学科水平的重要因素。我们以在国际上有着较大影响力的 ARWU 学科排名的部分指标作为计量学科水平的依据，将 2013 年 ARWU 化学、计算机、经济学学科排名 200 强大学作为本章大学 SCI 期刊编委数量与学科水平相关性研究的样本对象，分析这些大学所拥有的 SCI 期刊编委数量与代表着这些大学学科水平的 ARWU 学科排名得分、HiCi 学者数、高质量论文比例、论文数量、总被引频次、篇均被引、h 指数等计量学指标的相关性。

实证结果表明，ARWU 化学、计算机、经济学学科排名 200 强大学的 SCI 期刊编委数量与代表着这些大学学科水平的各计量学指标均具有显著的正相关性，然而相关程度又各不相同。三个学科中，编委数量与总被引频次、h 指数，ARWU 学科排名得分的相关性相对较高，特别是在经济学学科中表现得更加明显。编委数量与论文数量、HiCi 学者数的相关性在三个学科中各有不同。而三个学科中，编委数量与篇均被引和高质量论文比的相关性较低。此外，在三个学科中进一步将学科排名 200 强大学分为 1—100 名与 101—200 名两组大学分别进行相关性分析发现：分组后的相关性结果与上述未分组前的相关性特点基本一致。但由于样本量减少等原因，三个学科中分组后的两组大学的相关性程度总的来看都有所下降，而 1—100 名组大学的相关性要高于 101—200 名组的大学。

由于前面第 7—8 章中我们已对编委数量与论文数量、篇均被引等科研产出指标的相关性进行了较多讨论。本章重点对编委数量与 ARWU 学科排名得分、HiCi 学者数以及高质量论文比的相关性进行讨论。

编委数量与 ARWU 学科排名得分在三个学科中能够形成显著的正相关性可能反映了编委与学科综合实力两者之间良好的互动关系。另外从指标设置的角度看，ARWU 学科排名本身是以学术表现为基础的排名体系，而编委数量也被认为是学术表现类的指标，这可能也是两者能形成显著正相关的原因。经济学学科中编委数量与 ARWU 学科排名得分的相关性要高于化学、计算机学科中的结果，这可能与前述第 7 章中提到的科研投入、科研政策等因素相关。此外，对于化学、计算机学科中编委数量与 ARWU 学科排名得分没能形成高度相关，我们也从指标设置的角度进行了分析。

编委数量与 HiCi 学者数在三个学科中都没能形成高度相关的原因一方面可能在于 HiCi 学者是比编委更加高端的学术精英人次，HiCi 学者人数相比编委人数要少，HiCi 学者可能多是期刊编委，但是反之则不成立；另一方面可能还与 HiCi 学者数这一指标的区分度有一定关系。而经济学学科中编委数量与 HiCi 学者数的相关程度要高于化学、计算机学科中的结果可能也与区分度有一定关系,主要涉及 HiCi 学者数指标相同值的分布位置。三个学科中,编委数量与高质量论文比的相关性较低可能主要与编委数量与高质量论文比两个指标的性质有一定关系,前者与大学规模有一定关系,而后者更加突出反映质量,与大学规模无关。此外,本章也将实证结果与已有的相关文献进行了对比分析。

第 10 章　结论与研究展望

10.1　主　要　结　论

　　本研究基于大样本,选取理学中化学学科的 1 387 所大学、工学中计算机学科的 1 573 所大学、社会科学中经济学学科的 984 所大学,分别对这些大学的 SCI 期刊编委数量与论文数量、总被引频次、篇均被引、h 指数等科研产出指标进行了相关性分析。通过将大学编委数量按不同数据段进行分组统计,精确分析大学编委数量不同取值范围内其与大学科研产出关系的特点;通过分位数回归方法,详细刻画大学科研产出位于条件分布不同位置时,大学编委数量与科研产出相关性的变动差异。上述两种方法分别从侧重编委的角度与侧重科研产出的角度对大学的编委数量与科研产出两者的相关性进行了细致刻画。同时,本研究就大学的编委数量与科研产出的因果关系进行了探究:我们在计算机学科中通过小样本的截面数据对假设的因果机制进行验证;在化学学科中选取时间序列数据,对大学的编委数量与论文数量进行格兰杰因果关系检验;我们也结合微观案例与部分编委的访谈结果对大学编委数量与科研产出的因果关系进行了分析讨论。此外,我们还分别在三个学科中聚焦于 ARWU 学科排名 200 强的大学,就这些大学的编委数量与标志着这些大学学科水平的各个计量学指标进行了相关性实证检验。我们主要得出以下几点结论:

　　第一,化学、计算机、经济学学科中大学的 SCI 期刊编委数量与论文数量、兼顾反映论文数量与质量的总被引频次、h 指数均具有显著的正相关性,且相关性较高。三学科中大学的 SCI 期刊编委数量与更加突出反映质量的篇均被引也具有显著的正相关性,但是相关性较低。普通最小二乘回归的结果表明,化学、计算机、经济学三个学科中大学的编委数量与论文数量、总被引频次、篇均被引、h 指数的回归方程整体上均在 1% 的显著性水平上通过了统计显著性检验,回归系数也都在 1% 的显著水平上通过了统计显著性检验。说明大学的编委数量与这些科研产出指标均具有显著的正相关性。但是从回归方程的拟合优度 R^2 来看，大学的编委数量与论文数量、总被引频次、h 指数的相关性较高，而与篇均被引的相关性较低，三学科中分组统计分析与分位数回归的结果对于普通最小二乘回归中"大学编委数量与论文数量、总被引频次、h 指数相关性较高，而与篇均被引相关性较低"的结果都有所印证。大学编委数量与篇均被引相关性较低的原因可能有二。一方面，为避免发表论文数量较少的大学带来统计结果的歪曲，对大学编委数量与篇均被引进行回归分析时设置了最少发文数量的阀值，但设阀值后不可避免地删除了部分对提高编委数量与篇均被引相关性有帮助的大学数据。另一方面可能与编委数量、篇均被引指标自身的性质有关：编委数量与大学规模有一定关系，而篇均被引与大学规模无关，即使设置阀值也无法完全消除这种规模上的影响。

第二，分组统计分析、分位数回归分析详细刻画了化学、计算机、经济学学科中大学的 SCI 期刊编委数量与科研产出两者的相关性，为我们展现了更多丰富信息。分组统计分析与分位数回归分析的结果不仅对于普通最小二乘回归中"大学编委数量与论文数量、总被引频次、h 指数相关性较高，而与篇均被引相关性较低"的结果有所印证，而且它们也为我们展现了更为丰富的信息。分组统计分析发现，总的来看，化学、计算机、经济学三个学科中，大学的编委数量与论文数量、总被引频次、h 指数的相关程度在编委数量的不同数据段中基本一致，但是与篇均被引的相关程度在编委数量的不同数据段中则并不相同。

分位数回归同样展现了较为丰富的信息，其结果大致可以归结为以下几个方面。第一，三个学科中，一所大学所拥有的编委数量与论文数量、总被引频次、篇均被引、h 指数在所有分位点均具有显著的正相关性。第二，三个学科中，当一所大学的论文数量、总被引频次位于条件分布的越高(低)分位点时，编委数量对它们的影响系数也越大(小)。第三，对于 h 指数而言，上述这一现象在化学、经济学学科中也有所表现：化学与经济学学科中，当一所大学的 h 指数位于条件分布的越高(低)分位点时，编委数量对它的影响系数也越大(小)。而在计算机学科中，编委数量对于位于条件分布低端与高端 h 指数的影响要低于位于条件分布中间端 h 指数的影响。第四，对于篇均被引指标而言，在化学、计算机学科中也基本表现出随着篇均被引分位点的提高，编委数量对它的影响系数呈现逐渐增大的趋势，但是在经济学学科中编委数量对篇均被引的影响系数变动并不明显，三个学科中，编委数量与篇均被引两者的相关性都不是很高。总的来看，除部分学科中的部分指标外，大学的编委数量与科研产出总体上呈现这样一种现象：当大学的科研产出指标位于条件分布的越高(低)分位点时,大学的编委数量对这些科研产出指标的影响系数也越大(小)。各大学在科研投入、科研政策等方面的差异可能是造成大学编委数量与科研产出的相关性在科研产出的不同条件分位点有所不同的原因。

第三,ARWU 化学、计算机、经济学学科排名 200 强大学的 SCI 期刊编委数量与代表着这些大学学科水平的各计量学指标均具有显著的正相关性,然而相关程度又各不相同。总的来看,化学、计算机、经济学三个学科中,大学编委数量与总被引频次、h 指数,ARWU 学科排名得分的相关性相对较高。大学编委数量与论文数量、HiCi 学者数的相关性在三个学科中各有不同。而三个学科中,大学编委数量与篇均被引和高质量论文比的相关性较低,这可能和指标自身性质有关,编委数量与大学规模有一定关系,而篇均被引、高质量论文比与大学规模无关。此外,分别在三个学科中进一步将 200 强大学分为 1—100 名与 101—200 名两组大学分别进行相关性分析发现：分组后的相关性结果与上述未分组前的相关性特点基本一致。但由于样本量减少等原因,三个学科中分组后的两组大学的相关性程度总的来看都有所下降,而 1—100 名组大学的相关性要高于101—200 名组的大学。

第四,化学学科中 20 所顶尖大学的 SCI 期刊编委数量与论文数量的格兰杰因果关系检验结果表明两者的因果关系并不明显。结合对部分化学顶尖期刊编委的访谈以及化学、计算机学科中的个案结果对大学的编委数量与科研产出的因果作用机制进行剖析：大学的 SCI 期刊编委数量与科研产出的因果关系可能更多的是基于编委自身科研产出水平的高低这一作用机制,而受编委掌控学术话语权这一作用机制的影响要小。基于时间序列数据,在化学学科中运用格兰杰因果检验方法对 20 所顶尖大学进行格兰杰因果关系检验。数字上的检验结果表明,20 所大学中仅有 3 所大学检验出具有某一方向上的格兰杰因果关系：斯坦福大学在滞后 1—5 期(1 期为 1 年)时,编委数量均是论文数量的格兰杰原因;加州大学洛杉矶分校在滞后 1,2,3 期时,编委数量是论文数量的格兰杰原因;斯特拉斯堡大学在滞后 5 期时,论文数量是编委数量的格兰杰原因。其中加州大学洛杉矶分校的编委数量与论文数量呈反比,显然与实际意义不符。综合来看,20 所大学的编委数量与论文数量之间的因果关系并不明显。没能形成预期因果关系的原因可能有二,一是所检验大学每年编委数量的变化不是很大,时间序列中每年变化不大的编委数量不容易和变化更为明显的论文数量形成很好的对应;二是大学编委数量与论文数量之间可能不是一种"刚性"的因果关系,一方的增多或减少不一定就带来另一方明显的增多或减少。

　　结合对部分化学顶尖期刊编委的访谈结果以及化学、计算机学科中的个案结果对大学的编委数量与科研产出的因果作用机制进行剖析：从编委作为学术话语权掌控者影响大学科研产出的角度看，编委的话语权对于一所大学科研产出的影响尽管可能存在，但是影响可能较小，这在访谈结果、化学学科个案中都有所相互印证。而从学者基于自身较高的科研产出水平当选为编委的角度看，编委个人通常都具有较高的科研产出水平，相关文献及访谈结果对此也都有所印证，进而从机理上分析，一所大学科研产出的数量与质量越高，这里面所蕴含的编委数量越多的机率也应越大，相应地，编委基于自身较高的科研产出水平也能为本校贡献一定数量高质量的科研产出，因此大学的编委数量与科研产出在这一角度上可能互为因果关系。计算机学科小样本实证的结果也表明一所大学的编委对本校的论文数量与总被引频次有着一定程度的贡献。综上，一所大学的编委数量与科研产出的因果关系可能更多的是基于编委自身科研产出水平的高低这一作用机制，而受编委掌控学术话语权这一作用机制的影响要小。

10.2　启　　示

　　在"不发表即灭亡"的学术界，科研活动的竞争异常激烈，一些大学的管理者和科研政策的制定者以往都是把关注点更多地放在了诸如论文数量、被引频次、学科排名等最终反映结果的科学计量学指标上。我们的实证研究表明，大学所拥有的编委数量与本校科研产出的数量、质量及代表大学学科水平的各计量学指标均有着显著的正相关性，特别是编委数量指标与总被引频次、h 指数、代表学科综合水平的 ARWU 学科排名得分的相关性较高。这启示我们作为期刊"守门人"的编委与最终的科研产出结果、大学的学科水平对于一所大学犹如鸟之两翼，车之两轮，他们之间有着紧密的联系。在我国大学科研产出质量还与世界一流大学存在差距、学术话语权在国际上还处于弱势地位的背景下，我国大学，特别是以建设世界一流大学、世界一流学科为目标的大学可以考虑重视国际期刊编委的地位，在今后制定科研政策时可以鼓励支持本校有资格担任国际著名期刊编委的优秀学者担任编委，积极参与国际期刊的建设，并建立起相应的编委人才奖励体系。这些大学的管理者和政策制定者还可以将编委数量作为监测本校在国际上学术话语力量大小的一个评价指标，而本研究第4—6章、第9章的内容为定量监测这种话语力量的大小也提供了一定程度上的借鉴。这些大学可以通过实施上述这些举措来增加本校的国际学术话语力量。

此外,我们也发现编委数量与更能反映科研产出质量的篇均被引虽然有着显著的正相关性,但是相关性较低。而分位数回归结果、格兰杰因果检验结果、访谈及小样本案例等几部分也都提示我们影响一所大学科研产出质量的因素有多个,期刊编委不是唯一的因素,且期刊编委通过学术话语权这一作用机制来影响科研产出也是很有限的。而其他诸如科研投入、相关的科研政策等都是非常重要的因素,我们在分位数回归结果的解释部分也对这些因素进行了讨论。我国的一流大学在重视期刊编委地位的同时,可能更应该在内涵建设方面下工夫:例如积极营造宽松的学术氛围、鼓励重大原创性科学研究、减少低质科研的数量等。

10.3　研究不足与进一步研究展望

本研究在化学、计算机、经济学学科中对大学的 SCI 编委数量与科研产出以及学科水平的相关性进行了较为详细的分析,但限于本人水平,本研究仍然有一些不足之处,需要未来进一步深入研究。

第一,正如我们在第 7 章计算机学科大学编委数量与篇均被引相关性讨论部分所指出的,计算机学科中会议论文占有很重要的地位,这是计算机学科中特有的文化现象。而我们的研究中并没有包括会议论文这一计算机学科中重要的科研产出形式。也因此可能会对编委数量与科研产出的相关性结果造成一定程度的歪曲,我们在第 7 章也对此进行了讨论。今后如能获取计算机学科中会议论文的数据可能对于完善编委数量与科研产出的相关性会有益处。同时如能获取计算机学科中会议守门人的相关数据,对会议守门人和会议论文的相关性及因果关系进行探究,可能也会得到一些有意思的结论,这些有待今后进一步研究。

第二,本研究的实证检验局限于化学、计算机、经济学三个学科。尽管我们在三个学科中得到的结果呈现出一定的相似性,但不同学科之间具有一定的差异性,其他学科中的实证结果可能会与我们的实证结果有所不同。正如前文中多次提到的,经济学学科相比其他人文社会科学而言,成果更加规则化和国际化,经济学学科中大量地应用数理模型也使经济学学科更具"硬科学"的性质。可能经济学学科中展现出的大学编委数量与科研产出的关系特点在其他人文社会科学中会有所不同。本研究只是以化学、计算机、经济学三个学科为例进行了实证,今后如能获取更多的数据,可在更多的学科中进行实证检验以完善大学编委数量与科研产出及学科水平相关性的理论体系。

第三,研究中的一些细节还有待今后进一步改进完善。例如编委成员按职位大体上可分为主编、副主编以及普通编委成员三类,而各个期刊的档次也不相同,担任不同职位、不同档次期刊的编委的学术水平以及话语权大小也许并不相同。本研究并没有对这些进行区分。我们也限于数据收集获取的困难,而没有引入更多影响科研产出的变量。今后如能对编委按照期刊所任职位以及期刊档次进行区分,引入更多影响科研产出的变量,可能会得到更为精确的结果。

附录 1 化学 9 本期刊编委访谈提纲

1. Do all the editorial board members (including the members of "Associate Editors" and "Editorial Advisory Board", the same below) of your journal participate in the reviewing of manuscripts?

2. Do you think if there is an influence of academic discourses in the process of reviewing manuscripts? For example, are articles having similar research topics, paradigms and philosophies to those production of editorial board members more easily recognized in academia and accepted? Or, since editorial board members control research themes in a journal or are invited to contribute to the journal, their articles are more easily accepted during their period of service? (The academic discourse mentioned here does not refer to academic misconduct, but emphasizes preferences and recognition in research topics, paradigms, academic perspectives and evaluation criteria.)

3. In contrast to the academic discourse noted in Question 2, is there any misuse of editorial power, for instance, to help themselves, or their universities publish unworthy articles?

4. Do editorial board members of your journal have a strong publication and citation record? What are the selection criteria, and procedures involved in appointing editorial board members in your journal? Do complex interpersonal networks, or conflicts of academic interest groups, play a role in this?

5. Is there a causal relationship between the number of editorial board members in a university and the quantity and impact of research output of the university? If yes, would you be able to elaborate on the dynamics of the relationship, e. g. , which drives which, underlying mechanisms, etc. ?

6. Do you have anything else to say on the topic, that you think is especially important?

附录 2　化学、计算机、经济学编委数量前 100 强大学名单

附表 2-1　化学学科编委数量前 100 强大学名单

大　　学	编委数量	编委数量排名	大　　学	编委数量	编委数量排名
东京大学	118	1	密西根大学	53	18
苏黎世联邦理工学院	85	2	牛津大学	51	20
西北大学(美国)	83	3	首尔国立大学	50	21
加州大学伯克利分校	80	4	斯坦福大学	49	22
京都大学	78	5	加州大学戴维斯分校	47	23
剑桥大学	76	6	普渡大学	46	24
麻省理工学院	75	7	佛罗里达大学	46	24
威斯康辛大学麦迪逊分校	73	8	莫斯科国立大学	45	26
北京大学	72	9	伦敦大学帝国学院	45	26
伊利诺伊大学厄巴纳—香槟分校	70	10	宾夕法尼亚州立大学	45	26
			耶路撒冷希伯来大学	45	26
加州理工学院	68	11	伦敦大学大学学院	44	30
哈佛大学	58	12	博洛尼亚大学	44	30
德克萨斯大学奥斯汀分校	58	12	加州大学洛杉矶分校	44	30
佐治亚理工学院	56	14	哥伦比亚大学	43	33
名古屋大学	56	14	昆士兰大学	42	34
印度科学理工学院	55	16	犹他大学	42	34
明尼苏达大学—双城	54	17	大阪大学	41	36
清华大学	53	18	香港大学	41	36

（续　表）

大　　学	编委数量	编委数量排名	大　　学	编委数量	编委数量排名
耶鲁大学	41	36	普林斯顿大学	32	62
南京大学	40	39	芝加哥大学	31	66
新加坡国立大学	40	39	北卡罗来纳大学—教堂山	31	66
慕尼黑大学	40	39	圣保罗大学	30	68
佛罗伦萨大学	40	39	巴黎第六大学	30	68
墨尔本大学	40	39	北海道大学	30	68
台湾大学	39	44	巴塞罗那大学	29	71
圣母大学	39	44	罗马第一大学	29	71
东北大学(日本)	38	46	阿尔伯塔大学	29	71
多伦多大学	38	46	香港中文大学	29	71
加州大学圣地亚哥分校	38	46	佐治亚大学	29	71
加州大学欧文分校	38	46	吉林大学	28	76
华盛顿大学—西雅图	37	50	曼彻斯特大学	28	76
宾夕法尼亚大学	36	51	埃朗根—纽伦堡大学	28	76
爱荷华州立大学	36	51	匹兹堡大学	28	76
堪萨斯大学—劳伦斯	36	51	爱荷华大学	28	76
俄亥俄州立大学	35	54	罗格斯大学	27	81
悉尼大学	35	54	亚利桑那大学	27	81
厦门大学	34	56	复旦大学	25	83
鲁汶大学(佛兰德语)	34	56	洛桑联邦理工学院	25	83
德州农工大学	34	56	隆德大学	25	83
东京工业大学	33	59	维也纳大学	25	83
斯特拉斯堡大学	33	59	加州大学圣塔芭芭拉分校	25	83
康奈尔大学	33	59	英属哥伦比亚大学	25	83
亚琛工业大学	32	62	印第安纳大学—布鲁明顿	25	83
卡迪夫大学	32	62	埃莫里大学	25	83
科罗拉多大学—波德	32	62	贝尔格莱德大学	24	91

(续　表)

大　学	编委数量	编委数量排名	大　学	编委数量	编委数量排名
浦项理工大学	24	91	布里斯托尔大学	23	96
那不勒斯费德里克二世大学	24	91	日内瓦大学	23	96
卢布尔雅那大学	24	91	谢菲尔德大学	23	96
南安普敦大学	24	91	利兹大学	23	96
南开大学	23	96	莱顿大学	23	96
明斯特大学	23	96	纽约州立大学布法罗分校	23	96

附表 2－2　计算机学科编委数量前 100 强大学名单

大　学	编委数量	编委数量排名	大　学	编委数量	编委数量排名
卡耐基梅隆大学	168	1	亚利桑那州立大学	73	18
佐治亚理工学院	116	2	香港科技大学	70	19
麻省理工学院	114	3	加州大学欧文分校	70	19
新加坡国立大学	114	3	明尼苏达大学—双城	70	19
斯坦福大学	113	5	佛罗里达大学	69	22
德克萨斯大学奥斯汀分校	113	5	加州大学圣地亚哥分校	68	23
普渡大学	106	7	东京大学	68	23
南加州大学	101	8	苏黎世联邦理工学院	67	25
加州大学伯克利分校	96	9	宾夕法尼亚州立大学	65	26
南洋理工大学	95	10	密西根大学	64	27
马里兰大学帕克分校	93	11	罗格斯大学	64	27
清华大学	91	12	鲁汶大学(佛兰德语)	64	27
伦敦大学帝国学院	80	13	香港城市大学	59	30
伦敦大学大学学院	80	13	新南威尔士大学	59	30
滑铁卢大学	78	15	多伦多大学	58	32
伊利诺伊大学厄巴纳—香槟分校	77	16	哥伦比亚大学	58	32
			牛津大学	57	34
俄亥俄州立大学	74	17	加州大学洛杉矶分校	56	35

（续　表）

大　学	编委数量	编委数量排名	大　学	编委数量	编委数量排名
华盛顿大学—西雅图	56	35	德州农工大学	44	63
慕尼黑工业大学	56	35	北卡罗来纳州立大学—罗利	44	63
剑桥大学	54	38	纽约州立大学布法罗分校	44	63
特拉维夫大学	54	38	英属哥伦比亚大学	43	66
弗尼吉亚理工学院	54	38	曼彻斯特大学	42	67
德克萨斯大学达拉斯分校	54	38	博洛尼亚大学	42	67
台湾大学	53	42	南安普敦大学	42	67
香港大学	53	42	东京工业大学	41	70
宾夕法尼亚大学	53	42	哈佛大学	40	71
维也纳工业大学	53	42	阿姆斯特丹大学	40	71
洛桑联邦理工学院	52	46	西蒙弗雷泽大学	40	71
以色列理工学院	51	47	首尔国立大学	40	71
康奈尔大学	51	47	大阪大学	40	71
加泰罗尼亚理工大学	51	47	香港理工大学	39	76
加州大学戴维斯分校	50	50	上海交通大学	39	76
埃因霍温工业大学	50	50	台湾交通大学	39	76
韩国科学技术院	50	50	莫纳什大学	39	76
亚利桑那大学	50	50	阿尔伯塔大学	38	80
印第安纳大学—布鲁明顿	49	54	北卡罗来纳大学—教堂山	38	80
浙江大学	48	55	匹兹堡大学	38	80
伦斯勒理工学院	48	55	乔治梅森大学	38	80
香港中文大学	47	57	马萨诸塞大学—阿默斯特	38	80
米兰理工大学	47	57	内布拉斯加大学—林肯	38	80
代尔夫特理工大学	46	59	约克大学(英国)	38	80
爱丁堡大学	46	59	台湾成功大学	37	87
威斯康辛大学麦迪逊分校	46	59	北京大学	37	87
普林斯顿大学	45	62	渥太华大学	36	89

(续　表)

大　学	编委数量	编委数量排名	大　学	编委数量	编委数量排名
约翰霍普金斯大学	35	90	纽约大学	33	99
谢菲尔德大学	35	90	高丽大学	33	99
布鲁内尔大学	34	92	阿尔托大学	33	99
亚琛工业大学	34	92	伊利诺伊大学芝加哥分校	33	99
耶鲁大学	34	92	卡尔斯鲁厄大学	33	99
波士顿大学	34	92	南佛罗里达大学	33	99
中佛罗里达大学	34	92	加州大学圣塔芭芭拉分校	33	99
佐治亚州立大学	34	92	科罗拉多大学—波德	33	99
德雷塞尔大学	34	92			

附表 2-3　经济学学科编委数量前 100 强大学名单

大　学	编委数量	编委数量排名	大　学	编委数量	编委数量排名
哈佛大学	190	1	普林斯顿大学	78	16
伦敦政治经济学院	162	2	威斯康辛大学麦迪逊分校	77	17
斯坦福大学	153	3	澳大利亚国立大学	74	18
哥伦比亚大学	141	4	密西根大学	72	19
牛津大学	136	5	多伦多大学	70	20
纽约大学	127	6	剑桥大学	68	21
加州大学伯克利分校	122	7	蒂尔堡大学	62	22
麻省理工学院	114	8	俄亥俄州立大学	60	23
西北大学(美国)	113	9	加州大学圣地亚哥分校	60	23
宾夕法尼亚大学	112	10	宾夕法尼亚州立大学	58	25
芝加哥大学	106	11	鹿特丹大学	57	26
加州大学洛杉矶分校	98	12	华威大学	57	26
耶鲁大学	93	13	范德比尔特大学	56	28
康奈尔大学	91	14	加州大学戴维斯分校	55	29
杜克大学	89	15	伦敦大学大学学院	53	30

（续　表）

大　学	编委数量	编委数量排名	大　学	编委数量	编委数量排名
英属哥伦比亚大学	52	31	图卢兹第一大学	35	57
东京大学	52	31	加州大学欧文分校	35	57
曼彻斯特大学	48	33	华盛顿大学—圣路易斯	34	59
马里兰大学帕克分校	46	34	马斯特里赫特大学	33	60
波士顿大学	46	34	悉尼大学	33	60
罗格斯大学	46	34	格罗宁根大学	32	62
墨尔本大学	44	37	印第安纳大学—布鲁明顿	32	62
约翰霍普金斯大学	43	38	京都大学	32	62
智利大学	43	38	雪城大学	32	62
诺丁汉大学	40	40	鲁汶大学(佛兰德语)	31	66
阿姆斯特丹大学	40	40	曼海姆大学	31	66
明尼苏达大学—双城	40	40	乔治城大学	31	66
密西根州立大学	40	40	达特茅斯学院	31	66
德克萨斯大学奥斯汀分校	40	40	新南威尔士大学	30	70
南加州大学	40	40	马德里卡洛斯三世大学	30	70
格拉斯哥大学	40	40	莫纳什大学	29	72
布朗大学	40	40	慕尼黑大学	29	72
伊利诺伊大学厄巴纳—香槟分校	39	48	约克大学(英国)	29	72
			普渡大学	29	72
鲁汶大学(法语)	39	48	佛罗里达大学	29	72
新加坡国立大学	38	50	阿姆斯特丹自由大学	28	77
罗切斯特大学	38	50	特拉维夫大学	28	77
乔治梅森大学	37	52	巴塞罗那自治大学	27	79
庞培法布拉大学	37	52	伦敦大学帝国学院	27	79
卡耐基梅隆大学	37	52	加州大学圣塔芭芭拉分校	27	79
华盛顿大学—西雅图	36	55	博科尼大学	27	79
波士顿学院	36	55	昆士兰大学	26	83

（续　表）

大　学	编委数量	编委数量排名	大　学	编委数量	编委数量排名
埃塞克斯大学	26	83	亚利桑那州立大学	23	94
耶路撒冷希伯来大学	26	83	香港中文大学	23	94
亚利桑那大学	26	83	康涅狄格大学	23	94
香港科技大学	26	83	圣心天主教大学	23	94
加州大学河滨分校	26	83	哥本哈根大学	22	99
布加勒斯特经济研究学院	25	89	北京大学	22	99
北卡罗来纳大学—教堂山	25	89	基尔大学	22	99
苏塞克斯大学	24	91	莱切斯特大学	22	99
加州理工学院	24	91	维尔纽斯盖迪米纳斯理工大学	22	99
庆应义塾大学	24	91			
苏黎世大学	23	94			

附录3 化学、计算机、经济学编委数量前10强大学中任职4本以上期刊编委名单

附表 3-1　化学学科编委数量前 10 强大学中任职 4 本以上期刊编委名单

编 委 姓 名	任职期刊数量	任职数量排名	所 属 大 学
Steven V. Ley	15	1	剑桥大学
Keiji Maruoka	11	2	京都大学
Chad A. Mirkin	10	3	西北大学(美国)
Yasuhiro Iwasawa	8	4	东京大学
Catherine J. Murphy	7	5	伊利诺伊大学厄巴纳—香槟分校
Gabor A. Somorjai	7	5	加州大学伯克利分校
Masakatsu Shibasaki	7	5	东京大学
Franz M. Geiger	6	8	西北大学(美国)
James Dumesic	6	8	威斯康辛大学麦迪逊分校
Kazunori Kataoka	6	8	东京大学
Kyoko Nozaki	6	8	东京大学
Peidong Yang	6	8	加州大学伯克利分校
Y. Hashimoto	6	8	东京大学
Alexis T. Bell	5	14	加州大学伯克利分校
George C. Schatz	5	14	西北大学(美国)
Kazunari Domen	5	14	东京大学
Lihe Zhang	5	14	北京大学

(续　表)

编委姓名	任职期刊数量	任职数量排名	所属大学
Martin Gruebele	5	14	伊利诺伊大学厄巴纳—香槟分校
Noritaka Mizuno	5	14	东京大学
Phillip Lewis Geissler	5	14	加州大学伯克利分校
Qiang Cui	5	14	威斯康辛大学麦迪逊分校
Randall Q. Snurr	5	14	西北大学(美国)
Robert S. Langer	5	14	麻省理工学院
Shu Kobayashi	5	14	东京大学
Susumu Kitagawa	5	14	京都大学
Tobin J. Marks	5	14	西北大学(美国)
Ursula Rothlisberger	5	14	苏黎世联邦理工学院
A. Paul Alivisatos	4	28	加州大学伯克利分校
Alfons Baiker	4	28	苏黎世联邦理工学院
Andrei Tokmakoff	4	28	麻省理工学院
Barbara Imperiali	4	28	麻省理工学院
Carolyn R. Bertozzi	4	28	加州大学伯克利分校
Dean F. Toste	4	28	加州大学伯克利分校
Edwin L. Sibert III	4	28	威斯康辛大学麦迪逊分校
Eiichi Nakamura	4	28	东京大学
Francois Diederich	4	28	苏黎世联邦理工学院
Gilbert Nathanson	4	28	威斯康辛大学麦迪逊分校
Hiroshi Sugiyama	4	28	京都大学
J. Fraser Stoddart	4	28	西北大学(美国)
Javier Perez-Ramirez	4	28	苏黎世联邦理工学院
John A. Rogers	4	28	伊利诺伊大学厄巴纳—香槟分校
John Meurig Thomas	4	28	剑桥大学

（续　表）

编 委 姓 名	任职 期刊数量	任职 数量排名	所 属 大 学
Koichi Eguchi	4	28	京都大学
Koichi Yamashita	4	28	东京大学
Manos Mavrikakis	4	28	威斯康辛大学麦迪逊分校
Richard R. Schrock	4	28	麻省理工学院
Robert C. Glen	4	28	剑桥大学
Song Gao	4	28	北京大学
Troy Van Voorhis	4	28	麻省理工学院
Yun-Dong Wu	4	28	北京大学
Zhen Yang	4	28	北京大学
Zhongfan Liu	4	28	北京大学

附表 3-2　计算机学科编委数量前 10 强大学中任职 4 本以上期刊编委名单

编 委 姓 名	任职 期刊数量	任职 数量排名	所 属 大 学
Lofti A. Zadeh	21	1	加州大学伯克利分校
Ling Liu	8	2	佐治亚理工学院
Elisa Bertino	7	3	普渡大学
Andrew B. Whinston	6	4	德克萨斯大学奥斯汀分校
Ozlem Ergun	6	4	佐治亚理工学院
Takeo Kanade	6	4	卡耐基梅隆大学
Alberto Apostolico	5	7	佐治亚理工学院
J. Tinsley Oden	5	7	德克萨斯大学奥斯汀分校
Kay Chen Tan	5	7	新加坡国立大学
Rodney A. Brooks	5	7	麻省理工学院
Tomaso Poggio	5	7	麻省理工学院
Ah-Hwee Tan	4	12	南洋理工大学

（续　表）

编委姓名	任职期刊数量	任职数量排名	所属大学
Ashok K. Goel	4	12	佐治亚理工学院
Beng Chin Ooi	4	12	新加坡国立大学
Chandrajit Bajaj	4	12	德克萨斯大学奥斯汀分校
Cristina Nita-Rotaru	4	12	普渡大学
Daniel O'Leary	4	12	南加州大学
David Bader	4	12	佐治亚理工学院
Donald E. Knuth	4	12	斯坦福大学
Gavriel Salvendy	4	12	普渡大学
Han Zhang	4	12	佐治亚理工学院
Hsien-Hsin S. Lee	4	12	佐治亚理工学院
J. K. Aggarwal	4	12	德克萨斯大学奥斯汀分校
Kian-Lee Tan	4	12	新加坡国立大学
Klaus J. Bathe	4	12	麻省理工学院
Nenad Medvidovic	4	12	南加州大学
Ponnuthurai Suganthan	4	12	南洋理工大学
Risto Miikkulainen	4	12	德克萨斯大学奥斯汀分校
Terry Winograd	4	12	斯坦福大学
Tridas Mukhopadhyay	4	12	卡耐基梅隆大学

附表 3-3　经济学学科编委数量前 10 强大学中任职 4 本以上期刊编委名单

编委姓名	任职期刊数量	任职数量排名	所属大学
Barry Eichengreen	10	1	加州大学伯克利分校
Kenneth J. Arrow	10	1	斯坦福大学
Jagdish N. Bhagwati	8	3	哥伦比亚大学
Timothy Besley	7	4	伦敦政治经济学院

（续　表）

编 委 姓 名	任职期刊数量	任职数量排名	所 属 大 学
Dani Rodrik	6	5	哈佛大学
Edward Glaeser	6	5	哈佛大学
William J. Baumol	6	5	纽约大学
Andrei Shleifer	5	8	哈佛大学
Debraj Ray	5	8	纽约大学
Jerry Hausman	5	8	麻省理工学院
Martin Schneider	5	8	斯坦福大学
Nathan Nunn	5	8	哈佛大学
Philippe Aghion	5	8	哈佛大学
Rick van der Ploeg	5	8	牛津大学
Ronald I. McKinnon	5	8	斯坦福大学
Serena Ng	5	8	哥伦比亚大学
Stijn van Nieuwerburgh	5	8	纽约大学
Alan Auerbach	4	18	加州大学伯克利分校
Amartya Sen	4	18	哈佛大学
Andres Rodriguez-Pose	4	18	伦敦政治经济学院
Anthony B. Atkinson	4	18	牛津大学
Anthony Venables	4	18	牛津大学
David F. Hendry	4	18	牛津大学
Eric Maskin	4	18	哈佛大学
Francis X. Diebold	4	18	宾夕法尼亚大学
Gianluca Benigno	4	18	伦敦政治经济学院
Henry G. Overman	4	18	伦敦政治经济学院
Jane Humphries	4	18	牛津大学
Jere Behrman	4	18	宾夕法尼亚大学

（续　表）

编 委 姓 名	任职期刊数量	任职数量排名	所 属 大 学
Joshua Lerner	4	18	哈佛大学
Jushan Bai	4	18	哥伦比亚大学
Marcel Fafchamps	4	18	牛津大学
Marciano Siniscalchi	4	18	西北大学(美国)
R. Glenn Hubbard	4	18	哥伦比亚大学
Robert F. Engle	4	18	纽约大学
S-J. Wei	4	18	哥伦比亚大学
Wilfred J. Ethier	4	18	宾夕法尼亚大学
William Wheaton	4	18	麻省理工学院

附录 4　受格兰杰因果检验的 20 所大学 1998—2017 年编委数量及论文数量

附表 4-1　受格兰杰因果检验的 20 所大学 1998—2017 年编委数量及论文数量（前 10 所）

年份	加州大学伯克利		哈佛大学		斯坦福大学		西北大学		剑桥大学		麻省理工学院		加州理工学院		苏黎世联邦理工学院		京都大学		加州大学洛杉矶	
	EB	PUB	EB	PUB	EB	PUB	EB	PUB	EB	PUB	EB	PUB	EB	PUB	EB	PUB	EB	PUB	EB	PUB
1998	8	124	9	119	5	108	2	88	2	52	9	114	5	71	5	73	0	89	8	82
1999	6	118	10	118	7	88	3	75	2	40	7	96	2	58	6	67	0	96	8	84
2000	5	109	9	115	9	81	5	93	2	49	11	104	4	67	5	71	0	111	10	92
2001	6	140	9	113	9	105	5	100	2	53	11	103	4	69	6	60	0	123	9	90
2002	9	117	11	142	9	114	4	87	2	60	11	110	6	65	6	50	0	129	8	79
2003	8	134	11	142	7	106	4	95	2	79	10	120	4	65	5	55	0	155	9	91
2004	7	127	11	126	7	107	7	92	2	78	8	109	4	85	6	70	0	152	9	74

（续　表）

年份	加州大学伯克利		哈佛大学		斯坦福大学		西北大学		剑桥大学		麻省理工学院		加州理工学院		苏黎世联邦理工学院		京都大学		加州大学洛杉矶	
	EB	PUB	EB	PUB	EB	PUB	EB	PUB	EB	PUB	EB	PUB	EB	PUB	EB	PUB	EB	PUB	EB	PUB
2005	9	126	9	129	7	109	8	117	1	62	9	124	5	74	6	85	0	165	11	78
2006	10	143	8	126	8	102	9	107	1	80	9	138	5	80	6	89	1	147	9	68
2007	12	142	8	122	6	131	10	110	1	70	8	147	7	72	5	85	2	143	10	67
2008	12	173	8	123	6	105	10	138	1	98	7	128	7	86	4	99	3	151	8	84
2009	11	178	6	117	6	114	11	143	2	65	9	169	4	69	5	74	5	159	7	91
2010	9	190	6	127	6	99	10	152	2	78	10	163	3	57	4	88	4	149	7	92
2011	10	164	7	124	6	111	10	139	3	85	10	162	4	78	6	90	4	159	8	95
2012	9	166	6	130	6	98	9	156	3	105	10	142	4	67	7	95	2	195	9	104
2013	9	202	6	113	5	114	9	156	3	101	11	120	4	99	7	116	2	182	8	90
2014	7	203	7	129	5	107	5	156	2	90	10	134	4	86	7	111	2	155	7	87
2015	10	218	7	94	8	107	5	160	1	119	7	129	5	81	8	119	2	177	9	91
2016	12	167	7	114	10	113	5	174	2	107	6	168	3	81	13	98	2	165	6	91
2017	14	161	11	94	13	144	9	193	1	116	7	141	3	85	11	127	2	159	5	92

注：EB、PUB 分别表示编委数量和论文数量。

附表 4 - 2　受格兰杰因果检验的 20 所大学 1998—2017 年编委数量及论文数量(后 10 所)

年份	宾西法尼亚大学		耶鲁大学		加州大学圣芭芭拉		牛津大学		哥伦比亚大学		慕尼黑工业大学		斯特拉斯堡大学		莱斯大学		加州大学圣地亚哥		东京大学	
	EB	PUB	EB	PUB	EB	PUB	EB	PUB	EB	PUB	EB	PUB	EB	PUB	EB	PUB	EB	PUB	EB	PUB
1998	4	64	3	58	4	59	3	62	2	52	3	52	2	51	1	20	2	70	3	97
1999	2	54	3	57	4	51	3	48	1	51	3	37	1	52	1	25	1	60	3	99
2000	3	78	2	45	3	64	3	71	2	58	3	31	1	43	2	23	1	71	1	127
2001	4	83	4	53	5	40	3	46	2	46	3	49	1	55	2	24	2	72	2	102
2002	5	77	5	70	3	56	3	78	2	69	3	39	1	45	2	22	2	83	2	116
2003	4	81	6	54	4	52	3	62	2	68	3	37	1	58	0	31	2	70	3	130
2004	4	78	4	50	2	60	4	81	3	75	3	41	2	58	0	40	5	81	2	154
2005	4	86	4	68	3	73	4	79	3	61	3	42	2	54	0	41	6	94	2	168
2006	5	108	5	61	4	72	4	76	2	65	3	36	2	57	0	41	5	79	3	140
2007	4	78	5	53	3	56	2	74	0	64	3	43	2	70	0	28	5	82	3	163
2008	4	96	5	54	4	67	2	104	0	66	3	47	1	66	0	32	4	88	4	173
2009	3	72	4	45	4	88	2	119	0	63	3	44	1	67	0	35	5	104	5	175

（续　表）

年份	宾西法尼亚大学		耶鲁大学		加州大学圣芭芭拉		牛津大学		哥伦比亚大学		慕尼黑工业大学		斯特拉斯堡大学		莱斯大学		加州大学圣地亚哥		东京大学	
	EB	PUB	EB	PUB	EB	PUB	EB	PUB	EB	PUB	EB	PUB	EB	PUB	EB	PUB	EB	PUB
2010	3	77	4	50	5	64	3	91	0	51	1	45	2	59	1	27	5	96	5	158
2011	3	79	5	59	5	79	3	99	0	51	1	66	3	48	1	28	4	91	4	149
2012	3	63	5	65	5	77	3	98	1	60	1	55	2	71	1	33	4	83	6	177
2013	3	79	5	57	4	65	3	93	2	53	1	70	2	58	1	23	5	93	6	160
2014	3	96	6	65	2	89	4	88	1	52	1	72	1	57	1	30	3	90	6	132
2015	3	76	7	63	4	63	3	115	2	41	1	70	1	50	1	21	4	83	8	142
2016	3	65	7	58	5	66	2	122	2	51	1	73	1	70	0	38	3	79	7	140
2017	4	52	8	78	4	60	2	127	2	54	2	74	1	66	0	24	3	88	9	136

注：EB、PUB 分别表示编委数量和论文数量。

参 考 文 献

[1] American Chemical Society. (2015). Ethical Guidelines to Publication of Chemical Research. Retrieved August 6, 2015, from http: // pubs. acs. org/userimages/ContentEditor/1218054468605/ethics. pdf.

[2] Asnafi S, Gunderson T, McDonald R J, et al. Association of h-index of editorial board members and impact factor among radiology journals[J]. Academic Radiology, 2017, 24(2), 119 – 123.

[3] Baccini A, & Barabesi L. Interlocking editorship: A network analysis of the links between economic journals[J]. Scientometrics, 2010, 82 (2), 365 – 389.

[4] Baccini A, & Barabesi L. Seats at the table: The network of the editorial boards in information and library science [J]. Journal of Informetrics, 2011, 5(3), 382 – 391.

[5] Bakir A, Vitell S J, & Rose G M. Publication in major marketing journals: An analysis of scholars and marketing department[J]. Journal of Marketing Education, 2000, 22, 99 – 107.

[6] Bakker P, & Rigter H. Editors of medical journals: Who and from where[J]. Scientometrics, 1985, 7, 11 – 22.

[7] Bar-Ilan J. Web of Science with the Conference Proceedings Citation Indexes: The case of computer science[J]. Scientometrics, 2010, 83 (3), 809 – 824.

[8] Baruch Y. Global or North American? [J]. International Journal of Cross Cultural Management, 2001, 1(1), 109 – 126.

[9] Bates H L, Waldrup B E, Shea V J, et al. Accounting editorial board membership and research output[J]. Journal of Business & Economics Research, 2011, 9(3), 39 – 46.

[10]　Beattie V A, & Ryan J R. Performance indices and related measures of journal perception in accounting[J]. British Accounting Review, 1989, 21(3), 267 - 278.

[11]　Bedeian A G, Van Fleet D D, & Hyman H H. Scientific achievement and editorial board membership[J]. Organizational Research Methods, 2009, 12(2), 211 - 238.

[12]　Boldt J, & Maleck W. Composition of the editorial/advisory boards of major English-language anesthesia/critical care journals [J] . Acta Anaesthesiologica Scandinavica, 2000, 44(2), 175 - 179.

[13]　Boone L E, Gibson D R, & Kurtz D L. Rating logistics and transportation faculty on the basis of editorial review board memberships[J]. Logistics and Transportation Review, 1988, 24, 384 - 390.

[14]　Bornmann L, & Daniel H-D. Extent of type I and type II errors in editorial decisions: A case study on Angewandte Chemie International Edition[J]. Journal of Informetrics, 2009, 3(4), 348 - 352.

[15]　Borokhovich K A, Bricker R G, Brunarski K R, et al. Finance research productivity and influence[J]. Journal of Finance, 1995, 50, 1691 - 1717.

[16]　Bosnjak L, Puljak L, Vukojevic K, et al. Analysis of a number and type of publications that editors publish in their own journals: Case study of scholarly journals in Croatia[J]. Scientometrics, 2011, 86, 227 - 233.

[17]　Bourdieu P. Academicus [M] . Stanford, CA: Stanford University Press, 1990.

[18]　Braun T, & Bujdoso E. Gatekeeping patterns in the publication of analytical chemistry research[J]. Talanta, 1983, 30(3), 161 - 167.

[19]　Braun T, & Diospatonyi I. Counting the gatekeepers of international science journals a worthwhile science indicator [J] . Current Science, 2005a, 89(9), 1548 - 1551.

[20]　Braun T, & Diospatonyi I. Gatekeeping indicators exemplified by the main players in the international gatekeeping orchestration of analytical chemistry journals[J]. Journal of the American Society for Information

Science and Technology, 2005b, 56(8), 854 – 860.

[21] Braun T, & Diospatonyi I. The counting of core journal gatekeepers as science indicators really counts. The scientific scope of action and strength of nations[J]. Scientometrics, 2005c, 62(3), 297 – 319.

[22] BraunT, & Diospatonyi I. The journal gatekeepers of major publishing houses of core science journals[J]. Scientometrics, 2005d, 64(2), 113 – 120.

[23] Braun T, Diospatonyi I, Zador E, et al. Journal gatekeepers indicator-based top universities of the world, of Europe and of 29 countries — A pilot study[J]. Scientometrics, 2007a, 71(2), 155 – 178.

[24] Braun T, Zsindely S, Diospatonyi I, et al. Gatekeeper index versus impact factor of science journals[J]. Scientometrics, 2007b, 71(3), 541 – 543.

[25] Braun T, Zsindely S, Diospatonyi I, et al. Gatekeeping patterns in nano-titled journals[J]. Scientometrics, 2007, 70(3), 651 – 667.

[26] Brinn T, & Jones M J. Editorial boards in accounting: The power and the glory[J]. Accounting Forum, 2007, 31(1), 1 – 25.

[27] Brinn T, & Jones M J. The composition of editorial boards in accounting: A UK perspective [J] . Accounting, Auditing & Accountability Journal, 2008, 21(1), 5 – 35.

[28] Brogaard J, Engelberg J, & Parsons C A. Networks and productivity: Causal evidence from editor rotations [J] . Journal of Financial Economics, 2014, 111, 251 – 270.

[29] Bunz U. Publish or perish: A limited author analysis of ICA and NCA journals[J]. Journal of Communication, 2005, 55, 703 – 720.

[30] Burgess T F, & Shaw N E. Editorial board membership of management and business journals: A social network analysis study of the Financial Times 40[J]. British Journal of Management, 2010, 21 (3), 627 – 648.

[31] Cabanac G. Shaping the landscape of research in information systems from the perspective of editorial boards: A scientometric study of 77 leading journals[J]. Journal of the American Society for Information Science and Technology, 2012, 63(5), 977 – 996.

[32] Chan K C, & Fok R C. Membership on editorial boards and finance department rankings[J]. Journal of Financial Research, 2003, 26(3), 405 - 420.

[33] Chan K C, Fung H G, & Lai P. Membership of editorial boards and rankings of schools with international business orientation[J]. Journal of International Business Studies, 2005, 36(4), 452 - 469.

[34] Cherwitz R A, & Daly J A. Filtering the field's knowledge: Affiliations and backgrounds of editorial board members in speech communication [J]. Association for Communication Administration Bulletin, 1981, 37, 49 - 56.

[35] Clarivate Analytics. (2018). Essential Science Indicators. Retrieved May 16, 2018, from http://esi. incites. thomsonreuters. com/ IndicatorsAction. action? Init = Yes&SrcApp = IC2LS&SID = H4 - EEznyh1fATGQcon809Eo1KxxY6NwNSx2FEH - 18x2droy4vk7qZT16ZPQ tUZbfUAx3Dx3Dy8WkskCPNI3x2B3WTdQ0SJzQx3Dx3D - 9vvmzcndpRg QCGPd1c2qPQx3Dx3D - wx2BJQh9GKVmtdJw3700KssQx3Dx3D

[36] Clarivate Analytics. Highly cited researchers[EB/OL]. http://highlycited. com/ archive_june. htm, 2014 - 07 - 15.

[37] Coad A, & Rao R. Innovation and firm growth in high-tech sectors: A quantile regression approach [J]. Research Policy, 2008, 37 (4), 633 - 648.

[38] Cole J R, & Cole S. Social stratification in science[M]. Chicago: University of Chicago Press, 1973.

[39] Cozby P C. Methods in Behavioral Research[M]. New York: McGraw-Hill Co, 2008.

[40] Crane D. The gatekeepers of science: Some factors affecting the selection of articles for scientific journals[J]. American Sociologist, 1967, 2(4), 195 - 201.

[41] Daft R L, & Lewin A Y. Rigor and relevance in organization studies: Idea migration and academic journal evolution [J]. Organization Science, 2008, 19(1), 177 - 183.

[42] Danell R. Can the quality of scientific work be predicted using information on the author's track record? [J]. Journal of the American

Society for Information Science and Technology, 2011, 62(1), 50 – 60.

[43] Ebersberger B, & Herstad S J. The relationship between international innovation collaboration, intramural R&D and SMEs' innovation performance: a quantile regression approach[J]. Applied Economics Letters, 2013, 20(7), 626 – 630.

[44] Eckmann M, Rocha A, & Wainer J. Relationship between high quality journals and conferences in computer vision[J]. Scientometrics, 2012, 90(2), 617 – 630.

[45] Engle R F, & Granger C W J. Co-integration and error correction: Representation, estimation, and testing[J]. Econometrica, 1987, 55 (2), 251 – 276.

[46] Epstein W. Confirmational response bias among social work journals [J]. Science, Technology & Human Values, 1990, 15, 9 – 38.

[47] Epstein W. The obligations of intellectuals[J]. Science, Technology & Human Values, 1990, 15, 244 – 247.

[48] Feldman D C. (2008). Building and maintaining a strong editorial board and cadre of ad hoc re-viewers. In Y. Baruch, A. M. Konrad, H. Aguinins, & Starbuck, W. H. (Eds.), Opening the black box of editorship (pp. 68 – 74). New York: Palgrave Macmillan.

[49] Fogarty T, & Liao C. Blessed are the gatekeepers: A longitudinal study of the editorial boards of The Accounting Review[J]. Issues in Accounting Education, 2009, 24(3), 299 – 318.

[50] Franchignoni F, Munoz L S, Ozçakar L, et al. Bibliometric indicators: a snapshot of the scientific productivity of leading European PRM researchers [J]. European Journal of Physical and Rehabilitation Medicine, 2011, 47(3), 455 – 462.

[51] Frandsen T F, & Nicolaisen J. A lucrative seat at the table: Are editorial board members generally overcited in their own journals? [J]. Proceedings of the Annual Meeting of ASIS&T, 2010, 47(1), 1 – 8.

[52] Frandsen T F, & Nicolaisen J. Praise the bridge that carries you over: Testing the flattery citation hypothesis[J]. Journal of the American Society for Information Science and Technology, 2011, 62 (5),

807 – 818.

[53] Frey B S, & Rost K. Do rankings reflect research quality? [J]. Journal of Applied Economics, 2010, 13(1), 1 – 38.

[54] Garcia-Carpintero E, Granadino B, & Plaza L M. The representation of nationalities on the editorial boards of international journals and the promotion of the scientific output of the same countries [J]. Scientometrics, 2010, 84(3), 799 – 811.

[55] Garfield E. Was the Science Citation Index concept inevitable? [J]. Current Contents, 1974, 50, 5 – 6.

[56] Gibbons J D. U. S. institutional representation on editorial boards of U. S. statistics journals [J]. American Statistician, 1990, 44 (3), 210 – 213.

[57] Gibbons J D, & Fish M. Rankings of economics faculties and representation on editorial boards of top journals [J]. Journal of Economic Education, 1991, 22(4), 361 – 366.

[58] Goodrum A A, McCain K W, Lawrence S, & Giles C L. Scholarly publishing in the Internet age: A citation analysis of computer science literature [J]. Information Processing and Management, 2001, 37, 661 – 675.

[59] Griliches Z. Issues in assessing the contribution of R&D to productivity growth[J]. Bell Journal of Economics, 1979, 10(1), 92 – 116.

[60] Hames I. Editorial boards: Realizing their potential [J]. Learned Publishing, 2001, 14(4), 247 – 256.

[61] Hardin W G, Beauchamp C F, Liano K, et al. Research and real estate editorial board membership[J]. Journal of Real Estate Practice and Education, 2006, 9(1), 1 – 18.

[62] Hardin W G, Liano K, Chan K C, et al. Finance editorial board membership and research productivity [J]. Review of Quantitative Finance and Accounting, 2008, 31(3), 225 – 240.

[63] Harzing A W, & Metz I. Explaining geographic diversity of editor boards: The role of conference participation and English language skills[J]. European Journal of International Management, 2012, 6(6), 697 – 715.

[64] Harzing A W, & Metz I. Practicing what we preach[J]. Management

International Review, 2013, 53(2), 169 – 187.

[65] Hausman J, Hall B H, & Griliches Z. Econometric models for count data with application to the patents R&D relationship[J]. Econometrical, 1984, 52(4), 909 – 938.

[66] Hickson III M, Stacks D W, & Bodon J. The status of research productivity in communication: 1915 – 1995 [J]. Communication Monographs, 2004, 66(2), 178 – 197.

[67] Hodgson G M, & Rothman H. The editors and authors in economics journals: A case of institutional oligopoly? [J] The Economics Journal, 1999, 109, 165 – 186.

[68] Hofmeister R, & Krapf M. (2011). How do editors select papers, and how good are they at doing it? Retrieved September 8, 2014, from http: //kops. uni-konstanz. de/ bitstream/ handle/ 123456789/ 29614/ Hofmeister_0 – 271255. pdf? sequence=3&isAllowed=y.

[69] Horan J J, Weber W L, Fizsimmons P, et al. Further manifestations of the MOMM phenomenon: Relevant data on editorial board appointments and membership composition [J]. The Counseling Psychologist, 1993, 21,278 – 287.

[70] Inglesi-Lotz R, Balcilar M, & Gupta R. Time-varying causality between research output and economic growth in US [J]. Scientometrics, 2014, 100(1), 203 – 216.

[71] Inkpen A C, & Beamish P W. An analysis of twenty five years of research in the journals[J]. Journal of International Business Studies, 1994, 25, 703 – 713.

[72] Jogaratnam G, Chon K, McCleary K, et al. An analysis of institutional contributors to three major academic tourism journals: 1992 – 2001[J]. Tourism Management, 2005, 26, 641 – 648.

[73] Jogaratnam G, McCleary K W, Mena M M, et al. An analysis of hospitality and tourism research: Institutional contributions[J]. Journal of Hospitality & Tourism Research, 2005, 29, 356 – 371.

[74] Kaufman G G. Rankings of finance department by faculty representation on editorial boards of professional journal: A note[J]. Journal of Finance, 1984, 39(4), 1189 – 1195.

[75] Kay J, Memon M, de Sa D, et al. The h-index of editorial board members correlates positively with the impact factor of sports medicine journals [J]. Orthopaedic Journal of Sports Medicine, 2017, 5 (3), 232596711769402.

[76] Kim J, & Koh K. Incentives for journal editors[J]. Canadian Journal of Economics, 2014, 47(1), 348 – 371.

[77] Kling R, & McKim G. Scholarly communication and the continuum of electronic publishing [J]. Journal of the American Society for Information Science and Technology, 1999, 50(10), 890 – 906.

[78] Koenker R, & Bassett G. Regression quantiles[J]. Econometrica, 1978, 46(1), 33 – 50.

[79] Konrad A M. (2008). Knowledge creation and the journal editor's role. In Y. Baruch, A. M. Konrad, H. Aguinins, & Starbuck, W. H. (Eds.), Opening the black box of editorship (pp. 3 – 15). New York: Palgrave Macmillan.

[80] Kumar V, & Srivastava R. Indian gatekeepers of foreign journals: A preliminary analysis[J]. Journal of Scientometrics Research, 2013, 2 (2), 110 – 115.

[81] Kurtz D L, & Boone L E. Rating marketing faculties on the basis of editorial review board memberships [J]. Journal of Marketing Education, 1988, 10(1), 64 – 68.

[82] Laband D N, & Piette M J. Favoritism versus search for good papers: Empirical evidence regarding the behavior of journal editors[J]. Journal of Political Economy, 1994, 102, 194 – 203.

[83] Laband D N, Tollison R D, & Karahan G. Quality control in economics [J]. Kyklos, 2002, 55(3), 315 – 334.

[84] Lacasse J R, Hodge D R, & Bean K F. Evaluating the productivity of social work scholars using the h-index[J]. Research on Social Work Practice, 2011, 21(5), 599 – 607.

[85] Lange L L, & Frensch P A. Gaining scientific recognition by position: Does editorship increase citation rates? [J]. Scientometrics, 1999, 44 (3), 459 – 486.

[86] Law R, Leung R, & Buhalis D. An analysis of academic leadership in

hospitality and tourism journals[J]. Journal of Hospitality and Tourism Research, 2010, 34(4), 455 – 477.

[87] Lee L C, Lin P H, Chuang Y W, et al. Research output and economic productivity: A Granger causality tests[J]. Scientometrics, 2011, 89 (2), 465 – 478.

[88] Lee T A. Shaping the US academic accounting research profession: The American accounting association and the social construction of a professional elite[J]. Critical Perspectives on Accounting, 1995, 6, 241 – 261.

[89] Lee T A. The editorial gatekeepers of the accounting academy[J]. Accounting Auditing & Accountability Journal, 1997, 10(1), 11 – 30.

[90] Levy H, Huang Y, Wolf A, et al. Editor citation: An alleged instance of social-professional desirability [J]. Journal of Scientometric Research, 2014, 3(1), 46 – 56.

[91] Lindsey D. Distinction, achievement, and editorial board membership [J]. American Psychologist, 1976, 31(11), 799 – 804.

[92] Lindsey D. The operation of professional journals in social work[J]. Journal of Sociology and Social Welfare, 1978, 5, 273 – 298.

[93] Lindsey D, & Kirk S A. The role of social work journals in the development of a knowledge base for the profession[J]. Social Service Review, 1992, 66(2), 295 – 310.

[94] Lisee C, Lariviere V, & Archembault E. Conference proceedings as a source of scientific information[J]. Journal of the American Society for Information Science and Technology, 2008, 59(11), 1776 – 1784.

[95] Lowe D J, & Van Fleet D D. Scholarly achievement and accounting journal editorial board membership [J]. Journal of Accounting Education, 2009, 27(4), 197 – 209.

[96] Luty J, Arokiadass S M, Easow J M, et al. Preferential publication of editorial board members in medical specialty journals[J]. Journal of Medical Ethics, 2009, 35(3), 200 – 202.

[97] Malin B, & Carley K. A longitudinal social network analysis of the editorial boards of medical informatics and bioinformatics journals[J]. Journal of the American Medical Informatics Association, 2007, 14(3), 340 – 348.

[98]　Mani J, Makarević J, Juengel E, et al. I publish in I edit? — Do editorial board members of Urologic journals preferentially publish their own scientific work? [J]. Plos One, 2013, 8(12), e83709.

[99]　Margolis J. Citation indexing and evaluation of scientific papers[J]. Science, 1967, 155, 1213 - 1219.

[100]　Mason D, & Cameron A. An analysis of refereed articles in hospitality and the role of editorial board members[J]. Journal of Hospitality and Tourism Education, 2006, 18(1), 11 - 18.

[101]　Mathews M R. Editors as authors: Publication trends of articles authored by JABA editors[J]. Journal of Applied Behavior Analysis, 1997, 30(4), 717 - 721.

[102]　Medoff M H. Editorial favoritism in economics? [J]. Southern Economic Journal, 2003, 70(2), 425 - 434.

[103]　Medoff M H. Evidence of a Harvard and Chicago Matthew effect[J]. Journal of Economic Methodology, 2006, 13(4), 485 - 506.

[104]　Medoff M H. An analysis of parochialism at the JPE and QJE[J]. The Journal of Socio-Economics, 2007, 36, 266 - 274.

[105]　Merton R K. The Matthew effect in science[J]. Science, 1968, 159 (3810), 56 - 63.

[106]　Merton R K. (1973). The normative structure of science. In N. Storer (Ed.), The sociology of science: Theoretical and empirical investigations (pp. 267 - 278). Chicago: University of Chicago Press.

[107]　Metz I, & Harzing A W. Gender diversity in editorial boards of management journals [J]. Academy of Management Learning and Education, 2009, 8(4), 540 - 547.

[108]　Mittermaier L J. Representation in the editorial boards of academic accounting journals: An analysis of accounting faculties and doctoral programs[J]. Issues in Accounting Education, 1991, 6(2), 221 - 238.

[109]　Moon H S, & Lee J D. A fuzzy set theory approach to national composite S&T indices[J]. Scientometrics, 2005, 64(1), 67 - 83.

[110]　Morrison A J, & Inkpen A C. An analysis of significant contributions to the international business literature [J]. Journal of International Business Studies, 1991, 22, 143 - 153.

[111]   Musambira G W, & Hastings S O. Editorial board membership as scholarly productivity: An analysis of selected ICA and NCA journals 1997 – 2006 [J]. The Review of Communication, 2008, 8 (4), 356 – 373.

[112]   Neuhaus C, Marx W, & Daniel H-D. The publication and citation impact profiles of Angewandte Chemie and the Journal of the American Chemical Society based on the sections of Chemical Abstracts: A case study on the limitations of the Journal Impact Factor[J]. Journal of the American Society for Information Science and Technology, 2009, 60(1), 176 – 183.

[113]   Neuendorf K A, Skalski P D, Atkin D J, et al. The view from the ivory tower: Evaluating doctoral programs in communication [J]. Communication Reports, 2007, 20, 24 – 41.

[114]   Nisonger T E. The relationship between international editorial board composition and citation measures in political science, business, and genetic journals[J]. Scientometrics, 2002, 54(2), 257 – 268.

[115]   Ozbilgin M. "International" human resource management: Academic parochialism in editorial boards of the "top"22 journals on international human resource management[J]. Personnel Review, 2004, 33(2): 205 – 221.

[116]   Pagel P S, & Hudetz J A. Bibliometric analysis of anaesthesia journal editorial board members: correlation between journal impact factor and the median h-index of its board members [J]. British Journal of Anaesthesia, 2011, 107 (3), 357 – 361.

[117]   Pan Y, & Zhang J Q. The composition of the editorial boards of general marketing journals[J]. Journal of Marketing Education, 2013, 36(1), 33 – 44.

[118]   Pardeck J T. Are social work journal editorial boards competent: Some disquieting data with implications for research on social work practice[J]. Research on Social Work Practice, 1992, 2(4), 487 – 496.

[119]   Pardeck J T, & Meinert R G. Scholarly achievements of the social work editorial board and consulting editors: A commentary [J]. Research on Social Work Practice, 1999, 9(1), 86 – 91.

[120] Pardeck J, Arndt B, Light D, et al. Distinction and achievement levels of editorial board members of psychology and social work journals[J]. Psychological Reports, 1991, 68(2), 523 – 527.

[121] Pardeck J, Chung W, & Murphy J. An examination the scholarly productivity of social work editorial board members and guest reviewers[J]. Research on Social Work Practice, 1995, 5 (2), 223 – 234.

[122] Podsakoff P M, MacKenzie S B, Podsakoff N P, et al. Scholarly influence in the field of management: A bibliometric analysis of the determinants of university and author impact in the management literature in the past quarter century[J]. Journal of Management, 2008, 34(4), 641 – 720.

[123] Prasad S B, Pisani M J, Prasad R M, et al. Do experts make up JIBS and SMJ editorial review boards? A research note [J]. Strategic Management Journal, 2012, 6(1), 27 – 37.

[124] Qu S Q, Ding S, & Lukasewich S M. Research the American way: The role of US elites in disseminating and legitimizing Canadian Academic Accounting Research[J]. European Accounting Review, 2009, 18(3), 515 – 569.

[125] Raelin J A. Refereeing the game of peer review[J]. Academy of Management Learning & Education, 2008, 7, 124 – 129.

[126] Reamer F G. Social work scholarship and gatekeeping: Reflection on the debate [J]. Research on Social Work Practice, 1999, 9 (1), 92 – 95.

[127] Rodgers J L, & Williams P F. Patterns of research productivity and knowledge creation at the accounting review: 1967 – 1973 [J]. The Accounting Historian's Journal, 1996, 23(1), 55 – 58.

[128] Rosentreich D, & Wooliscroft B. How international are the top academic journals? The case of marketing[J]. European Business Review, 2006, 18(6), 422 – 436.

[129] Rost K, & Frey B. Quantitative and qualitative rankings of scholars [J]. Schmalenbach Business Review, 2011, 63(1), 63 – 91.

[130] Rynes S L. Getting on board with AMJ: Balancing quality and

innovation in the review process [J]. Academy of Management Journal, 2006, 49(6), 1097 – 1102.

[131]　Seglen P O. The skewness of science[J]. Journal of the American Society for Information Science, 1992, 43(9), 628 – 638.

[132]　Seglen P O. Citations and journal impact factors: Questionable indicators of research quality[J]. Allergy, 1997, 52, 1050 – 1056.

[133]　Seglen P O. Citation rates and journal impact factors are not suitable for evaluation of research[J]. Acta Orthopaedica Scandinavica, 1998, 69(3), 224 – 229.

[134]　Sharma M, & Urs S R. Editorial board of digital library journals: A social network analysis approach[J]. World Digital Libraries, 2010, 3 (2), 101 – 114.

[135]　Smith K J, & Dombrowski R F. An examination of the relationship between author-editor connections and subsequent citations of auditing research articles[J]. Journal of Accounting Education, 1998, 16, 497 – 506.

[136]　Sombatsompop N, Markpin T, Buranathiti T, et al. Categorization and trend of materials science research from Science Citation Index (SCI) database: A case study of ceramics, metallurgy, and polymer subfields[J]. Scientometrics, 2007, 71(2), 283 – 302.

[137]　Spake D F, & Harmon S K. Institutional and individual research productivity: A comparison of alternative approaches[J]. Marketing Education Review, 1998, 8, 67 – 77.

[138]　Stvilia B, Hinnant C C, Schindler K, et al. Composition of scientific teams and publication productivity at a national science lab[J]. Journal of the American Society for Information Science and Technology, 2011, 62(2), 270 – 283.

[139]　Sugimoto C R, Lariviere V, Ni C, et al. Journal acceptance rates: A cross-disciplinary analysis of variability and relationships with journal measures[J]. Journal of Informetrics, 2013, 7, 897 – 906.

[140]　Sussmuth B, Steininger M, & Ghio S. Towards a European economics of economics: Monitoring a decade of top research and providing some explanation[J]. Scientometrics, 2006, 66(3), 579 – 612.

[141]　Svensson G. Ethnocentricity in top marketing journals[J]. Marketing

Intelligence & Planning, 2005, 23, 422 – 434.

[142] Tol R S J. The Matthew Effect defined and tested for the 100 most prolific economists [J] . Journal of the American Society for Information Science and Technology, 2009, 60(2), 420 – 426.

[143] Trieschmann J S, & Dennis A R. Serving multiple constituencies in business schools M. B. A. program versus research performance[J]. Academy of Management, 2000, 43(6), 1130 – 1136.

[144] Urbancic F R. Editorial board representation: An alternative method for ranking real estate programs[J]. Journal of Real Estate Practice and Education, 2004, 7, 53 – 63.

[145] Urbancic F R. Faculty representation of the editorial boards of leading marketing journals: An update of marketing department [J] . Marketing Education Review, 2005, 15(2), 61 – 69.

[146] Urbancic F R. The gatekeepers of business education research: An institutional analysis[J]. Journal of Education for Business, 2011, 86 (5), 302 – 310.

[147] Uzun A. Assessing internationality of scholarly journals through foreign authorship patterns: the case of major journals in information science, and scientometrics [J] . Scientometrics, 2004, 61 (3), 457 – 465.

[148] Valle M, & Schultz K. The etiology of top-tier publications in management: A status attainment perspective on academic career success [J] . Career Development International, 2011, 16 (3), 220 – 237.

[149] Visser M S, & Moed H F. (2005). Developing bibliometric indicators of research performance in computer science. In P. Ingwersen & B. Larsen (Eds.), Proceedings of the 10th international conference of the international society for scientometrics and informetrics (ISSI 2005) (pp. 275 – 279). Stockholm: Karolinska University Press.

[150] Volkan A G, Colley J R, & Boone L E. Editorial review board membership: A consistent method of ranking accounting programs [J]. Accounting Educators' Journal, 1993, 5, 79 – 94.

[151] Wainer J, & Valle E. What happens to computer science research

after it is published? Tracking CS research lines[J]. Journal of the American Society for Information Science and Technology, 2013, 64 (6), 1104 – 1111.

[152] Wainer J, de Oliveira H P, & Anido R. Patterns of bibliographic references in the acm published papers[J]. Information Processing & Management, 2011, 47(1), 135 – 142.

[153] Walters W H. Do editorial board members in library and information science publish disproportionately in the journals for which they serve as board members? [J]. Journal of Scholarly Publishing, 2015, 46 (4), 343 – 354.

[154] Walters W H. The research contributions of editorial board members in library and information science[J]. Journal of Scholarly Publishing, 2016, 47(2), 121 – 146.

[155] Weinrach S G, Thomas K R, Pruett S R, et al. Scholarly productivity of editorial board members of three American counseling and counseling psychology journals [J]. International Journal for the Advancement of Counseling, 2006, 28(3), 303 – 315.

[156] Willett P. The characteristics of journal editorial boards in library and information science[J]. International Journal of Knowledge Content Development & Technology, 2013, 3(1), 5 – 17.

[157] Williams P F, & Rodgers J L. The accounting review and the production of accounting knowledge [J]. Critical Perspectives on Accounting, 1995, 6(3), 263 – 287.

[158] Whitley R. The intellectual and social organization of the science[M]. Oxford: Oxford University Press, 2000.

[159] Yoels W C. Destiny or dynasty: Doctoral origins and appointment patterns of editors of the American sociological review 1948 – 1968[J]. American Sociologist, 1971, 5, 134 – 139.

[160] Yoon A H. Editorial bias in legal academia [J]. Journal of Legal Analysis, 2013, 5(2), 309 – 338.

[161] Zhang L, & Jiang C. Social network analysis and academic performance of the editorial board members for journals of library and information science [J]. COLLNET Journal of Scientometrics and

Information Management, 2015, 9(2), 131 - 143.

[162] Zhao W, & Ritchie J R B. An investigation of academic leadership in tourism research: 1985 - 2004[J]. Tourism Management, 2007, 28, 476 - 490.

[163] Zsindely S, Schubert A, & Braun T. Citation patterns of editorial gatekeepers in international chemistry journals[J]. Scientometrics, 1982a, 4(1), 69 - 76.

[164] Zsindely S, Schubert A, & Braun T. Editorial gatekeeping patterns in international science journals. A new science indicator [J]. Scientometrics, 1982b, 4(1), 57 - 68.

[165] Zuckermann H, & Merton R K. Patterns of evaluation in science: Institutionalisation, structure and functions of the referee system[J]. Minerva, 1971, 9(1), 66 - 100.

[166] 陈向明. 质的研究方法与社会科学研究[M]. 北京: 教育科学出版社, 2000.

[167] 陈朝晖, 谢明子. 如何正确发挥科技期刊编委会的作用[J]. 编辑学报, 2007, 19(3): 205 - 206.

[168] 程莹, 刘念才. 我国名牌大学学科领域离世界一流有多远[J]. 高等教育研究, 2007, 28(10): 1 - 8.

[169] 丁佐奇, 郑晓南, 吴晓明. 从编委的高发文和高被引分析看药学期刊编委的贡献[C]. 中国高校学术出版(IV)——中国高校科技期刊研究会第15次年会论文集, 2011: 47 - 49.

[170] 贺德方. 我国科技效率、效果评价研究[J]. 情报学报, 2006, 25(6): 740 - 748.

[171] 胡钦太. 中国学术话语权的立体化构建[J]. 学术月刊, 2013, 45(3): 5 - 13.

[172] 嵇少丞. 编委应该为学术期刊做些什么? [EB/OL]. http://www.sciencenets.com/blog - 3 - 359. html, 2015 - 05 - 22.

[173] 姜春林, 张立伟, 刘盛博. 图书情报学期刊"连锁编委"的社会网络分析[J]. 情报学报, 2014, 33(5): 481 - 490.

[174] 金碧辉, Rousseau Ronald. R 指数、AR 指数: h 指数功能扩展的补充指标[J]. 科学观察, 2007, 2(3): 1 - 8.

[175] 柯慧新, 沈浩. 调查研究中的统计分析法[M]. 北京: 中国传媒大学出版

社,2005.

[176] 雷宇.饶毅——让论文质量飞一会儿[J].创新科技,2012,(9):34-35.

[177] 李丽,张凤莲.学术质量把关的重要环节:充分发挥编委的作用[J].科技与出版,2003,(5):6-8.

[178] 李霞.出版问答(XXXII):SCI 期刊编辑头衔知多少?[EB/OL]. http://blog. sciencenet. cn/blog-4600-553240. html, 2012-03-20.

[179] 林松青,张海峰.发挥科技期刊编委的作用与对策[J].编辑学报,2013, 34(12):51-59.

[180] 刘莉.改革开放三十年我国大陆 SSCI 论文定量研究——兼论社会科学研究国际化[D].上海:上海交通大学,2009.

[181] 楼雯.中国与世界:一流大学科研竞争力的差距及实证分析[J].重庆大学学报(社会科学版),2014,20(1):104-109.

[182] 孟津.文章发表和刊物被 SCI 的速度[EB/OL]. http://blog. sciencenet. cn/blog-4699-911878. html, 2015-08-10.

[183] 潘教峰.国家科技竞争力研究报告[M].北京:科学出版社,2010.

[184] 裴世保,夏玉良.计算机学科会议论文重要性分析与探讨[J].科技管理研究,2013,(8):241-245.

[185] 卿石松,曾湘泉.本科毕业生起薪的差异分析[J].北京大学教育评论, 2013,11(4):98-109.

[186] 邱均平,王菲菲.中国高校建设世界一流大学与学科进展[J].重庆大学学报(社会科学版),2014,20(1):97-103.

[187] 人民网.江泽民在庆祝北京大学建校一百周年大会上的讲话[EB/OL]. http://www. people. com. cn/GB/jiaoyu/8216/2702275. html, 2004- 08-11.

[188] 上海交通大学世界一流大学研究中心.2013 年世界大学学科排名方法 [EB/OL]. http://www. shanghairanking. com/ARWU-SUBJECT- Methodology-2013. html, 2014-07-05.

[189] 邵娅芬.经济学科的国际学术话语权研究[D].上海:上海交通大学,2011.

[190] 沈美芳.编委推荐制:保证期刊论文学术水平的一种举措[J].编辑学报,2008,20(4):338-340.

[191] 舒强,张学敏.农民工家庭子女高等教育个人投资的收益风险[J].高等教育研究,2013,34(12):51-59.

[192] 斯文·基维克,王学兴.从挪威看社会科学的国际性[J].国际社会科学杂志:中文版,1989,(1):169-179.

[193] 王丹红.现在是提高中国论文质量的关键时刻了[J].创新科技,2012,(9):8-9.

[194] 王善勇.如何成为国际著名期刊编委[EB/OL].http://blog.sciencenet.cn/blog-692836-860042.html,2015-01-16.

[195] 王亚秋,陈峰,王家暖,等.强化编委职能实现科技期刊可持续发展[J].编辑学报,2011,23(3):244-245.

[196] 吴杨,何光荣,何晋秋.高校科研投入与产出的相关性分析:1991-2008[J].清华大学教育研究,2011,32(4):104-112.

[197] 吴杨,苏竣.高校基础研究投入与产出的相关性分析:1991—2008[J].高等教育研究,2011,32(3):39-45.

[198] 武夷山.期刊"把门人"应该有水平,但他们确实有水平吗?[EB/OL].http://blog.sciencenet.cn/blog-1557-501833.html,2011-10-28.

[199] 肖丹.论文数量不代表创新能力[J].中国科技奖励,2011,(5):3.

[200] 肖宏.面向国际的学术期刊发展措施[J].编辑学报,2001,11(3):177-179.

[201] 肖宏.英国科技期刊编辑与出版掠影[J].中国科技期刊研究,2000,11(6):419-420.

[202] 谢亚兰.美国世界一流大学科研经费投入与产出相关性实证研究[J].高教探索,2008(5):51-54.

[203] 邢春冰.中国不同所有制部分的工资决定与教育回报:分位回归的证据[J].世界经济文汇,2006,(4):1-26.

[204] 许森源.市场竞争、同侪监督与投机行为:经济论文丛刊及中国财务学刊编辑者出版及偏好行为之比较[D].台中:朝阳科技大学,2002.

[205] 易高峰.C9高校学科水平的现状与对策研究——基于世界一流大学群体的比较[J].教育科学,2014,30(1):56-61.

[206] 叶伟萍,唐一鹏,胡咏梅.中国科研实力距美国有多远——基于InCites数据库的比较研究[J].中国高教研究,2012,(10):40-49.

[207] 俞立平.不同科研经费投入与产出互动关系的实证研究——基于面板数据及面板VAR模型的估计[J].科研管理,2013,34(10):94-102.

[208] 俞立平.科技评价方法基本理论研究:多属性评价面面观[M].北京:学习出版社,2011.

[209]　俞立平.中国高校人文社科投入要素的贡献研究[J].北京理工大学学报(社会科学版),2012,14(5):32-38.

[210]　俞立平,潘云涛,武夷山.基于分位数回归的期刊影响因子影响因素研究[J].图书情报工作,2010,54(16):145-149.

[211]　俞立平,彭长生.高校人文社科投入与产出互动关系研究——基于PVAR模型的估计[J].科研管理,2013,34(11):147-153.

[212]　袁本涛,王传毅,曾明彬.我国研究生教育科类结构与经济、科技发展协调性的实证研究——基于协整理论的视角[J].清华大学教育研究,2013,34(4):92-99.

[213]　岳洪江.我国社会科学研究投入产出绩效研究[J].科技进步与对策,2008,25(6):138-141.

[214]　张立伟,姜春林.编委学术表现与期刊质量的相关性探讨——基于图书情报学期刊的文献计量研究[J].中国科技期刊研究,2014,25(9):1121-1126.

[215]　张立伟,姜春林,刘盛博,等.学术期刊核心编委群体识别和测度——以管理学CSSCI期刊为例[J].中国科技期刊研究,2014,25(10):1224-1231.

[216]　赵正洲,王鹏.高等农业院校科研投入——产出的定量研究[J].科技进步与对策,2005,22(2):145-147.

[217]　郑杭生.学术话语权与中国社会学发展[J].中国社会科学,2011,(2):27-34.

[218]　郑燕,杨颉.我国高校入围ESI世界前1%学科的现状与趋势[J].中国高教研究,2013,(11):14-18.

[219]　中华人民共和国国务院.国家中长期科学和技术发展规划纲要(2006—2020年)[EB/OL].http://www.gov.cn/jrzg/2006-02/09/content_183787.htm,2006-02-09.

[220]　中华人民共和国国务院.国务院批转教育部面向21世纪教育振兴行动计划的通知[EB/OL].http://www.chinalawedu.com/news/1200/22598/22615/22793/2006/3/he021713202973600211822-0.htm,1999-01-13.

[221]　中华人民共和国国务院.统筹推进世界一流大学和一流学科建设总体方案[EB/OL].http://www.gov.cn/zhengce/content/2015-11/05/content_10269.htm,2015-11-05.

[222]　中华人民共和国教育部.各级各类学历教育学生情况[EB/OL].
　　　http：//www. moe. gov. cn/publicfiles/business/htmlfiles/moe/s8493/
　　　201412/181593. html, 2014 - 12 - 15.

[223]　中华人民共和国教育部.面向 21 世纪教育振兴行动计划[EB/OL].
　　　http： //www. moe. edu. cn/publicfiles/business/htmlfiles/moe/moe _
　　　177/200407/2487. html, 1998 - 12 - 24.

[224]　中华人民共和国教育部,财政部,国家发展改革委.关于公布世界一流大学和
　　　一流学科建设高校及建设学科名单的通知[EB/OL]. http：//
　　　www. moe. gov. cn/srcsite/A22/moe _ 843/201709/t20170921 _ 314942. html,
　　　2017 - 09 - 21.

[225]　中国 SCI 论文数世界第二　引用次数低于世界平均[J].中国科技信息,
　　　2012,(20)：17.

[226]　中国科学技术协会.中国科协科技期刊发展报告(2014)[M].北京：中
　　　国科学技术出版社,2014.

[227]　中国科学技术协会学术部.国外科技社团期刊运行机制与发展环境
　　　[M].北京：中国科学技术出版社,2007.

[228]　中国科学技术信息研究所.2014 年中国科技论文统计结果[EB/OL].
　　　http：//blog. sciencenet. cn/blog - 1557 - 830986. html, 2014 - 09 - 26.

[229]　朱大明.期刊论文编委推荐制的讨论[J].编辑学报,2009,21(4)：
　　　362 - 363.

[230]　朱军文.基于 SCIE 论文的我国研究型大学基础研究产出表现研究：
　　　1978—2007[D].上海：上海交通大学,2009.

缩 略 语 说 明

缩略语	全　　称
AC‐IE	*Angewandte Chemie International Edition*
ACM	Association for Computing Machinery 国际计算机协会
ARWU	Academic Ranking of World Universities 世界大学学术排名
EBI	Editorial Board Index 编委指数：按编委所在期刊影响因子大小进行加权后的编委数量
ESI	Essential Science Indicators 基本科学指标数据库
HiCi	Highly Cited Researchers 高被引学者
JACS	*Journal of the American Chemical Society*
JCR	Journal of Citation Reports 期刊引证报告
JPE	*Journal of Political Economy*
QJE	*Quarterly Journal of Economics*
SCI	Science Citation Index 科学引文索引
SSCI	Social Science Citation Index 社会科学引文索引
高质量论文比	一所大学论文发表在影响因子前 20％期刊上的比例
中信所	中国科学技术信息研究所

术　语　索　引

致　谢

　　本书是在我博士学位论文的基础上完成的,这项研究选题和工作开展得到了我的博士生导师刘念才教授的悉心指导和大力支持。我首先最想感谢的就是我的导师刘念才教授。刘老师深深地影响了我,不仅是在学术上,更是在人生上。在做学问方面,刘老师以国际的学术标准来严格要求我,鼓励我撰写发表SSCI论文,给我讲国外一流的研究是什么样的,在这个过程中,刘老师在愚钝的我身上倾注了不少心血,感激之情真是难以言表。现在回想起来,这些严格的学术训练真是让我受益匪浅! 刘老师对我的影响也是全方位的,一些理念比如"珍惜拥有的,追求想要的,享受必须面对的","给对方需要的,而不是给对方自己想给的","鼓励创新","多做贡献,少去抱怨",这些也都潜移默化地影响着我,已经深深地内化到我的心里。在此,我诚挚地向刘老师表示感谢!

　　我还要感谢冯倬琳老师。平时亲切地称她为师姐。师姐平时对我的这项研究费了不少心血,每次和师姐的讨论都能碰出不少火花,让我学到不少东西。师姐也和我谈心,时常鼓励我,鞭策我,给我勇气和信心,在我困难的时候给了我很多帮助。那些点滴的小事我也都记在心头。

　　感谢对我这项研究提出宝贵意见的董育常教授、熊庆年教授、阎光才教授、刘少雪教授、赵文华教授、高耀明教授、杨颉研究员、俞立平教授、程莹老师、朱军文老师、刘莉老师。谢谢他们让我的这项研究更加充实、完善。

　　感谢教育部人文社会科学青年基金项目(17YJCZH179)对本课题的资助。

　　感谢我的家人和我的硕士生导师梁木生教授。我的妈妈,对我无止境地包容与关怀,她扛起了生活的重担,让我读博期间没有后顾之忧,能专心地搞科研,谢谢妈妈。我的硕士生导师梁木生教授平时也给了我很大的鼓励,对我的生活非常关心,非常遗憾的是梁老师今年不幸去世了,希望本书的出版能够答谢和告慰梁老师。

　　最后还要感谢所有那些关心帮助过我的朋友们,无法一一列举,在此一并表示感谢,谢谢他们!